KB165718

혁신고, 가도 될까?

소담고 5년의 기록

혁신고, 가도 될까?
소담고 5년의 기록

초판 1쇄 인쇄 2022년 3월 5일
초판 1쇄 발행 2022년 3월 15일

지은이 소담고등학교 에세이팀
펴낸이 김승희
펴낸곳 도서출판 살림터

기획 정광일
편집 송승호·조현주
디자인 유나의숲

인쇄·제본 (주)신화프린팅
종이 (주)명동지류

주소 서울시 양천구 목동동로 293, 2215-1호
전화 02-3141-6553
팩스 02-3141-6555

출판등록 2008년 3월 18일 제313-1990-12호
이메일 gwang80@hanmail.net
블로그 http://blog.naver.com/dkffk1020

ISBN 979-11-5930-219-0(03370)

* 책값은 뒤표지에 있습니다.
* 잘못된 책은 바꾸어 드립니다.
* 이 책은 저작권법에 따라 보호를 받는 저작물이므로 무단 전재와 복제를 금합니다.

혁신고, 가도 될까?

소담고 5년의 기록 소담고등학교 에세이팀

살림터

1부
내 생애 최고의 선택
— 학생이 이야기하는 소담고등학교

소담고, 민주시민이 탄생하는 곳

최교진

세종특별자치시교육감

『혁신고, 가도 될까?―소담고 5년의 기록』을 반갑게 읽었습니다. 읽는 내내 그리고 읽은 후에도 책 속에 오래 빠져있었습니다. 정신이 맑아지고 마음이 따뜻해지고 힘이 솟습니다. 손뼉을 치면서 절로 어깨를 덩실거리게 됩니다.

'건의서'를 들고 학교의 주인으로 나선 개교 시절 아이들,
자율적 학교로 자리 잡은 학교를 '선물'이라 표현하는 아이들,
학교로 인해 '회복'하고 '자기 자신'으로 '성장'했다는 아이들,
소담고등학교 교육을 밑천으로 대학과 사회에서 살아가고 있다는 졸업생들.
'존중과 배려로 더불어 성장하는 행복한 학교'라는 비전이 아이들의 말과 행동으로 드러납니다. 감동입니다. 흥이 절로 납니다!

아이들이 자신을 소중하게 여기도록 대우하고 가르치는 선생님,

아이들이 세상을 보는 관점을 갖도록 가르치는 선생님,

아이들이 민주시민으로 살아가는 경험과 자신감을 갖게 하는 선생님,

아이들이 저마다의 특성과 비전으로 진로를 개척하도록 교육하는 선생님,

'평등하게, 넓게, 깊게'를 원칙으로 공동체를 일구고 관행과 우려를 넘어오신 선생님.

그 뜻과 노고에 코끝이 시립니다!

아이들의 자율과 활동 그리고 좌충우돌, 주변의 우려와 충고에도 불구하고 자녀의 학부모로서, 아이들의 응원자로서, 소담고등학교 주체로서 끝내 강인한 민주시민 교육의 터전이 되어주신 학부모님, 일어서서 박수를 보냅니다!

『혁신고, 가도 될까?—소담고 5년의 기록』은 우리 세종과 전국의 모든 학교 그리고 우리 사회가 던지고 있는 교육적 질문에 답을 주는 이야기를 담고 있습니다. 교육이란 무엇인가? 아이들은 어떤 존재인가? 선생님은 또 어떤 존재인가? 학교는 어떤 곳이어야 하는가? 소담고등학교 이야기는 이 질문을 하는 모두에게 영감과 힘을 줍니다. 참으로 혼자 듣기엔 아까운 이야기들입니다. 아주 많은 사람이 소담고 이야기를 함께 들으면 좋겠습니다.

기꺼이 자신들의 이야기를 나누어준 소담고 학생들, 학부모님들, 선생님들, 모두 고맙습니다.

한국 교육의 가능성을 보다

최탁
세종교육청 학교혁신담당청 장학관, 전국혁신교육담당(관)자협의회 대표

2022년 새해 복, 소담고등학교 이야기로 벌써 채웠습니다!

2022년 설날을 보내고 며칠 후, 『혁신고, 가도 될까?—소담고 5년의 기록』의 추천사를 써달라는 요청을 받았습니다. 세종시의 학교혁신 장학관이자 전국 시·도교육청 혁신교육 협의회 대표로서 저절로 호기심과 기대가 생겼습니다. 소파에서 읽기 시작하여 서재의 책상으로 옮겨갔습니다. 자세하게 읽었고, 감동받았고, 많은 사람과 나누고 싶었습니다. 요즘 읽은 책, 보고서, 드라마, 영화 중 최고입니다. '설 쇤 지 며칠 지나지도 않는데 올해 받을 복 다 받았군!' 하고 생각했습니다.

소담고등학교는 한국 교육의 가능성을 보여줍니다. 진학체계, 교과체계, 교사 전문성, 학교자율운영체제, 학교지원체제 등 현 제도와 자원 속에서 수준 높은 교육의 결과를 보여주었습니다.

"저는 소담고에서 다 배운 것 같아요. 고졸이면 어때요? 살아가는 힘을 얻었어요. 이대로도 잘할 수 있을 것 같아요."

소담고 학생들은 학교의 주체로, 학습의 주도자로, 자기 진로의 설계자로, 인권과 노동권의 감수성을 지닌 사람으로, 민주시민으로 성장하고 있습니다. 그러면서도 진학에서의 우려를 불식합니다. "자기 성적으로 갈 수 있는 내학보다 한 단계 더 좋은 대학에 간다는 이야기도 들려왔다."는 지역사회의 평이 있는데, 이는 실제와 다르지 않은 듯합니다.

소담고등학교 학생, 교사, 학부모는 많은 혁신고에서 겪는 일들을 함께 겪었습니다. 학생들은 학원과 친구로부터, 학부모들은 주변 학부모로부터 '학력 저하, 노는 학교'라는 우려를 듣고 견뎌야 했습니다. 선생님들은 '아이들이 힘든 학교, 일이 많은 학교'라는 주변 선생님의 걱정을 듣는가 하면, 심지어는 학부모로부터 배정을 바꿔 달라는 일을 겪기도 했습니다. 교육다움, 학교다움의 새로운 길을 찾는 혁신고등학교는 참 어려웠습니다.

소담고등학교 선생님들이 교육혁신의 출발점으로 삼은 집단지성의 과정, 결과, 이야기. 학생교육의 기초로 삼은 삼권분립의 학생자치. 그 힘과 원리로 성장하는 창의적체험활동과 교과프로젝트. 진학 우려 속에서도 '공정하게, 넓게, 깊게'를 견지하는 과정과 결과, 전문적학습공동체로 풍성해지는 교과융합프로젝트, 아이들에게 집중하는 수업혁신⋯.

한국 교육, 어디에 있고 어디로 갈 것인가를 고민하는 모든 사람이 함께 읽으면 좋겠습니다. 학교급을 떠나, 주체를 떠나, 기관을 떠나 모두에게 영감을 주고 힘을 주는 이야기입니다. 이야기 쓰기에 참여하는 분들의 바람, 정서, 노고가 그대로 느껴져 함께 마음 졸이고 웃고 울었습니다. 고맙습니다!

소담이 희망이다!

홍성구

소담고등학교 교장

세종특별자치시가 출범하면서 새로운 마을이 들어서고 학교가 생겼다. 본교는 소담동에 자리를 잡았다. 장재리와 석삼리라는 자연 마을이 있었고, 앞쪽으로는 아름다운 학이 날아오르는 모습을 한 비학산, 옆쪽으로는 괴화산, 뒤쪽으로 비단결같이 아름다운 금강과 기름진 논밭이 펼쳐진 풍요의 땅이었다. 이곳에 소담이라는 순 한글 이름이 붙게 되었고, 사람들이 모여들면서 행복한 배움터로 출발했다.

2017년 소담고등학교는 고등학교로서는 유일하게 혁신학교로 지정되어 개교했으며, 올해 3번째 졸업생을 배출하게 되었다. 혁신학교 4년을 거쳐 혁신자치학교 1년이 지난 시점에 초창기의 어려움도 많았지만, 교직원들의 헌신적인 노력과 열정, 자발적 참여를 통하여 슬기롭게 극복하고 한발 한발 성숙한 모습으로 나아가고 있다.

개교와 동시에 혁신학교로서 안정적으로 학교가 본연의 역할을 한다는 것은 황무지를 개간하여 밭을 일구는 과정과 같이 누군가 선도적인 역할과 열정이 없으면 이루어 낼 수 없는 일이다. 이는 편안함과 안

락함을 버리고 가는 외롭고 힘들고 기나긴 여정이 될 수밖에 없다.

또한, 선행 교육 방식과 다른 교육적 접근을 한다는 것은 개인주의와 보수주의에 익숙한 교육 현장에서 많은 저항에 부딪힐 수밖에 없다. 구성원들이 깊은 내면의 철학적 바탕에서 자신을 채찍질하며 동료들과 한발 한발 함께 나아가고자 하는 강한 열정이 있어야만 지속적인 성장과 발전을 기약할 수 있다. 희망의 씨앗을 뿌리고 무한한 사랑과 관심, 지치지 않는 열정을 통해 아름다운 꽃을 피우고 튼튼한 열매를 맺는 공동체를 만든다는 것은 결코 쉬운 일은 아니다.

이 책은 완성체를 향해 나아가는 과정에 참여했던 학생, 학부모, 교사들의 깊숙한 내면의 이야기이며, 소담고 공동체 구성원들의 소중한 삶의 기록이다. 개교 이후 그동안 겪었던 애환, 생생하고 솔직한 이야기들과 고민, 좌절과 희망은 물론 반성적 성찰과 미래를 위한 발전적인 대안까지 담겨 있다. 그 느낌과 경험을 공유하자는 의미에서 열정을 가진 소담고 공동체가 함께 책 쓰기를 기획하고 발간하게 되었다.

나는 2019년도 3월 1일 자 세종시 교육청 인사 발령에 따라 소담고에 부임했다. 교직 마지막 학교로 소담고가 결정되자 주변에서 가장 많이 들은 이야기는, 학교장으로서 힘들지 않겠느냐는 것이었다. 당시 평준화 고입 배정 오류로 한바탕 소동이 있었고, 배정받은 일부 학부모들이 법적 절차로라도 배정을 변경해줄 것을 강력하게 주장했기 때문이다.

교육에 관심 있는 학부모나 지역사회가 소담고에 대해 가장 크게 우려하는 것은, '학생들이 휴대전화기를 자유롭게 소지한다는데 과연 학습이 제대로 이루어지느냐' 하는 것과 대학 입시 공부도 제대로 시키지 않는다는 것, 또한 구성원들 사이에 갈등이 많고 민원이 많으며,

선생님들이 대학 입시 지도 역량을 갖추고 있기는 하느냐는 것이 대부분이었다.

사실 그 이전까지 소담고가 어떤 점이 힘들고 무엇이 문제인지 어느 정도는 듣고 있었다. 다만, 구체적으로 알려고 하지 않았다. 부임 전에 선입견을 가질 필요도 없고 미리 사서 걱정할 필요도 없었으며, 직접 확인한 사실이 중요했기 때문이다.

2019년 3월 2일 입학식에 학부모님들이 4, 50여 분 참석했는데, 입학식 내내 기대보다는 걱정스러운 모습이었다. 입학식을 마치고 학부모님들과 대화의 시간이 필요할 것 같아서 별도의 공간에서 교육과정 운영계획과 질의 응답시간을 가졌다. 주로 세종시 외에서 전입해 온 분이 많았는데, 혁신학교 학생들의 학력에 대한 우려가 컸고 대입 지도를 어떻게 할 것인지가 가장 큰 관심사였다.

첫날부터 학교에 대한 부정적인 시각이 많다는 것을 직감했다. 학생과 학부모님들에게 "자의든 타의든 소담고를 선택해주신 학생, 학부모님에게 진심으로 감사드립니다. 저와 소담고 교직원은 3년 후 우리 학생들이 교문을 나설 때 뜨거운 가슴과 희망으로 자부심을 느끼며 당당하게 나설 수 있도록 할 것이며, 소담고는 여러분이 살아가는 동안 삶의 동반자로 늘 함께할 것입니다."라고 말한 것이 생생하게 기억난다.

학교에 대한 부정적인 인식 개선과 신뢰 구축이 최우선 과제라 생각하고 구체적인 추진 로드맵을 작성했다. 함께 추구해야 할 공동 목표를 정하고, 구성원 한분 한분이 공감해주시며 맡은 분야에서 나름대로 최선을 다했다. 그 결과 당시에 비해 많은 변화와 성장이 있었으며, 긍정적으로 바라보는 시각이 많아져서 지난 시간을 의미 없이 보내지는 않았다는 위안을 하게 된다.

미래 사회에 대비한 교육 혁신의 한 방안으로 교원, 학생, 학부모 등 교육 공동체가 일상에서 협력하며 문제를 해결하고 실천하는 새로운 학교문화 조성이라는 과제가 우리 앞에 놓여 있다. 소담고 공동체는 지금까지 잘 해왔듯이 끊임없이 문제 해결을 위해 노력할 것이며, 그 과정에서 더욱 더 단단해지리라 굳게 믿는다.

"저는 소담고에서 교직을 마무리하게 된 것을 행운이라 생각합니다. 좋은 교육 동반자를 만나서 행복하고 기쁜 마음으로 희망을 보며 무거운 짐을 내려놓게 되었기 때문입니다.

학교장으로 부족하고 미흡한데도 그동안 함께해준 소담고 교직원, 학생, 학부모님은 물론, 한결같이 지켜봐 주시고 응원해준 세종시교육청 관계자분들, 어려운 교육 현장에서 꿋꿋하게 소명을 다하고 계신 교육 동지들에게 머리 숙여 감사드립니다.

또한 바쁜 일정 속에서도 끝까지 출판을 위해 열과 성을 다해준 소담고 에세이팀원들에게 깊은 감사의 마음을 전합니다.

여러분이 있는 곳이 가장 행복하고 의미와 보람이 있는 곳입니다. 감사합니다."

소담고 5년을 기록하며
더 나은 미래를 상상해보다

"책으로 꼭 남겨보세요. 때를 놓치게 되면 쓰기 어렵습니다."

소담고에 연수차 오신 어느 강사님이 남긴 말씀이다. 당시에는 이 말에 고개를 끄덕이긴 했지만, 정말 이 일을 실행할 수 있을까 하는 의문만 남긴 채 시간이 흘러갔다. 하지만 물이 차오르면 저절로 노를 젓게 되는 것인지, 개교한 지 만 5년이 된 지금, 결국 이렇게 소담 가족들이 모여 책을 내게 되었다. 내용에 대한 평가를 떠나 소담 가족의 기억에만 남아 결국 희미해져 갈 서로의 이야기를 이렇게 정리할 수 있는 것만으로도 우리에게는 다행이고 보람된 일이었다. 그리고 약간의 의미를 덧붙이자면, 책을 만들어가는 과정 자체도 소담고를 더 '소담고답게' 만들어가는 과정이었다.

이 책에는 소담고가 개교한 2017학년도부터 2021학년도까지 만 5년의 이야기가 담겨 있다. '역사'가 아니라 '이야기'인 까닭은, 소담고에서 있었던 중요한 사실들을 엄선하고 체계적으로 정리하기보다 글쓴이 각자의 삶 속에 경험과 영향으로 존재하는 소담고를 저마다의 목소리로 말하고 있기 때문이다. 그래서 같은 소재가 여러 글에 등장할 수 있지만 그것은 분명 다른 시선으로 그려지는 소담고의 모습이고, 모두 소중한 우리의 이야기들이다.

이야기는 3부로 구성되어 있다. 1부는 학생들의 이야기다. 학교의 주인공이었던 학생들이 소담고의 교육 장면 장면마다 어떤 고민과 배움과 성장이 있었는지, 자기 내면과 솔직하게 마주하며 쓴 이야기들이다. 마음의 상처가 컸던 학생, 발표하는 것이 두려웠던 학생, 차별에 대해 예민한 감수성을 지닌 학생, 학교는 억압당하는 곳이라고 생각했던 학생 등, 다양한 아픔과 고민이 있었던 학생들이 소담고에서 어떤 변화를 경험하게 되었는지 저마다의 이야기들을 남겼다.

2부는 교사들의 이야기다. 교사들은 조금 더 긴 호흡으로 이야기를 썼다. 그리고 교직 생애사의 관점으로 소담고를 이야기했다. 각자 생각하는 학교혁신의 방향이 저마다 담당했던 교육활동에 녹아들어 있다. 개교, 생활교육, 수업, 진로·진학, 업무 혁신, 관계성, 교육에 대한 통찰 등 소담고 5년 동안의 핵심적인 변화상을 교사들의 이야기에서 확인할 수 있다. 결국 학교혁신의 핵심은 사람으로 귀결된다고, 위기 속에서도 교사들이 희망과 의지를 잃지 않는 것이 학교의 변화를 얼마나 이끌어낼 수 있는 것인지 가늠해볼 수 있을 것이다.

3부는 학부모들의 이야기다. '불안을 넘어 믿음으로'라는 소제목에 이야기의 핵심이 담겨 있다. 역시나 중요한 것은 직접 경험과 그로부터의 변화다. 소담고를 겪고 나니 좋아졌다는 단순한 호감의 표시가 아니라 어떤 점 때문에 어떤 변화를 경험했고, 그 변화의 모습은 구체적으로 어떠했는지에 대한 학부모들의 생생한 목소리를 담았다.

번외로 두 가지를 더 담았다. 하나는 학생들의 대담이다. 소담고에 대한 내부자들의 이야기지만 외부자의 시선도 들어있는 느낌을 받을 수 있다. 역시나 학생들은 솔직하다. 또 하나는 3주체 생활협약에 대한 작은 연구물이다. 협약 제정 및 운영뿐 아니라 생활교육과 민주시민교육으로 바라본 협약의 입체적인 모습을 담았다.

다시 5년 후의 소담고를 그려본다. 앞으로 소담고는 어떤 학교가 되어야 할까? 어느 대학에 몇 명을 보냈느냐는 물음에 여전히 자유롭지 못한 혁신고 소담고는 앞으로 어디까지 변화할 수 있을까? 소담고가 개교할 때 혁신학교 지정 신청서에 적었던 다음 말을 되뇌어본다. 그때의 말은 여전히 소담고에 유효한 것일까? 만약 유효하다면 앞으로 소담고가 만들어가야 할 이야기는 어떻게 될까? 모든 것은 열려 있고, 우리 마음과 머릿속에 있다.

우리는 혁신학교, 그중에서도 혁신고등학교를 통한 교육의 변화를 꿈꾼다. 하지만 입시 위주의 교육 문화가 자리 잡은 우리나라에서 혁신학교는 성공하기 힘들다는 것이 일반적인 평가다. 그러나 일반적인 고등학교 교육의 대전제를 바꾸어보면 혁신고의 성공 가능성은 있다. 입시를 위해 고등학교 교육과정을 구성하는 것이 아니라 교육과정이 교육의 본질에 맞도록 구성될 때 입시는 자연스럽게 따라오는 결과물이라는 대전제의 전환이다. 그리고 이에 맞게 혁신고의 교육철학(목표), 교육과정이 구성되어야 하고, 구체적이고 교육적인 실천 과제들을 해결해 가며 고등학교 교육의 변화를 이끌어야 한다.

〈소담고 운영 계획서(2016)〉 중 '혁신학교 운영 철학'

2022. 1. 29.
에세이팀을 대신하여
교사 윤정하

1부
내 생애 최고의 선택

학생이 이야기하는
소담고등학교

소신 있고, 또 담대하게

김성훈

1기 졸업생, 2020년 2월 졸업

흐르는 시간 앞에서는 장사가 없다. 많이 웃고 울었던, 너무 인상깊어서 평생 잊지 못할 것 같다고 생각한 고등학교 생활도 2년이라는 시간이 흐르자 점점 잊혀져 간다. 나의 고등학교 생활은 어땠는지, 떠올리려고 하면 드문드문 떠오르는 일화와 많은 느낌이 뒤섞여 복잡한 감정이 올라온다. 그런데도 확실한 건, 고등학교 생활은 많은 것을 배우고 성장할 수 있었던 값진 시간이자 평생 간직하고 싶은 소중한 기억이라는 것이다. 지금까지 보내온 시간 중 가장 의미 있었던 고등학교 생활을 오래 기억하고 싶은 나를 위해, 또 혁신고 생활을 앞두고 두려워하거나 궁금해하는 누군가를 위해 이 글을 쓰게 되었다.

학생이 학교의 주체임을 몸소 느끼다

"학교는 학생, 학부모, 교직원, 이 3주체가 더불어 만들어간다."
지금은 너무나 당연한 것으로 자연스럽게 머릿속에 박힌 이 문장은 소담고를 만나기 전까지는 생각해볼 수조차 없었다. 학생은 아직 불완전하고 부족함이 많은 존재이기에, 교사나 학부모(통칭 '어른'이라고 하는 집단)와 동등한 위치가 아닌 그 아래에 있으며 그들의 지시를 따라야 한다고 생각했다. 또, 학생의 자유는 교사나 학부모가 허용한 범위에서만 주어지는 것으로 생각했다. 우리가 하는 일이라 해도 직접 생각하고 기획해보는 기회가 없었고, 어른이 만들어낸 선택지 중에서 선택하는 것뿐이었다. 소담고 입학 전까지는 그게 너무 당연했고 앞으로도 그러리라 생각했다. 하지만 입학하고 나서 모든 게 달라졌다.

소담고는 내가 지금까지 겪은 학교와는 매우 달랐다. 학생들에게 교사와 학부모가 만든 학교에 순응하라고 하지 않았고, 학교를 함께 만들어가자고 했다. 지금 생각해보면 세종시 내의 첫 혁신고등학교라는 낯섦과 여러 오해로 주변 시선도 곱지만은 않았고, 갓 개교한 신설 고등학교여서 어떠한 질서도 잡혀있지 않았다. 입학한 학생들도 혁신학교를 제대로 알지 못하거나 전혀 접하지 못한 학생이 대다수였다. 이런 점을 생각하면 처음부터 학생들에게 맡기는 것은 모 아니면 도, 즉 도박과도 같은 수가 아니었을까 생각한다. 어쨌든 그렇게 소담고는 시작부터 학생, 학부모, 교직원 3주체가 함께 만들어갔다. 교칙과도 같은 역할을 하는 '3주체 생활협약', 교복과 교가(가사, 녹음), 학교 마크 등 다양한 것들을 직접 만들어갔다. 때로는 "우리가 이런 것까지 해야 하나?" 하는 불만도 있었지만, 우리가 직접 학교를 만들어간다는 성취감과 자긍심이 차올랐고 학교에 대한 더욱 큰 애착과 책임감을 느끼게 되었다. 그런 감정에 한껏 취해있을 때, 내 관심이 향한 곳은 학생회였다.

소담고 학생회는 대의원회, 집행위원회, 학생자치법원, 이렇게 세 집단으로 이루어져 있다. 각 반 반장, 부반장으로 이루어져 학급회의 안건을 세우고 학생들의 의견을 모으며 학교 활동이나 학교 행사 등에 대해 의논 및 의결하는, 입법부 같은 역할을 맡은 대의원회. 전교학

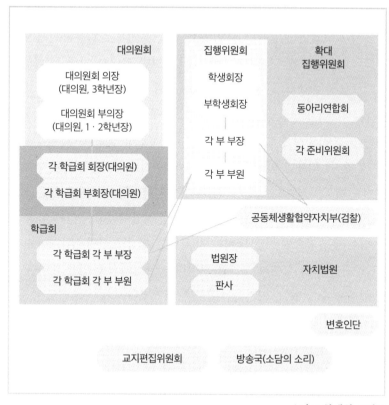

소담고 학생회 조직도

생회장단을 필두로 학생들에게 필요한 활동이나 학교 행사를 담당하는 부서(총무기획부, 문화예술체육부, 공동체생활자치부, 출판홍보부, 봉사진로진학상담부)가 모인, 행정부 같은 역할을 맡은 집행위원회. 마지막으로 생활협약을 어긴 학생들이 자기 잘못을 반성하고 잘 준수할 수 있도록 돕는, 사법부 같은 역할을 맡은 학생자치법원. 나는 상담을 통해 긍정적인 변화를 경험한 기억과 심리학에 관심이 있었기에 봉사진로진학상담부에 관심을 가지고 지원했고, 열심히 준비하고 운도 따라준 덕분에 부장(1기)과 부원(2기)으로 활동할 수 있었다.

봉사진로진학상담부(이하 봉진부) 활동은 앞선 활동을 통해 체득한 주체성을 어김없이 발휘할 수 있었고, 나는 봉진부로 활동하면서 또래 상담, 대학교 탐방, 단체봉사, 학과조사, 고민 라디오 진행 등 다양한 프로젝트를 진행했다. 봉진부 활동을 통해 많은 것을 배우고 잊지 못할 많은 추억을 만들었지만, 그렇다고 늘 좋았던 것은 아니었다. 봉진부 활동을 하면서 웃었던 것만큼, 어쩌면 웃었던 것보다 더 많이 울었던 것 같다. 의욕만 앞선 무리한 프로젝트 진행으로 부원들과 마찰을 빚기도 했고, 공들여 프로젝트를 내놨지만 학생들의 무반응 혹은 저조한 참여에 몹시 속상하기도 했다. 모든 게 엉망이었고 우리가 하는 모든 일이 부질없으며 시간 낭비인 것 같다는 생각에 절망스럽기까지 했다. 하지만 그런 실패와 그것을 극복하는 과정에서 타인을 대하는 태도를 배울 수 있었고, 도전하는 용기가 생겨났다.

부원과 진솔한 대화를 나누며 내가 부원들의 입장과 사정을 생각해 주는 배려가 부족했고 나의 기준으로 부원에게 지나친 부담을 주고 있었다는 것을 깨달았다. 대화를 통해 알게 된 서로의 잘못을 반성하고 사과했다. 그렇게 서로에 대한 감정을 솔직하게 터놓고 나니 드디어 한 팀이 된 듯했다. 이 경험을 통해 내 입장과 감정에 사로잡혀 타인을 몰아세우는 잘못된 점을 발견하고 고칠 수 있었다. 더 나아가 타인에게 나의 언행이 어떻게 받아들여질 수 있는지 생각할 수 있게 되었다. 타인과 잘 어울리지 못하고 묘하게 겉돌았던 내가, 상대방을 배려하면서 적당한 속도로 함께하는 태도를 갖출 수 있게 되었다. 그와 동시에 프로젝트에 대한 피드백도 진행했다. 프로젝트에 대한 저조한 참여의 원인을 분석했고, 그것은 진정으로 학생들이 원하는 바를 파악하지 못했기 때문이라는 것을 알았다. 이후 학생들이 진정으로 원하고 학생들에게 직접적으로 도움이 되는 단체봉사, 대학탐방 등의 프로젝트를 진행하며 학생들의 많은 관심과 참여 속에 성공적으로 프로젝트를 마무리했다. 나는 봉진부 활동을 하기 전에는 실패를 마주하기 싫어 도전 자체를 피하거나 실패 후 적당한 참여를 보이며 그 시간이 금방 끝나기만을 바라는 학생이었다. 하지만 이 성공 경험은 실패에 대한 두려움을 이겨내고 계속 도전할 수 있는 용기를 주었고, 이를 통해 토론이나 경시대회 참여 등 다양한 활동에 도전하며 많은 발전을 이룰 수 있었다. 집행위원회 활동은 나의 고등학교 생활을 더욱 의미 있게 만들어준 고맙고도 값진 경험이다.

우리가 진정으로 알아야 하는 것은 무엇일까

고등학교는 어떤 역할을 하고, 무엇을 위해 존재할까. 그 질문에 대한 답을 '좋은 대학교에 가기 위한 중간 다리 역할'이라고 생각하던 때가 있었다. 주변의 많은 어른은 고등학교 생활을 의미 있게 보내는 것보단 얼마나 내신 성적이 좋은지, 모의고사와 수능 준비는 잘하고 있는지, 학생생활기록부는 얼마나 알차게 채웠는지 등에 관심을 두었다. 즉, 좋은 대학을 가기 위한 준비를 착실히 잘하고 있는지에만 집중했다. 힘들고 지쳐서 뭔가 투정이라도 하게 되거나 아쉬운 성과를 보였을 때는 "그렇게 해서 대학은 갈 수 있겠어?", "그렇게 해서는 이름도 모르는 대학교에 간다." 등과 같은 잔소리를 들었다. 그래서인지 내신 등급과 모의고사 등급이 나오는 날이면 부족한 내가 원망스러웠고, 세상에서 가장 한심한 사람이 된 듯하여 눈물을 흘리기도 했던 기억이 난다.

수업 내용이 너무 어려워 이해하지 못했을 때, 아무리 집중하려고 해도 집중이 잘 안 될 때, 내 진로와 전혀 상관없는 수업을 들을 때 가끔 그런 생각을 했다. '내가 이걸 지금 왜 배우는 거지? 이걸 배워서 어디에다 써먹어?' 이 물음은 단순한 투정으로 끝나 머릿속에서 지워질 때도 있지만, 가끔 지워지지 않고 나를 혼란스럽게 할 때가 있다. 그리고 혼자 심각해져서 그 이유를 골똘히 생각하다, '좋은 대학교에 가기 위해서'라는 이유로 귀결되면 몸에 힘이 쭉 빠지고 허탈해진다. 또, 이런 생각을 주변 어른들에게 말해도 그저 공부하기 싫은 학생의 투정이나 핑계 정도로 취급받는다.

학교에는 음악이나 미술, 체육 등 예체능 재능을 더 중요시하는 학생이나 대학 진학에 뜻이 없어 학업이 그다지 중요하지 않은 학생, 혹은 학교에 다니고 싶지 않지만 고등학교 졸업장은 따야 한다는 주변 어른들의 말에 어쩔 수 없이 학교에 다니는 학생 등 다양한 부류의 학생이 있다. 그런 학생에게 수업 시간과 학교생활은 그 무엇도 아닌 그저 '버텨야 하는 시간'일 수 있다. 수업 시간에도 대체로 엎드려 잠을 자거나, 낙서하거나, 친구와 떠드는 등 딴청을 부리기도 하고, 선생님에게 양해를 구하고 수업과는 다른 활동을 하기도 한다. 대체로 이들 중 대다수 학생은 학교에서 문제아 취급을 받으며, 그로 인해 더욱 학교생활에 의욕을 잃고 무기력해진다.

고등학교는 무엇을 위해 존재하는가? 그 질문의 답은 한 선생님을 통해 알게 되었다. 자세히 기억나지는 않지만, 언젠가 대입 관련 주제로 토론하고 있었다. 당시 나는 위에서 말한 것처럼, 고등학교는 대학을 가기 위한 사다리 역할을 하고 있다는 발언을 했다. 토론이 끝나고, 그 선생님께서는 나의 발언을 짚어주시며 고등학교는 대학을 보내기 위해 만들어진 기관이 아니라 학생들이 민주시민으로 성장해갈 수 있게 교육하는 기관이라고 설명해주셨다. 창피했다. 교사를 꿈꾸고 있으면서 고등학교를 그저 대학 가는 데 필요한 중간기관 정도로 치부해

버린 게. 그 말씀을 듣고 내 생각을 반성하게 되었고, 그동안 아무렇지 않게 생각했던 것이 특별하게 보이기 시작했다. 그저 단순한 특강이라고 생각했던, '소담인권아카데미' 수업이었다.

소담인권아카데미는 교과 내용과는 또 다른, 우리와 아주 밀접하게 관련이 있는 주제를 다뤘다. 노동인권, 이주민 인권, 군 인권, 장애인권, 혐오 표현 등 교과서로는 알 수 없는 보다 현실적이고 가치 있는 내용을 배울 수 있었다. 시간이 꽤 오래 지나 기억이 희미하지만, 가장 인상 깊었던 강의는 노동인권과 군 인권 그리고 혐오 표현을 주제로 한 특강이었다. 해당 주제는 당시에도 우리와 아주 밀접하게 연관되어 있었으며, 특히 노동인권을 다룬 강의가 가장 인상 깊었다. 사실 '노동'이라는 단어를 접했을 때, 아는 것이 없어 별생각이 없었고 오히려 부정적인 인식이 강했다. 이유는 잘 모르겠으나 공산주의가 생각나기도 하고, 파업으로 인해 불편한 상황을 몇 번 경험한 적이 있기 때문이다. 그런 부정적인 생각은 강의를 들으면서 씻겨 내려갔다. 노동은 이 사회를 살아가기 위해서는 당연하고 필수적인 것이며, 파업 또한 자신의 노동에 대한 정당한 권리를 주장하는 수단임을 알게 되었다. 또한, 로또 당첨같이 벼락부자가 되는 일이 없는 이상 나도 노동자로 이 사회를 살아가게 될 것이다. 해당 강의를 통해 알게 된 것[노동자라고 해서 절대적인 '을'로 쩔쩔매지 않아도 된다는 것과 노동자의 권리(주휴수당, 휴무, 노동시간, 부당해고 등)와 이 권리가 침해받았을 때 어떻게 도움을 받을 수 있는지 등]은 앞으로 살아가는 데 필요한 유용하고 값진 지식이라고 생각했다. 실제로 이후 아르바이트를 하면서 이 강의를 통해 알게 된 정보를 유용하게 써먹으며 헛된 배움이 아니었음을 몸소 느낄 수 있었다. 이렇게 학생들에게 실질적으로 도움이 되는, 또 민주시민으로서의 성장에 필요한 여러 강의를 들으며 교과 수업 말고도 우리에게 꼭 필요한 수업이 무엇인지 생각해볼 수 있었다.

생각하는 수업, 함께하는 수업

생각하는 수업과 함께하는 수업은 학년이 올라갈수록 보기 힘들어진다. 우리나라의 대입제도에서 공통으로 중요한 요소는 바로 '시험'이다. 수시는 고교 내신을, 정시는 대학수학능력시험(이하 수능)이 핵심이다. 그나마 학생부 종합이 학업역량뿐만 아니라 전공 적합성, 발전가능성, 인성 등 다양한 능력을 종합적으로 평가하여 학생을 선발하는 제도라고 하나, 학업역량 또한 주요 평가지표다. 이렇듯 모든 대입제도가 '시험'이 핵심인데, 고교 내신을 위한 시험과 수능은 생각하는 시험이 아닌 획일적인 양식에 따른 문제 풀이 시험이다. 즉, 대학을 잘 가기 위해서는 '문제 푸는 능력'이 우선된다. 졸업생들의 명문대학 진학률로 고등학교를 보는 시선이 결정되기에 고등학교는 그 무엇보다 학생들의 문제 푸는 능력을 우선할 수밖에 없다.

그렇기에 대입이 가까워지는 고등학생들은 생각하는 수업, 함께하는 수업과 멀어진다. 특히 고등학교 3학년은 수능교재를 교과서로 사용하며 수능교재와 모의고사 등 EBS 연계 문제를 집중적으로 반복하며, 학생들은 문제 푸는 '기술'만 연마한다. 그렇게 학생들은 문제 푸는 기계가 되어가고, 어떤 주제에 대해 합당한 근거를 바탕으로 자기 생각을 전개하는, 우리가 진정으로 갖춰야 할 능력을 잃어간다.

소담고도 대학 진학을 목표로 둔 학생들이 많이 오는 일반계 고등학교이기 때문에 문제 푸는 기술을 연마하는 학습법을 버릴 수 없었으나, 생각하는 수업도 포기하지 않았다. 과거의 사건이나 사상을 현대의 시각으로 조명하고 논리를 갖춰 그에 대한 자기 생각을 펼치는 역사 수업, 교과 내용과 연관되어 있으면서 우리 사회와 밀접하게 연관된 이슈에 관해 토론하는 사회문화 수업, 짝을 지어 서로에게 설명하고 질문하는 등 논쟁을 통해 학습하는 하브루타를 적용한 경제 수업, 언어 학습뿐만 아니라 활동을 통해 일본의 문화를 직접 체험했던 일본어 수업, 자기 관심 분야와 수업에서 등장한 개념을 연관짓거나 적용해 확장하는 프로젝트를 진행한 지구과학 수업 등 주입식 및 문제 풀이 수업에서 벗어나 사고하고 적용하고 확장하는, 생각하는 수업을 진행했다. 그런 수업은 수업 내용에 대한 흥미로 이어졌고, 수업에서 그치지 않고 동아리활동이나 자율활동으로 이어졌다.

가장 기억에 남은 활동은 '우리역사바로알기'다. 그 활동은 동아시아사 수업에서 다룬 당시의 일본 수출규제 문제에 대해 친구들과 독서를 하고 다큐멘터리를 시청하는 것에서 시작했다. 우리는 추가 조사를 하며 그 문제를 분석했고(원인 분석, 전개 과정, 관련 이슈, 후속 활동에 대한 평가) 이를 매거진으로 작성하여 게시하는 활동으로 이어갔다. 동시에 시민들의 의견을 묻는 캠페인을 진행했다. 수업을 통해 접한 것을 추가 조사해 우리만의 결과물을 만들어냈고, 시민사회에 그 결과물을 공유해 캠페인으로 나아갔다. 아는 것에서 멈추지 않고 행동으로 옮김으로써 배움을 실천했다. 이는 내 인생에서 가장 의미 있으면서도 고된 경험 중 하나였다. 수업을 듣고 책과 다큐멘터리를 통해 아는 것을 늘리는 것은 문제가 없었지만, 알게 된 것을 정리하고 매거진으로 재구성하는 활동은 정말 힘들었다. 이런 활동을 해본 경험이 없으니 막연하고 막막했다. 그러나 가장 의미 있고 보람찬 일로 기억에 남는다. 우리가 배운 내용이 머릿속에서, 시험지에서 끝나는 것이 아니라 어떤 활동의 시작이 되었다는 점이 벅찼다. 또, 우리가 알게 된 내용을 전달하는 동시에 우리가 하고 싶었던 말을 담아내고 궁금했던 것에 대한 의문을 풀어가는 과정에서 보통 수업에서 느낄 수 없었던 즐거움과 성취감을 느낄 수 있었다.

글을 마치며

고등학교 생활을 돌아보니 당시에 느꼈던 여러 감정이 섞이며 벅차올랐다. 소담고에 입학해 행복하기만 하진 않았지만, 힘들고 지쳤던 그 모든 순간에도 많은 값진 것들을 배웠고, 의미 있고 가치 있었다. 과거로 돌아갈 수 있다면 '내가 했던 실수를 바로잡고 더욱 즐겁고 알차게 보낼 수 있지 않았을까?' 하는 아쉬움이 남는다. 소신 있고, 또 담대하게 꿈을 키울 수 있었던 소담고에서의 시간은 매우 귀한 시간이자, 잊지 못할 추억이다.

많은 일이 있었고 그만큼 힘들었지만, 의미 있고 가치 있는 시간이라고 느낄 수 있는 이유는 소담고를 진심으로 사랑한 친구들과 선생님들, 학부모님들이 있었기 때문이라고 생각한다. 학교를 열심히 이끌었던 3주체 모두에게 수고했고 또 감사하다고 말씀드리고 싶다.

비상(非常)

김혜선

1기 졸업생, 2020년 2월 졸업

[평범하지 아니하다] '괜찮을까'

뭣 모르고 집이랑 가깝다는 이유만으로 소담고등학교 진학을 희망했다. 학교가 아직 완공되지 않아 옆 학교 건물을 빌려 신입생 오리엔테이션을 했다는 소식을 듣고 '이 학교 괜찮을까'라는 생각이 들었다. 입학식 날이 다가왔고, 100명이 채 되지 않은 학생들과 시청각실에서 입학식을 맞이했다. '같은 반이 될 친구들이 누구일까' 설레는 마음으로 입학식이 마치기를 기다리던 그때, 깔끔한 정장을 입은 한 선생님께서 강단에 올라오시더니 마이크를 잡고 이렇게 말씀하셨다.

"안녕하세요. 신입생 여러분, 세종시의 첫 혁신고인 소담고등학교에 오신 것을 환영합니다."

이 뒤에 무슨 말씀을 하셨는지 기억이 안 난다. 다만, 또다시 '이 학교 진짜 괜찮을까'란 생각이 들었던 건 확실하다. 그렇게 평범하면서도 평범하지 않은 입학식을 맞이했다.

[예사롭지 아니하다] '타율에서 자율로'

중학교 시절의 나는 내성적이고 수동적이며 극히 타율적인 학생이었다. 학교에서 정해준 규칙에 따라 행동하고, 선생님께서 준비해오신 강의식 수업에 집중하며, 수업과 관련 없는 질문은 전혀 하지 않았다. 하지만 소담고등학교는 이와 반대였다. 이곳은 타율적인 학생보다 자율적인 학생을 원했고, 수동적인 학생보다 능동적인 학생을 원했다. 입학식 이후, 첫 수업 시간에 받은 질문이 지금도 기억난다.

"여러분, 학생다움이란 무엇일까요?"

교과서에 있는 내용도 아니고, 수업과 전혀 관련 없는 것임에도, 선생님들께선 수업 시간마다 우리에게 질문하셨다. '두발 규정이 학교생활에 정말 중요한 것일까요?', '용모단정의 기준이 무엇일까요?', '규정은 강제할 수밖에 없는 것일까요?' 등. 처음에는 학생들이 답하기를 주저하자, 이렇게 말씀하셨다.

"편하게 말씀해 주세요. 학생들의 생각을 듣고 싶어요. 여러분이 다닐 학교니까, 여러분의 생각이 반영되는 것이 제일 중요하지 않겠어요?"

중학교 때는 선생님께 왜 이런 규정이 있는지에 대해 질문할 때마다 '학생이면 학생답게, 수업과 관련 없는 질문하지 말고 공부나 하세요.' 등과 같은 답변을 3년 내내 들었다. 매번 똑같은 답변을 하시기에 언제부턴가 질문하지 않은 것을, 이곳에선 역으로 우리에게 묻는다. 공감해 주시고, 경청해 주신다. 이는 신선한 충격이었다. 그때부터 나는 내 안에 묻어놓았던 궁금증과 생각들을 말하기 시작했다.

'학교생활에서 꼭 지켜야 하는 협약'에 대한 모든 학생, 학부모, 교사의 생각을 각 주체의 대표들이 정리해오고 한곳에 모여 회의를 했다. 그리고 강당에 모두 모여 토론하고, 또다시 회의를 거쳤다. 누군가는 시간 낭비라고 하고, 누군가는 이럴 시간에 공부나 더 하라고 했다. 나 역시 당시엔 매우 비효율적이고 시간 낭비라고 생각했다. 하지만, 모두의 의견이 담긴 '3주체 생활협약'을 시청각실에서 낭독하기 시작할 때, 이런 생각은 점차 사그라졌다. 지금 와서 생각해보면 이런 과정은 모두 '타율'에서 '자율'로 나아가는 첫 발돋움이 아니었을까.

[예사롭지 아니하다] '존중과 배려로'

학창시절 강한 소속감을 주는 것 중에 제일은 '학생회'라고 생각한다. 학교 행사를 기획하며 예산관리 등의 행정업무를 처리하고, 학생들을 대표하는 것이 내가 생각한 학생회였다. 당시 학생회에 관심이 많았던 나는, 집행위원회 부서 중 예산관리와 회의록 작성을 담당하는 총무기획부로 지원하고 총무기획부 부장으로 활동했다. 교복이 완성되지 않아 각자 개성이 드러나는 사복을 입고 학생회실에 모여 회의하던 기억이 지금도 선명하다. 1기로 입학한 학교 그리고 1기 학생회. 너 나 할 것 없이 모두가 열정이 가득했다. 학생들에게 재미를 주고 선생님들께 신뢰를 얻기 위해 밤을 새워가며 부서별로 회의하고, 프로젝트를 기획했다. 지극히 자율적이고 능동적으로 활동했다.

2018년 여름방학, 그것은 불현듯 찾아왔다. 방학을 즐기며 편히 쉬고 있던 그때, 학생회 단톡방에 담당 선생님으로부터 한 공지문이 올라왔다.

"2018년부터 현 체제 학생회를 삼권분립 체제의 학생회로 바꾸어 운영하겠습니다."

내용은 이러했다. 모든 것이 학생회장단을 중심을 움직이던 학생

집행위원회 서기 활동　　　　　　총무기획부 프로젝트 발표

회가, 더 이상 학생회장단 중심이 아닌, 행정부 역할을 하는 '집행위원회', 입법부 역할을 하는 '대의원회', 사법부 역할을 하는 '자치법원' 및 '언론'의 역할을 하는 방송부와 교지편집부(또는 출판부) 등.* 흡사 대한민국의 삼권분립 체제처럼 바꾸어 운영하시겠다는 것이다.

　취지도 매우 좋고, 참신한 체제라 다들 군말 없이 체제를 바꾸는 것에 동의했지만, 이는 '건의서 사건'의 시발점이 되었다. 보통 입법부에서 법을 제정하면 행정부가 그 법을 집행한다. 이 체제에서는 조금 다르다. 집행위원회(행정부)에서 프로젝트를 기획하면 대의원회(입법부)에서 심의 후 승인해야만 프로젝트를 진행할 수 있다. 앞서 말했다시피 당시 집행위원회는 모두가 열정적이었다. 하지만 지나친 열정은 포기를 부른다는 말이 있듯이 열정은 금방 식어갔다. 아무리 열심히 기획해온 프로젝트여도 대의원회에서 거부하면 진행할 수 없었다. 집행위원회와 대의원회는 노력한 만큼의 성과가 돌아오지 않자 점점 지쳐가고 무기력해졌다. 집행위원회의 입장은 '단순히 반장, 부반장이 되고 싶다'는 '가벼운 마음'으로 선출된 대의원회가 왜 집행위원회의 프로젝

---

* 2018년도 '학생자치규정' 첫 개정 기준.

　　　　　　　　　　　　　　　1부 내 생에 최고의 선택

트를 심사하고, 의결하는가?', '사실상 기획하는 것도 진행하는 것도 집행위원회이거늘, 대의원회에 너무 큰 권한을 준 것 아닌가?' 등이었고, 대의원회의 입장은 '꼭 학생회를 삼권분립으로 나눴어야 했는가?', '우리도 학급 반장, 부반장의 할 일만 하면 될 줄 알았는데, 집행위원회의 프로젝트 심의까지 맡게 될 줄은 몰랐다. 이 때문에 할 일이 급격히 많아져 당황스럽고 힘들다.' 등이었다.

엎친 데 덮친 격으로 학생회 담당 선생님들 역시 이런 체제가 익숙지 않으셔서 선생님들끼리 별도로 회의를 해야 했다. 회의 중에 해당 내용이 집행위원회가 진행할 내용이 아니면 이를 바로잡아주는 역할도 해주셨기에, 모든 회의에 선생님들의 참여는 필수적이었고, 학생회는 선생님들의 회의가 끝날 때까지 어떤 일도 하지 못했다. 보상받지 못하는 노력에 지친 집행위원회와 막대한 역할에 부담감을 느끼던 대의원회, 하물며 선생님이 계시지 않으면 아무것도 진행되지 않는 상황이 계속되자 발생한 것이 바로 '건의서 사건'이다.

학생회장단과 집행위원회의 각 부서 부장, 대의원회의 의원장, 자치법정 판사, 법원장이 한자리에 모였다. 학생회장을 중심으로 각자 지금까지 어려웠던 점, 힘들었던 점에 대해 두서없이 이야기를 나누었다. 서로 불만이었던 점, 서운했던 점을 이야기하고, 오해했던 부분을 차츰 풀어갔다. 모두의 의견을 취합하여 대표들끼리 모여 또다시 상의하고 해결 방안을 모색했으며, 서기인 나는 이를 한글 문서에 정리했다.

총 10일에 걸쳐 완성된 건의서를 학생회 담당 선생님들께 전해 드리고, 이틀 뒤 선생님들과 집행위원회, 대의원회, 자치법정의 대표들이 모두 한자리에 모였다. 다들 한껏 긴장하고, 열흘을 밤새우다시피 했기에 지쳐있어서 분위기도 무거웠다. 이런 분위기를 반전시킨

[부록]

1. 건의서: 학생회가 생각하는 소담고

**대의원회 + 집행위원회가
생각하는 소담고
(건의서)**

학생회 필수 명령 좌우명
"모든 것은 문서로, 모든 것은 명령대로"

(+해명방안)

학생회 건의서(일부)

건 선생님들의 웃음과 박수였다. 문전 박대하실 줄 알고 잔뜩 긴장했던 내가 무안해질 정도로 선생님들께선 격려와 칭찬을 아끼지 않으셨다. 긴 시간 동안 건의서를 작성하고, 선생님들께 제출한 것 자체가 기특하다 하시고는 선생님들의 생각을 말씀해 주셨다. 학생과 선생님들 사이의 오해를 풀고, 다시금 의견을 조율하며, 모두의 생각이 담긴 새로운 '삼권분립 체제의 학생회'를 완성했다.

이때를 생각해보면 울기도 많이 울었고, 싸우기도 많이 싸웠다. 학생들은 물론 선생님들께서도 마음고생이 심했고, 육체적으로 정신적으로 힘들었다. 그런데도 이 시간만큼은 다른 것과 바꿀 수 없을 만큼 귀한 시간이었다. 어쩌면 건의서조차 쓰지 못한 채 학생회가 조각조각 분리될 수도 있었다. 자율적이고 능동적으로 움직이지만, 서로를 향한 존중과 배려 없는 권위적이고 위선적인 학생회가 될 수도 있었다. 서로의 이야기를 들어보려는 자세와 공감과 위로의 자세가 없었다면 존중과 배려조차 실천하지 못했을 것이다. 건의서 사건을 통해 우리는 서로 존중하고 배려할 수 있게 되었고, 경청과 수용, 공감과 위로의 중요성을 깨닫게 되었다.

[예사롭지 아니하다] '이제는 교외로'

학생회 활동에 열심이었던 나는 2학년이 되어 자연스레 전교학생회장을 지원하게 되었다. 2기 학생회장에 당선되자마자 준비한 것은 바로 타 학교와의 교류였다. 세종시 학생회장단 연합회 '한울'에서 주관하는 회장단 캠프를 신청하여 타 학교 학생회장들과 만났다. 세종시의 첫 혁신학교인 만큼 다들 소담고등학교에 관심이 많았다. 3주체 생활협약이나 삼권분립의 학생회에 대해 설명하면, 복잡하다고 생각하여 관심을 갖지 않는 사람도 있는 반면 더 궁금해하고 자세히 묻는 사람들도 있었다. 타 학교 학생회장들에게 학교생활에 어려운 점이 무엇인지 물어보면, '선생님의 개입이 심해서, 어떠한 프로젝트를 진행하고 싶어도 마음대로 진행하지 못한다.', '학생들의 참여도가 저조해서 의욕이 떨어진다.', '참신한 프로젝트에 대한 아이디어가 부족하다.'는 의견이 대다수였다. 그렇기에 어떻게 그런(소담고등학교처럼) 자율적이면서도 주도적인 분위기를 형성할 수 있는지 궁금해했다. 선생님들의 개입은 심하지 않은지, 학생들의 참여도는 어떠한지, 프로젝트 아이디어 공유 등. 이와 같은 이야기들을 약 1박 2일의 캠프 동안 쉴 새 없이 나눈 것 같다.

'한울' 외에도 타 시도에 있는 ○○고등학교와 관내 ○○중학교에 가서 현 소담고등학교의 학생자치와 3주체 생활협약 및 소담고등학교의 수업방식에 대해 발표했다. 발표를 마치고 질의응답 시간마다 여러 질문이 날아왔다. 현 학생회 체제를 갖추기까지 어떤 일이 있었는지, 강제되는 규정이 아닌 자율과 책임에 맡기는 협약을 정말 잘 지키는 학생들이 있는지 등등. 그중 가장 기억에 남는 것은, 소담고등학교와 가까운 곳에 위치한 학교에서 열린 '제2회 ○○교육포럼 - 우리가 꿈꾸는 학생자치' 포럼에서 발제한 일이다. 학생자치 우수사례 학교로 소담고등학교가 채택되어 그곳에 가서 '작은 학생 사회에서 민주주의를 배우다'라는 제목으로 발제를 했다. 발제가 끝나자 함성과 박수 소리가 끊이지 않았다. 발제했던 나도 이만한 학교가 없다 할 정도로 자랑스러웠다.

졸업한 지 2년이 지난 지금도 가끔 교육청에서 연락이 온다. ○○중학교나 ○○초등학교에 가서 혁신학교에서의 생활과 학생자치와 더불어 3주체 생활협약 등에 대해 강의해 줄 수 있는지 물어 온다. 그만큼 '소담고등학교가 혁신학교로 세종시 내에서 유명해진 게 아닐까'라는 생각이 들며 뿌듯하고 자랑스러웠다.

[예사롭지 아니하다] '교내에서 더 깊게'

3주체 생활협약이나 학생회와 함께 기억에 남는 것이 있다면 '방과후 활동'이다. 고등학교 3학년 때 단순히 학생생활기록부를 채우기 위해 신청했던 인문사회 독서카페 방과후수업이었다. '고등학교 3학년들의 독서모임인데 어려워 봤자 얼마나 어렵겠어~' 하고 안일하게 여기던 나를 비웃듯 책들의 수준은 정말 높았다. 존 스튜어트 밀의 『자유론』, 유발 하라리의 『사피엔스: 유인원에서 사이보그까지』, 『호모 데우스: 미래의 역사』, 『21세기를 위한 21가지 제언』 등. 도서관에서 한 번 읽어볼까 하다가 두께를 보고 내려놓은 책들이다. '정말 이 책들을 다 읽고 독서토론을 하나요?'라며 선생님께 되물었던 내 모습이 기억난다.

첫 책은 존 스튜어트 밀의 『자유론』이다. 난생처음 접해 보는 인문학 책이어서 그런지 한 문장 한 문장 읽고 이해하기가 버거웠다. 다른 수업으로 옮길까 하는 생각을 수십 번도 더 했다. 하지만 이 책들을 깊게 읽고 탐구해 가다 보

존 스튜어트 밀의 『자유론』 학습 자료

면 큰 도움이 되리라는 것은 분명했기에 오기로 버텼다. 볼펜과 형광펜을 들고 밑줄 긋고, 메모하며 읽어나갔다. 정해진 쪽까지 다 읽고 나면 각자 생각을 바탕으로 토론을 했다.

'자유는 인간에게 어떤 의미일까?', '자유는 인간에게 목적일까? 수단일까?' 등이 첫 토론 주제였다. 인간에게 자유란 무엇일지, 자유가 삶의 목적이 되는지 혹은 인간의 행복을 위한 수단이 되는지 등. 친구들과 여러 주제로 토론했다. 생각해보면 고3 방과후 독서 수업 이후 책을 깊이 있게 들여다보고 깊이 있게 생각한 적이 없는 것 같다. 어려웠지만 유익하고, 힘들었지만 보람찬 고등학교 3학년 생활이었다.

[그렇기에 뛰어나다]

소담고등학교에서의 3년은 의미 있고 뜻깊었다. 다양한 일이 있었고, 그 일들이 글로 표현된 것처럼 다 좋게 끝난 것도 아니다. 소위 '노는 학교'라며 주변에서 하대 받던 시절도 있었고, 학생들에게 공부는 커녕 이상한 것만 가르친다는 얘기도 많이 들었다. 노력해도 달라지지 않는 학교 평판과 겉모습만으로 모든 것이 판단되어 무시당할 만큼

암울하던 시기도 있었다. 그렇지만 지금은 어떠한가. 이제는 '노는 학교'가 아닌 '본인이 노력한 만큼 성취되는 학교'가 되었다. '자율적이고 능동적인 학교', '현 민주주의 체제에 적합한 학교', '대한민국에 꼭 필요한 학교'가 되었다. 누구도 이러한 시기를 보낸 우리, 소담고등학교 학생에게 모든 것이 헛된 것이라고 말하지 못한다. 이 시기를 보냈기에 우리에겐 분명한 깨달음과 배움과 학습이 있었다. 이는 누구도 부정하지 못할 것이다. 단언컨대, 소담고등학교는 어떤 학교냐고 묻는다면 나는 자신 있게 답할 수 있다.

나에게 소담고등학교는 '비상(非常)한 학교'다.
평범하지 아니하고, 예사롭지 않기에 뛰어난 학교다.
*비상(非常): 예사롭지 아니함. 평범하지 않고 뛰어남

1부 내 생에 최고의 선택

다시 돌아가고 싶은 공간

석지연

1기 졸업생, 2020년 2월 졸업

3주체 생활협약

　학교 규칙은 정해져 있는 것이고 학생은 그것을 따른다. 당연했다. 나에게 규칙이란 원래부터 정해져 있으며 지켜야만 하는 규율이었다. 고등학교에 입학하고 나서 그런 교칙이 당연하다는 생각이 바뀌었다. 학생, 선생님, 학부모가 모두 모여 새로운 규칙을 만든다는 것이었다. 독특한 경험이었다. 개교한 학교이니 교칙을 만드는 것은 자연스러운 일이지만 새로운 교칙을 만드는 데 학생의 의견도 들어간다는 것이 놀라웠다. 심지어 매년 교칙을 다시 검토하고 바꾼다니, 이런 게 혁신학교인가 싶었다. 매년 교칙을 바꾼다는 것은 새로 들어오는 학생과 학부모, 선생님의 의견까지 반영할 수 있다는 의미이기에 더 많은 사람이 만족할 수 있는 교칙을 만들 수 있는 것이다.

　교칙의 틀을 정한 다음에는 학생, 학부모, 선생님 3주체가 모여서 토론을 한다고 했다. 나는 그 과정에서 학생 대표 3인이 토론을 연습할 수 있도록 학부모 측 3인 중 한 명으로 연습 상대를 하게 되었다. 본 토론에서 학생 측과 학부모, 선생님 측의 주된 쟁점은 교복, 머리

색과 관련된 교칙이었다. 학부모 측과 선생님 측은 교복의 등·하교 착용을 중요시했고, 학생 측은 규정을 완화하자고 했다. 머리 색은 선생님과 학부모 측은 갈색까지 허용하자고 했고, 학생 측은 모든 두발 규정을 자유로이 하자는 의견이었다. 서로 의견을 주고받으면서 토론은 계속되었다.

토론 과정에서 각 주체끼리 의견 충돌이 있었지만, 모든 주체가 한 보씩 양보하고 합의하며 소담고의 새로운 교칙을 만들 수 있었다. 학생만이 아닌 선생님과 학부모가 지켜야 할 규칙도 만듦으로써 모든 주체가 평등한 존재라는 것을 다시 상기시키게끔 했다. 만들어진 교칙은 1년 동안 유지되며, 이후에는 새로 들어온 구성원의 의견을 반영하기 위해 다시 토론회를 연다고 했다.

본 토론에 참여하지 않는 학생들은 사전 준비된 설문조사에 참여하여 각 교칙에 대한 의견을 표출할 수 있었다. 또한 토론이 진행될 때 청중으로 관전하며 간접적으로 토론에 참여했다. 나도 본 토론에는 청중으로 참여하면서 '학생이 참여하는 학교는 이렇게 뿌듯하고 의미 있는 활동을 하는구나!'라는 생각을 했다. 청중은 본 토론이 끝난 후 준비된 시간에 질문할 수 있었는데, 그 시간에 본 토론에서 나오지 못한 여러 가지 의견이나 주장을 들을 수 있었다. 참여하지 않는 학생들도 있었지만, 대부분의 학생이 토론을 지켜보고 자신의 의견을 표출하는 자주적인 시간이었다.

이렇게 학교의 새로운 규칙인 3주체 생활협약을 세워가는 과정에서 많은 것을 보고 배우고 느낄 수 있었다. 서로 다양한 의견을 공유하는 토론은 서로를 조금 더 이해해 가는 과정이었다. 각자의 의견이 모여 만들어진 규칙이다 보니 원래부터 있었던 것보다 규칙의 존재를 더 실감하며 지켜갈 수 있었다. 중학교 때의 교칙은 왜 지켜야 하는지 이

해도 되지 않는 내용이 많아 반감이 먼저 생겼다면, 소담고에서의 교칙은 3주체가 모여 협의한 후 만들어졌으며 어느 정도 이해되는 내용이기에 반감이 들지 않았다.

초등학교와 중학교를 거치면서 학교란 이해되지 않는 내용이라도 지켜야 하는, 지키지 않으면 안 되는 것이 많은 공간이었다. 내가 나온 중학교는 교복을 재킷까지 입어야 사복 겉옷을 걸칠 수 있었다. 겨울에는 살이 비치지 않는 검은 스타킹만 허용되었고 여름에는 살구색 스타킹을 신어야 하며, 여학생은 특별한 경우가 아니면 바지를 입지 못했다. 또한 교복 흰색 와이셔츠 안에 색깔이나 문구가 보이는 티셔츠는 입지 못하는 엄격한 교복 규칙이 있었다. 복도에서 가운데 계단은 선생님만 사용할 수 있는 공간이며, 여학생은 왼쪽 계단, 남학생은 오른쪽 계단으로만 다녀야 했다. 계단 규칙은 성별 분반이기에 성별 간 중앙계단을 기준으로 공간이 나뉘어 있어 더욱더 그랬던 것일 수도 있다. 나름 보수적인 학교 규칙을 지키며 중학교 생활을 해온 탓에 소담고의 교칙이 더 특별하게 다가왔다. 이전에 지켜가던 교칙은 시대나 개인의 가치관에 맞지 않더라도 교칙으로 존재하니 지켜야 하는 느낌이었다.

하지만 소담고의 교칙은 학교와 관련된 모든 사람이 모여 매년 다시 검토하고 정하기에 현재 학교와 관련된 사람들의 의견이 크게 작용한다. 그렇기에 그 시대에 맞는 교칙으로 바꿀 수 있다. 물론 아직 부족한 부분은 많다. 3주체의 의견이 너무 다른 경우도 있고, 원만하게 합의되지 않는 경우도 있다. 사회의 시선이 아직 너그럽지 못한 부분도 있다. 그래도 모든 구성원의 의견을 들으려 노력하는 것 자체가 의미 있는 일이고, 교칙을 만들어가는 활동 자체가 앞으로도 발전할 수 있겠다는 하나의 큰 위안이 되었다. 나처럼 원래 있는 교칙의 정당성에 의문을 갖는 학생들이라면 소담고의 3주체 생활협약은 대단히 의미 있게 다가올 것이다.

자유로운 학교

나는 소담고등학교에 전학 온 학생이다. 전학이라고 하기에도 뭣한 짧은 시간이긴 하지만 다른 고등학교에서 하루 등교한 경험이 있다. 처음 고등학교에 등교해 본 날이기도 했기에 뒤숭숭했다. 그날 느낌은 '수련회 같다'는 것이었다. 그 학교에서는 첫날부터 모든 학생이 강제적으로 야자를 했다. 밤 10시까지 야자를 해야 하기에 자연스레 저녁도 학교에서 먹어야 했다. 학교에 그렇게 늦은 시간까지 머무르는 것은 처음이었다. 저녁 식사 시간이 되고, 선생님의 통제 속에 저녁을 먹으러 가는 학생들의 모습과 급식을 먹기 위해 길게 늘어진 줄이 마치 수련회에서 저녁 먹는 시간처럼 느껴졌다. 그 광경을 바라보는데 뭔가 답답했다. '앞으로 고등학교 생활은 이렇게 정해진 틀에서만 지내야 하는 것일까' 하는 불안도 엄습했다. 고등학교는 중학교 때보다 더 딱딱하게 생활해야 하는구나 싶었다.

이전 고등학교에 계속 다녔다면 나는 비뚤어졌을지도 모른다. 실제로 중학교 때는 공부에 많은 관심을 갖지 않았다. 혼나지 않을 정도로만 적당히 하는 데 그쳤고, 그마저도 중학교 3학년 때는 몇몇 과목에서 성적이 바닥을 찍을 정도였다. 이전 고등학교를 계속 다녔다면 중학교 시절과 다름없이 공부에 관심 없지만 교칙은 잘 지키는 학생으로 지냈을 듯싶다.

나는 이 학교가 혁신고등학교인 줄도 모른 채 선택했다. 이사를 결정하게 되면서 부모님은 나에게 어떤 학교로 가고 싶은지 물어보셨다. 조금 더 먼 다른 학교와, 이사 갈 집과 가까운 소담고등학교. 두 선택지를 보여주시면서 "조금 더 먼 학교는 개교한 지 1년이 지났고, 가까운 학교는 새로 개교하는 학교"라고 하셨다. 당시에는 가까운 학교이기에 별생각 없이 소담고를 골랐다. 비록 아무것도 모르고 가까워서 정한 학교지만, 돌이켜 생각해보면 매우 잘한 선택인 것 같다. 이학교에 오게 되어서 내가 하고 싶은 것에 대해 진지하게 고민해 볼 수 있었고, 노력해 볼 수 있었다.

소담고등학교는 자유롭다. 원하는 활동이 있을 때 선생님께 찾아가면 대부분 도와주신다. 학생들이 원하는 대외활동이나 교내활동이 있으면 혹여 그대로 진행하지 못하더라도 최대한 도움을 주려 노력하신다. 이런 분위기에서 끊임없이 한 분야에 관심 있는 학생들이 모여 새로운 활동을 시작하고 끝마친다. 내 경우에도 1학년 때는 반려견 봉사 관련하여 멀리 다녀온 경험도 있고, 3학년 때에는 일본 수출규제 관련캠페인을 하기도 했다. 스스로 원하는 활동을 찾고 다른 학교보다 비교적 순조롭게 활동을 진행할 수 있다는 점은 매우 큰 장점이다.

자율적이고 주체적인 환경에서 나의 꿈을 고민하기 시작했다. 자유로운 분위기는 자신의 미래를 걱정하고 생각해 보게 해주기도 한다는 걸 깨달았다. '자유에는 책임이 따른다'라는 말처럼, 소담고는 나에게 자유의 무서움을 알려주기도 했다. 어느 정도의 통제가 잘 맞는 사람이 있는 것처럼 나는 어느 정도의 풀어짐이 잘 맞는 사람이었던 것이다. 정해진 틀에 맞춰진 학교생활에서는 외부에서 오는 여러 스트레스를 감당하기에도 벅차 미래를 걱정할 틈이 없었다. 그저 주변이하는 대로 구색만 맞추며 흘러가듯 생활했다. 소담고에서 학교생활을하면서 이전에는 느끼지 못했던 미래에 대한 불안이 느껴졌고, 진지하게 고민하는 계기가 되었다. 덕분에 1학년 말쯤 비교적 빠르게 진로를

정할 수 있었고, 이후 고등학교 생활은 진로에 맞추어 여러 가지 활동을 할 수 있었다. 그 예로 세종시에서 주관하는 '캠퍼스형 공동 교육과정'에서 일본 문화 관련된 반을 신청하여 들었다. 그 수업에서 만난 친구들과 연을 맺어 같이 연합동아리 '토비이시'(とびいし, 징검다리)를 만들어 활동하기도 했다. 처음에는 부장이 아니었지만, 개인 사정으로 원래 부장이던 친구가 빠지면서 중간에 부장을 맡게 되기도 했다. 이후 친구들과 활동을 꾸려가면서 설문조사나 문화 체험, 축제 부스 준비 등 많은 활동을 할 수 있었다. 동아리활동을 하며 진로와 관련된 많은 정보를 얻을 수 있었고, 결과적으로 큰 도움이 되었다. 이외에도 각 과목 수행평가 등 수업 활동이 있을 때 가능하면 나의 진로를 엮어 진행했다. 이렇듯 1학년 말에 진로를 정했기에 고등학교 기간 많은 활동을 할 수 있었다. 진로를 정하지 못한 채 학년만 올라갔다면 대학 진학이 조금 더 어려워졌을 것이다.

다시 돌아가고 싶은 공간

졸업 후 소담고등학교를 바라보니, 매우 소중한 공간이었음을 느낀다. 학생들을 구분 짓지 않고 모두의 의견을 존중하며 따뜻하게 바라봐 주시는 선생님들과 학교 분위기. 모든 학생이 조금 더 나은 방향으로 갈 수 있도록 도와주시는 분들이 계시는 따뜻한 공간. 자율적으로 하고 싶은 공부를 하며 너무 강요당하지 않는 가장 이상적인 학교의 모습이었던 것 같다. 이런 자율적인 분위기 덕분에 학업이나 진학에 관한 것 외의 스트레스를 덜 받을 수 있었다. 안 그래도 스트레스 많이 받는 고등학교 기간에 학교 자체의 통제에서 오는 스트레스까지 받았다면 어땠을지, 생각만 해도 힘들었을 것이다.

사람들은 고등학교 시절로 돌아가고 싶지 않다고들 하지만 나는 가끔 소담고에서의 생활이 그리워진다. 내가 이 학교를 그리워하는 만큼, 앞으로도 많은 학생이 소담고에서 혁신학교의 장점을 느껴보면 좋겠다. 소중한 추억은 현재를 살아가는 원동력이 된다. 나는 소담고에서 삶의 원동력이 될 추억과 경험을 많이 얻었다. 내가 느낀 3년간의 소중한 경험을 더 많은 사람이 느껴보았으면 하는 작은 바람이다.

함께 피어났던 소담

송영서

1기 졸업생, 2020년 2월 졸업

존중과 배려로 더불어 성장하는 소담

세종시가 출범하기 전부터 있었던, 면 지역의 작은 중학교를 졸업하고 소담고로 진학을 결정하면서 나는 여러 가지로 불안했다. 늘어난 통학 거리도 걱정이지만 대전이나 서울 같은 대도시에서 온 친구들과 경쟁하며 학교생활을 해야 한다는 두려움이 컸다. 그렇게, 두려움과 약간의 설렘으로 참석한 예비소집에서 이 학교가 혁신학교라는 것을 알게 되었다. 혁신학교에 대한 흥미보단 관심사가 비슷한 친구들과 수학여행을 갈 수 있다는 이야기에 신났던 기억만 난다. 교복 입지 않은 모습을 어색해하며, 편한 옷차림으로 처음 등교한 날에는 벌써 누가 과학고를 준비했고, 강남에 살았으며, 선행학습을 어디까지 했고 누가 전교 1등이었다는 등의 소문이 돌고 있었다. 그런 소문 혹은 기선제압에 휘둘린 채 새 학기를 열등감 속에 시작하게 되었다.

그런 열등감은 아이러니하게도 나를 도전하게 했다. 지금 생각해보면 객기를 부린 것 같다. 눈 질끈 감고 반 부회장 선거에 도전했다. 공약 발표 후 투표로 끝난 중학교와 달리 선거관리위원회가 꾸려지고 반별로 후보자 정책 토론도 했다. 실제 선거기간처럼 엄숙한 학교 분위기에 나도 진지하게 임했고, 소담고는 나의 도전에 응해줬다. 반 부회장이 된 나는 '공부 잘하는 친구들이 하는 학생회'라는 나만의 겉껍질을 얻고선 성장한 듯한 기분에 취했다. 경쟁에서 한 차례 이겨냈다고 생각해 자신감을 얻은 상태였다. 그렇지만 나는 다른 사람의 입으로 내 의견을 표현하는 겁쟁이였다. 대의원회에서 주변 사람에게 귓속말로 "이건 좀 아니지 않아?"라고 속삭이는 비겁한 모습을 보였다. 학업 역량이 부족한 나의 말은 사람들이 궁금해하지 않을 것 같다는 생각이 지나친 자기검열로 이어졌기 때문이다.

이런 나의 모습은 학교생활을 하면서 사라졌다. 서로 의견을 주고받으며 더 나은 방향을 찾는 모습을 보여주신 선생님들이 계셨고, 경험과 연륜을 무기로 학생에게 일방적으로 방향과 방법을 강요하지 않으셨다. 수평적인 분위기에서 자유롭게 의견을 주고받는 곳이었다.

그런 소담만의 분위기는 학급회의에서도 나타났다. 이제껏 겪어온 학급회의는 대체로 자습 시간에 하거나 10분 안에 끝났다. 소담고의 학급회의는 이상하게 시간이 오래 걸렸다. 3주체 생활협약의 '학생약속'을 낭독하고 시작했으며, 포스트잇으로 안건에 대한 모든 학생의 의견과 건의사항을 받았다. 처음에는 이런 회의 방식이 비효율적이라고 생각했다. 단순 불만으로 여길 수 있는 급식 건의사항이 영양 선생님과의 간담회로 이어져 급식 메뉴 조정을 끌어낸 것을 보고, 학생의 의견이 존중받고 수용되면 회의가 길어져도 상관없다고 생각했다. 그렇게 소담만의 분위기에 적응하며 의견을 스스로 표현하고 다른 사람들과 소통을 이어 나갔고. 나는 자신감과 열정을 가지고 학교생활을 했다.

소담고에서는 늘 '학생 대표'라는 의사 결정자의 자리가 있었고 우리의 생각을 궁금해했다. 소담고의 이야기를 담은 이 책에 학생이 교정 대상, 진학 성과의 대상이 아니라 자신의 이야기를 하는 주체인 것만 봐도, 존중과 배려로 디불어 성장하는 곳이라는 것을 알 수 있다. 그렇기에 나는 겁쟁이에서 소통하는 한 주체로 성장할 수 있었고, 다른 학생, 교사, 학부모 모두 소담고에서 각자의 그리고 모두의 변화와 성장을 겪었다고 생각한다.

소신 있고 담대한 소담

소담고는 세종의 최초 혁신고다. 학교의 역량이 입시 결과로 증명되는 경쟁 사회에서 신설 학교이자 좋은 입시 결과를 내기 위한 기존 학교 시스템과 다른 혁신고를 향한 기대를 이해 못 하는 것은 아니었다. 그런 기대는 어느샌가 소담고를 향한 하나의 잣대가 되어 소위 '노는 학교'라는 누명을 씌웠다. 자율규정과 타율규정을 이해하지 못한 분들은 자유로운 복장과 밝은 머리 색의 우리를 공부 안 하는 학생들로 여겼다. 또한, 다른 학교 학생들과 만날 수 있는 학원에서는 ○○고에서 3등급이면 소담고 가서 1등급이라며 소담고의 노력과 능력을 무시하는 발언을 쉽게 들을 수 있었다. 이런 분위기라면 신입생 유입과 학교의 평판을 위해 이 사회에 맞춘 학력 신장 위주의 기존 시스템으로 돌아갈 수 있었다. 하지만 소담고는 그런 시선에 전혀 개의치 않고 자신의 길을 갔다. 그 덕분에 우리는 다 적어내지 못할 정도로 다양하고 진귀한 경험을 할 수 있었다.

그중 기억에 남는 활동은 소설 「순이 삼촌」의 작가 현기영 선생님과의 만남과 우리 역사 바로 알기 캠페인이다. 「순이 삼촌」은 겨울방학 독서 토론 방과후 프로그램에서 처음 접하게 되었다. 고향을 잊으려고만 하는 주인공에 관한 토론 후 아직 아물지 않은 현대사의 아픔을 어떻게 바라봐야 하는지 고민하게 되었다. 캠퍼스 공동 교육과정에서 여행 지리를 수강하며 재난 지역이나 참상지를 보며 반성과 교훈을 얻는 '다크 투어리즘'을 알고, 현대사의 아픔이 잊히지 않도록 다크 투어리즘같이 새로운 방법을 만들어내는 것이 중요하다고 생각했다.

이런 생각은 교내 진로 포트폴리오 대회를 준비하며 확장되었다. 관련 논문을 읽던 도중 아픔을 잊지 않기 위해 만들어진 관광지가 아픔을 들춰내는 매개체가 된다는 사실을 알고 고민했다. 학교에서 진행한 현기영 작가님과의 만남에서 나의 고민을 털어놓았다. 작가님은 '아픔에 진정한 공감'이라는 짧은 답을 해주셨다. 그 의미를 고민하던 중, 「순이 삼촌」 집필 전 제주 4·3사건을 써야 한다는 압박을 받았다는 말씀이 생각났다. 작가님에게는 써야만 한다는 압박을 받을 정도로 깊은 공감과 이해가 있었기에 제주 4·3사건의 아픔을 「순이 삼촌」으로 기억하게 했다는 것을 깨달았다.

이후, 제주도로 간 수학여행에서 4·3 평화공원을 방문하여 그 공간에 담긴 현대사의 아픔에 공감하며 기억할 수 있었고, 이런 나의 경험을 수학여행 보고서에 담았다. 도서관에서 「순이 삼촌」을 발견하면 지금도 제주 4·3사건과 함께 아픔에 대한 예의인 진정한 공감을 되새긴다.

우리 역사 바로 알기 캠페인은 지역사회에 목소리를 낼 수 있는 경험이었다. 2019년 발생한 일본의 경제적 도발에 관심을 갖던 중 동아시아 수업을 통해, 그 핵심은 강제노역이라는 역사적 사실에 대한 각국의 견해 차이임을 알게 되었다. 그 후에도 관심을 갖고 찾아보던 중, 강제노역의 아픔을 지닌 공간인 군함도가 일본 산업혁명의 유산으로만 여겨지고 아픔에 대한 공감 없이 관광지가 된 것을 알고서 화가 났

우리 역사 바로 알리기 캠페인(교육청)

다. 역사, 정치·경제에 관심 있는 친구들을 모아 경제적 도발의 핵심 쟁점과 각국의 반응, 군함도의 강제징용 역사, 군함도 세계문화 유산 지정의 문제점, 군함도 관광의 역사 왜곡을 알리고자 했다. 당시 고3이던 우리는 거의 주말도 없다시피 하며 기사를 작성해 캠페인을 준비했다. 교내 캠페인이 반응이 좋아서 교육청에서도 캠페인을 진행할 수 있었다. 그곳에서 우연히 아베 정권 경제 보복 규탄 집회를 기획하는 분을 만날 수 있었다. 집회 참가를 권유받고 "아니, 이게 맞아? 일이 점점 커지는데?" 하며 놀라던 우리는 거의 자정까지 학교에 남아서 캠페인을 준비하는 열정을 보였다.

그렇게 우리는 더운 여름에 호수공원에서 뛰어다니며 '불매운동, 선택인가 의무인가?', '약속 서명서', '선언문 낭독' 등 이슈에 대한 지역 사회의 의견을 묻고, 역사를 잊지 않고 문제 해결을 촉구하는 목소리를 냈다. 시간도 많이 썼고, 노력도 많이 했다. 캠페인 참여 인원이 모두 입시를 준비했고, 가장 중요한 시기인 고3이었기에 공부를 더 해서 내신을 올리는 것이 입시에 더 도움이 될 거라는 생각도 했다. 하지만 나는 지식과 문제 풀이 방법을 입력하고 반복하는 것에서는 느낄 수 없는 '확장'을 체험했다. 친구들과 함께 낸 목소리가 교내에서 교외로 이어지는 일을 통해, 사회에 반응하고 협동하여 행동하는 경험을 할 수 있었다. 남의 입에 숨어서 말하던 겁쟁이가 소담고에서 한 주체로 목소리 내는 법을 배워 내가 지닌 주체성이 사회로 확장되는 경험은 지금도 잊을 수 없을 만큼 떨리고 뿌듯하다.

결과가 아니라 과정의 가치를 아는 소담

입시라는 거대한 경쟁 시스템에서, 학력이 높고 학업 의지가 높은 학생들에게 더 많은 기회와 지원이 주어지는 게 당연하다고 생각했다. 그 기회와 지원의 효율성을 고려하면 누구나 그렇게 받아들인다고 생각한다. 하지만 소담고는 좀 달랐다. 학생자치를 비롯한 여러 활동과 대회 등에 모든 학생이 참여할 수 있게 했다. 또한, 그렇게 활동에 관심을 갖기 시작한 친구들에게는 지원을 아끼지 않았다. 영어 방과후 수업으로 만난 선생님 한 분은 나에게 '디재스터(disaster, 재앙)'를 겪지 않기 위해선 방학 때도 공부해야 한다며 공부 기록을 봐주시는 관심과 애정을 보이셨다. 나는 그 지지에 힘입어 가장 점수가 나오지 않던 영어를 놓지 않고 공부하여 높은 성적을 얻을 수 있었다. 선생님의 영향을 받은 나는 '이렇게 학생 개개인에게 교사의 영향이 닿는 학교가 어디 있을까?' 생각했다. 입시에서 좋은 결과를 낼 가능성이 큰 소수에게만 집중되는 것이 아니라 기회와 의지가 있다면 모두에게 열려 있다는 사실을 알게 된 후로 나는 나의 능력을 소담고에서 실험해 보고 성찰하며 지냈다.

고2 때부터 진로·진학 선생님들의 상담과 도움으로 진로 방향과 학과 선택에 많은 도움을 받았으며, 본격적인 입시 준비 시기인 고3 때는 정말 많은 선생님의 도움을 받았다. 특히 진로·진학 선생님의 지원이 기억에 남는다. 목표 설정과 학과 선택에 많은 도움을 주셨다. 고3 때는 무엇에 집중해야 하는지 모른 채 우왕좌왕하는 경우가 많은데, 선생님 덕분에 고3 시기를 잘 보낸 것 같다. 또한 다른 선생님들은 바쁜 시간을 쪼개 입시 상담과 자기소개서, 면접 준비를 정말 꼼꼼하게 도와주셨다. 등급에 상관없이 거의 모든 학생의 자소서와 면접을 봐주셨기에 교무실에는 늘 학생들이 가득했다. 의도한 건 아니지만, 대학이 두려웠던 나는 입시 상담마다 부담스럽게 우는 학생이었다. 에너지를 더 많이 쏟게 되는 학생이었지만, 늘 마음을 다잡아주시며 입시에 집중할 수 있게 도와주셨다. 교무실에 계신 선생님들의 위로는 지금도 내 마음속에 따뜻하게 남아 있다. 자소서는 학생들이 희망하는 학과 특성에 맞는 선생님들이 도움을 주셨다. 열 번이 넘는 자소서 첨삭이 오갔다. 자기 글도 열 번 이상 읽기 어려운데 정성 들여 도와주시는 선생님들께서 힘이 되어 주시며 생각 정리, 글쓰기 팁과 문장 표현 사용 방법 등 실질적인 도움을 주셨다.

　면접 프로그램은 학교 일과 시간뿐 아니라 저녁 시간과 주말에도 진행되었다. 먼저 면접에 대한 기본 사항을 이해할 수 있도록 안내하는 면접 특강이 있었다. 각 대학 인재상을 파악하고 키워드를 답변에 녹여내는 과정도 거쳤다. 이후에는 실제 면접장과 유사한 환경에서 모의 면접을 여러 번 했다. 세 분 선생님이 면접관으로 오셔서 입실하는 태도부터 답변 내용까지 세세하게 피드백을 해주셨다. 다양한 선생님들과의 모의 면접을 통해 촘촘하게 면접 준비를 해나갔다. 열정적인 선생님들의 지지에 힘입어 입시를 잘 준비할 수 있었다. 이후, 입시 결과에 실망도 했지만, 헌신적으로 노력을 쏟아 주신 선생님들께 좋은 결과로 보답하지 못한 것 같아 한동안 죄송한 마음이었다.

이렇게 모두 치열하게 준비했던 입시 후, 지역사회에 소담고 이야기를 전하는 기회에 참여할 수 있었다. 그곳에서 나는 좋은 입시라는 결과에 필요한 기록을 위해 학교생활을 하는 것이 아니라 단순히 재미있어서 학교생활을 한다고 밝혔다. 학생 의견이 학교를 바꾼 경험과 학생을 한 주체로 존중하는 학교 덕분에 나는 학생자치와 학교 행사에 관심을 갖게 되었고, 같이 학생회 활동을 열심히 한 친구들도 소담고에 관심과 애정을 가지고 활동한 것을 알고 있다. 우리 모두 활동 결과보다는 그 활동에 몰입하며 변화하는 과정을 즐긴 것 같다. 소담고에서는 그런 경험이 너무 많다.

이러한 소담의 노력을 입시 결과로만 판단하는 것은 합당치 않다고 생각한다. 학교에는 다양한 학생들이 존재한다. '입시를 위해', '또래 친구들을 만날 수 있기에', '다양한 경험을 하기 위해', '부모님의 권유로 어쩔 수 없이' 등 나름대로의 계기와 목적으로 학교에 온다. 입시도 경험도 모두 중요하지만, 그 중심에는 존중과 배려, 소통, 생각하는 능력이 있다고 생각한다. 나는 그걸 소담고에서 배웠고, 그 덕분에 더 나은 사람이 되었다고 생각한다. 그 성장에는 나의 개인적인 노력도 있겠지만, 선생님들의 지지와 지원이 가장 큰 부분이라고 생각한다. 모두가 노력해서 얻게 된 '내가 가치 있다는 믿음'은 더 좋은 입시 결과와는 맞바꿀 수 없는 것이다.

글을 마치며

이렇게 소담고에서의 추억들을 꺼내 보니 다시 자소서를 쓰는 기분이었다. 그때는 경쟁을 위해 입시 경향에 맞게 적은 것이었다면, 이건 오로지 나의 소담고를 적은 글이다. 물론 시간이 지나 미화된 추억이 아닐까 싶기도 하지만, 결국 나의 소담고는 따뜻하고 재미있었으며 날 성장시켜준 공간이다. 고등학교 졸업 후 아르바이트와 대학 생활 등의 사회생활을 하면서 경력과 나이, 지위로 하대당하거나 다루기 쉬운 존재로 여겨지며 존중받지 못하는 상황을 겪었다. 그럴 때마다 내가 한 주체로 존재하고 목소리를 낼 수 있었던 소담고가 정말 그리워진다. 만만치 않은 사회에서 내 목소리를 내기 쉽지 않지만, 소담고에서 배운 대로 생각하고 타인을 존중하며 소통하고 공동체 속에서 함께 성장하고 또 독립적으로 존재하는 주체로 살아갈 것이다. 과정의 즐거움과 가치를 알려준 소담고에 이 글을 바친다.

나를 변화시킨 멘토링과 수업

오승민

1기 졸업생, 2020년 2월 졸업

모든 학생이 멘토이자 멘티가 되는 방과후 수업

나는 수업에 흥미를 못 느끼는 학생이었다. 수업 시간에 잠도 많이 잤다. 고등학교 2학년이 되었고, 여러 이유로 뒤늦게라도 공부를 해보려고 마음먹었다. 그런데 방법을 몰랐다. 공부에 어려움을 느끼던 차에, 한 선생님께서 방과후 멘토링 수업을 같이 해보자고 하셨다.

이 수업은 기존 멘토링과는 달랐다. 내가 알고 있는 멘토링은 멘토와 멘티가 구분되어 있고 멘토가 멘티에게 가르쳐 주는 것이었다. 그러나 여기서는 모든 학생이 멘토이자 멘티가 되었다. 수업 시간에 배운 내용을 노트에 정리하고 그 내용을 모두가 돌아가면서 서로 가르치고 배웠다. 나는 이 멘토링이 가르치는 사람, 가르침을 받는 사람이 정해져 있는 멘토링과 달리 모두가 가르치고 가르침을 받는다는 점에서 매력을 느꼈다.

규칙도 의논해서 정했다. 노트 정리를 안 하면 벌금을 200원씩 내자는 의견이 나왔고, 멘토링이 끝난 후 모인 벌금으로 맛있는 음식을 사서 먹자는 데 다들 동의했다. 200원이 많지는 않지만 나는 벌금을 내기 싫어 노트 정리는 꼭 해야겠다고 생각했다. 이런 자잘한 벌칙도 동기부여가 되어서 좋았다. 한편으로는 걱정도 생겼다. 그동안 보통 멘티의 역할을 맡았는데 멘토로서 수업내용을 잘 설명할 수 있을지 고민이었기 때문이다. 다행히 그때마다 선생님께서 이해되게끔 내용을 풀어서 설명하며 다른 친구들의 이해를 도와주셨다.

멘토링이 가져온 학교생활의 변화

멘토링을 시작한 후, 내 학교생활은 조금씩 바뀌었다. 처음에는 수업에 집중하기도 힘들었지만 계속 노력하다 보니 점점 집중력도 높아졌다. 수업 시간에 배운 내용을 정리하기 위해 노트 정리를 시작했고, 선생님께서 중요하다고 하신 내용에는 강조하는 색도 넣으면서 노트 정리를 했다. 이 내용을 설명해야 할 수도 있으니, 어떻게 하면 잘 설명할 수 있을까 생각해 보기도 했다.

이제 수업에 좀 더 집중하게 되었다. 수업 내용을 더 잘 이해하게 되었으며, 수업이 끝나고도 그렇게 배운 게 끝이 아니고 멘토링으로 한 번 더 설명을 들으니 기억에도 오래 남았다. 이렇게 여러 명이 모여서 배운 내용을 주고받으니, 수업 시간에 놓친 내용이나 이해가 잘 안 됐던 내용도 다시 알게 되고 이해되기 시작했다. 멘토링에 점점 적응되면서, 설명하는 것도 처음 할 때보다 점점 나아지고 익숙해졌다.

가장 기억에 남는 멘토링은 사회문화의 도표 관련 문제를 설명해 줄 때다. 수업 내용 중 사회문화의 도표 문제를 가장 재미있게 만들었고, 도표에서 계산해 값을 도출해 내어 빈칸을 하나씩 채우는 게 재미있었기 때문이다. 설명해 줄 때도 내가 계산한 방식 등 풀이 내용을 설명하기에 어렵지 않았고, 자신 있던 내용이라 설명도 재밌게 했다. 반

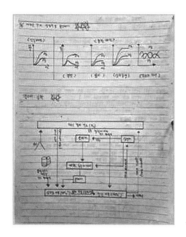

멘토링 노트

대로 재미없었던 과목도 있었는데, 바로 영어다. 영어는 어렸을 때부터 꺼리기도 했고 그러다 보니 관심도 없어져 별로 안 좋아하게 됐다. 수업에도 관심이 떨어졌는데 이 멘토링이 시작되고 나서 영어 수업을 듣기 시작했다. 노트 정리도 했다. 단어를 이해하게 되니 본문 해석이 조금씩 되었다. 그 느낌이 좋았다. 그때부터 조금씩이나마 영어에 흥미가 생겼다.

멘토링 이후 첫 시험

어느새 시험 기간이 다가왔다. 시험공부를 해야겠다고 생각해서 멘토링 때 노트 정리한 것으로 공부했다. 미리 노트 정리를 해 놓으니 중요한 부분 표시나 요약이 잘 되어있어 시간을 절약할 수 있었다. 중요한 부분이 한눈에 들어와 외우기도 편했다. 또, 멘토링을 하면서 노트 정리 겸 복습을 매일 해서 이미 이해가 된 상태로 공부하니 암기가 잘 되었다. '이건 멘토링 때 누가 설명해 준 거다'라며 하나씩 새록새록 기억도 떠올라서 재밌었다. 그렇게 시험을 치고 내가 노력한 만큼 성적이 나왔다. 고등학교에 들어와 가장 만족할 만한 시험이어서 기분이 좋았다. 스스로 해낼 수 있다는 성취감과 자신감이 생겨서 이 활동이 많은 도움이 되었다는 걸 깨달았다. 멘토링을 하길 잘했다는 생각이 들었다. 멘토링을 권유해 주신 선생님께도 감사했다.

성취감과 협동심을 가져다준 기술·가정 수업

2학년 기술·가정 시간에 '롤링볼' 수업을 했다. 우드락과 침핀으로 구슬이 움직일 수 있는 구조물을 만들고, 구슬을 늦게 떨어뜨리게 하는 것이 목표였다. 조를 짜고 수업을 시작했다. 우선 설계도를 짜기로 했다. 공이 늦게 도착하게 하려면 어떤 장애물을 쓸 것인지, 어떤 재료로 만들 것인지 상의하고 아이디어를 생각해서 조금씩 설계도를 그려 나갔다. 나는 공이 최대한 늦게 도착하도록 설계했다. 첫 번째 공이 맨 아래에 도착하고 그다음 두 번째 공이 맨 위에서 굴러가게 했다. 첫 번째 공이 맨 아래에 도착하면서 세로로 된 큰 지렛대를 밀면 두 번째 공이 출발하도록 하고, 조원들과 같이 구조물을 완성했다.

처음에는 막막하고 잘 해낼 수 있을까 걱정했다. 하지만 실험을 성공적으로 해내서 성취감과 보람을 느꼈다. 조원들과 협동심을 기를 수 있어서 수업이 더 보람찼다. 혁신학교에서는 수업 시간에 활동과 실습을 할 기회가 많으며, 실습하면서 협동심과 문제해결 능력, 창의력 등 여러 가지를 경험하고 학습할 수 있었다. 이런 점에서 혁신학교 수업의 차별성을 느꼈다. 혁신학교의 수업은 재밌고 여러모로 많은 도움이 된다고 생각한다.

졸업하고 바라본 소담고

　어느덧 소담고를 졸업하고 '소담고 책 쓰기' 활동에 참여해 고등학교에서 활동했던 일을 떠올리며 글을 쓰다 보니, 생각보다 소담고에서 많은 활동을 하고 성장했다는 생각이 들었다. 자연스러운 일상이라 생각했던 혁신학교에서의 생활이 돌아보면 기존 학교와 다른 점이 많다는 것을 실감했다. 특히 학생이 직접 참여하는 수업이 많다. 혁신학교 소담고가 학생들이 적극적으로 참여하여 서로 협동하고 함께 성장하며 책임감도 느끼게 해줄 수 있는 학교라고 생각한다.

자유가 넘쳐나서 오는 불편함

전찬서

1기 졸업생, 2020년 2월 졸업

"나는 자유가 부족해서 오는 불편함보다는
자유가 넘쳐나서 오는 불편함을 겪겠다."

(I would rather be exposed to the inconveniences attending too much liberty than
to those attending too small a degree of it.)

-토마스 제퍼슨(Thomas Jefferson)

이게 혁신학교…? 이게 혁신학교!

"여기 혁신학교인데 괜찮으시겠어요?"

이사하면서 새롭게 전·입학 배정원서를 작성할 때, 1순위로 소담고등학교를 썼더니 직원분이 하신 말이다. 혁신학교가 뭔지도 모르고 단지 집과 가깝다는 이유로 소담고에 배정을 희망했지만, 입학과 동시에 후회했다. 성적에 반영되지 않는 토론 수업도, 다른 학교와 같이 듣는 공동수업도, 3주체 생활협약을 만들기 위해 계속 소비되는 수업 시간도, 당시의 나는 너무나도 아깝고 지루했다. 성적을 중시하고, 교복을 단정히 입고, 교칙을 준수하며, 이를 어길 때는 벌점을 받던 엄격한 중학교생활에 더 익숙했기에 '자유, 학생 인권'이라는 말은 와닿지 않았다. '자율적으로 선택하고 행동하며 그에 따르는 책임 또한 받아들인다.' 첫 3주체 생활협약의 기본 원칙인 이 말의 소중함은 2학년이 되어서야 느끼기 시작했다.

1학년 2학기에는 공동체 생활자치부 부장으로서 학생회 활동에 참여했다. 일종의 선도부와 비슷한 부서라는 설명에 지원했는데, 돌아보면 민주적인 학교를 위한 기여보다 무법지대 같은 학교를 정리해야 한다는 생각으로 지원한 것 같다. 나뿐만 아니라 당시 부서원 모두가 비슷한 생각이었다. 3주체 생활협약이 만들어진 시기임에도 엄격한 중학교의 인식과 버릇이 남은 것이다. 자유라는 이름으로 수업 시간에 휴대폰을 사용하고, 교복 대신 사복을 입는 등의 모습을 보면서 이제는 책임지도록 이끌 수 있는 학생회 활동을 하고 싶었다. 그러나 부서 내부에서 합의가 이루어져도 집행위원회 회의에서 '협약의 몇 번 때문에 안된다.', '협약을 침해할 가능성이 있다.'는 등의 이유로 부서가 하고 싶었던 활동은 하나도 하지 못했다. 결국 단순한 캠페인과 협약을 잘 지키자는 독려 행사 같은 활동만 하게 되었다. '이게 혁신학교인가?' 하는 생각이 자꾸만 들었다.

2018년 2월, 2학년이 되고 신입생이 들어오는 시기에 뜻밖의 제안을 받았다. 3월 신입생 OT 때, 부장으로서 3주체 생활협약에 대해 신입생들에게 설명해 주면 좋겠다는 선생님의 말씀이었다. 사실 하기 싫었다. 지난 반년간 매주 있는 정기 회의와 부서 회의, 많은 캠페인 활동과 학업을 병행하면서 많이 지쳤기 때문이다. 게다가 혁신학교에 대해 부정적인 생각만 해온 내가 설명하게 되면 신입생에게도 부정적인 인식이 전달될 수 있기에 거절하고 싶었다. 그래도 설명하면 수업을 빠질 수 있다는 말에 홀랑 넘어갔다.

PPT를 만들고 대본도 써가면서 준비했다. 근데 선생님께서 "지난 1년간 내가 성장한 부분도 같이 설명해서 신입생들이 잘 성장할 수 있게 독려할 수 있도록 해달라"고 하셨다. 이때부터 혁신학교에 대한 생각이 달라지기 시작했다. 빈한 점이 없어 무엇을 이야기해야 할지 밤새 고민했다. 돌아보니 좋은 점이 딱 하나 생각났다.

"그래도 능동적인 사람이 될 수 있었습니다. 이게 모든 단점을 없애버려요."

하나부터 열까지 전부 스스로 기획하고 진행해야 했던 행사, 3주체 생활협약 제정, 학생이 주제를 정하고 진행했던 토론 수업, 엉망진창이지만 그래도 마무리했던 조별 과제 등 여러 활동을 능동적으로 진행하고 해결할 수 있었다. 시간이 촉박했고 의견이 모이지 않으며, 때로는 예산 문제도 있었다. 그래도 준비 과정에서 손도 대지 않을 책을 읽고 교육감님을 만나 토론하기도 하며, 정책을 건의하며 다양한 경험으로 스스로 알지 못하는 사이에 성장하고 있었다.

우리 사회에서 고등학생은 아침부터 새벽까지 공부하는 학생이라는 이미지가 강하다. 우리는 공부만큼 기획하고 진행하는 데 많은 시간이 들었다. 모두가 새벽까지 열심히 힘을 모으며 노력했기에 많은 성과를 거둘 수 있었다. 고되고 힘들었지만, 이 시간이 있었기에 입시를 위해 수동적으로 공부하고 활동하는 사람이 아닌, 자신을 위해 능동적으로 공부하고 활동하는 사람이 될 수 있었다. 성공과 실패의 경험을 후배들에게 전해주고, 다른 경험을 겪기도 하며 미래에는 더 많은 후배가 능동적인 사람이 될 수 있길 바라는 마음에 이 말을 마지막으로 전하고 싶다. 시키는 일만 잘하기보다는 스스로 잘하고 성장하길 바라는 사회 분위기에서 혁신학교는 이런 요구에 부합하는 교육을 하는 곳이라는 점을 기억하면 좋겠다. 남들 눈에는 놀면서 자유만 찾는 어리광쟁이로 보일 수 있겠지만, 이것이 우리가 사회에 나가 적응하고 성장할 방법이라는 점을 알고 있기에 더욱 노력하는 것이다. 이 노력이 모여 더 많은 학생이 졸업한 미래에는 주변의 시선도 긍정적일 수 있는 학교가 되리라 믿어 의심치 않는다.

이제는 외부인

　사범대에 입학한 학생으로서 다시 혁신학교를 마주한다면 그때는 임용 후일 거라고 막연하게 생각하고 있었다. 하지만 코로나19가 유행하면서 대학교의 모든 수업은 비대면으로 하게 되었다. 덕분인지 기숙사로 이동하지 않았기에 다시 소담고 선생님들과 만나게 되었다. "사범대면 봉사 시간 채워야지! 이 기회에 소담고에서 봉사 활동하자!"라는 선생님의 연락에 졸업한 지 6개월 만에 소담고로 돌아왔다.

　이제는 학생이 아니기 때문인지, 코로나19의 영향 때문인지 내가 아는 소담고가 아닌 것만 같았다. 강당에서 전교생, 많은 학부모와 모든 교직원이 모여 서로 의견을 나누고 조율하는 공청회는 회의실에서 적은 인원으로 진행되었다. 한 학생을 학생자치법원으로 회부하는 것에 신중을 기하고, 한 명당 1~2시간씩 진행되었던 때와는 다르게 여러 명을 한 번에 회부하여 빠르게 진행하는 모습을 보았다. 이런 모습들을 보면서 '학생 한 명 한 명을 이해하고 모두가 받아들일 수 있는 의견을 만들 수 있나?' 하는 의문이 자연스럽게 들었다. 물론 이제 나는 이런 과정에 간섭하거나 참견할 입장은 아니지만 조금은 이상한 느낌이었다. 열심히 만든 작품이 축제가 끝나자마자 전시장에서 치워진 느낌이랄까?

　학교 내부에서 볼 수 있는 활동이 많이 적어졌기에 '아, 후배들은 혁신학교를 그리 반기지 않는가 보다.' 하는 생각이 절로 들었었다. 교무실에서 선생님들이 보는 영상을 보기 전까지는 말이다. 그 유튜브 라이브 영상에 담긴 것은 세종시 교육청에서 주관하는 행사였는데, 선생님들과 학생 모두 이곳에서 혁신학교에 대해 알리고 있는 모습을 보았다. 생각해 보니 내가 학생인 시절에도 학교 내부에서 활동을 많이 했지, 외부 활동은 많이 하지 않은 것 같다. 학생 활동으로 인터뷰나 기사가 몇 번 나갔을 뿐, 혁신학교 자체에 대해 외부로 알린 적이 거의 없었던 점을 알았다.

전보다는 혁신학교에 대한 인식이 조금 나아졌지만 그래도 아직은 부정적인 인식이 남아 있다. 우리가 소담고에서 많은 활동을 하고 좋은 대학에 입학하면 부정적인 인식이 자연스럽게 달라지리라 생각했다. 졸업생들이 좋은 대학에 진학하는 것이 혁신학교에 대한 인식을 바꾸는 것은 아니었다. 학교 주변에서만 인식이 좋아진다고 혁신학교의 인식이 바뀌는 것이 아니다. 더 많은 사람이 혁신학교에 대해 알고, 이해하고, 긍정적인 시선으로 바라볼 수 있도록 노력해야 한다. 후배들이 이를 먼저 깨닫고 외부로 나서서 학교의 인식을 바꾸려고 노력하는 모습이 인상 깊었다.

가끔 동아리활동이나 자율활동 때, 학생이나 선생님들의 부탁을 받아서 활동을 도와준다. 내가 학생인 시절부터 있던 동아리지만, 우리의 경험을 바탕으로 같은 활동이라도 더 보완하며 재미있게 만들어가도록 노력하는 모습을 자주 마주한다. 1기의 경우에는 도움을 청할 선배나 앞선 경험이 없어 마무리가 부족한 경우가 자주 있었다. 하지만 후배들은 부족한 부분에 대해 조언을 구하고 완성도 높은 활동을 해나가면서 1기보다 더욱 성장할 수 있으리라 생각한다. 과거의 내가 '이게 정말 도움이 되나?', '내가 성장하고 있나?' 하는 의구심이 들 때마다

1부 내 생애 최고의 선택

선생님께서는 "잘하고 있어!"라고만 하셨다. 이제는 왜 그런 말을 했는지 알 것 같다. 후배들이 정말 잘하고 있다는 말 외에 다른 말은 해주지 못할 만큼 너무 잘하며 성장하고 있는 모습을 마주한다. 이런 후배들이 있기에 소담고에 대한 애정이 더욱 커져만 간다. 성장하는 후배들 옆에서 작은 도움이라도 주고 싶고, 나보다 많이 배우고 경험하기를 바란다.

혁신학교의 교사

대학교는 각자 다른 환경에서 다른 경험을 한 사람들이 모이는 곳이다. 혁신학교를 경험한 사람도 있고, 아예 경험하지도 들어보지도 못한 사람도 있을 것이다. 나는 사범대에 진학했기에 전공, 특히 교직 강의에서 혁신학교에 대해 많이 접한다. 때로는 현 교육 문제의 해결 방안으로, 때로는 사회 분위기에 맞지 않는다는 비판의 대상으로 접한다. 한 교직 강의에서 '혁신학교는 한국의 교육문화를 바꿀 수 있는 수단인가?'라는 주제로 토론한 적이 있다. 이 토론이 2년이 지나도 기억에 남는 까닭은 한 학우의 말 때문이다.

"혁신학교는 교사에게 기본적인 행정업무와 학생 활동을 위한 추가적인 업무를 과도하게 부과합니다. 최근 교원임용을 교사가 되기 위한 길보다 공무원 취업으로만 생각하는 사람이 많아지고 있습니다. 교육 정신을 지닌 교사가 줄고, 학생을 위해 과도한 업무를 기꺼이 감당할 교사도 없는데 혁신학교가 어떻게 유지될 수 있을까요?"

소담고에는 학생이 원하는 활동이 있으면 할 수 있도록 노력하는 선생님들이 많았기에 잘 느끼지 못한 문제였다. 나와 같이 혁신학교를 졸업한 다른 학우는 선생님들이 업무가 과도하여 최소한의 활동만 지원해주었다고 했다. 문득 자기소개 시간에 "너는 왜 사범대에 왔어?"라는 질문에 몇몇 학우가 "교사는 안정적인 직업이니까"라고 답한 것이 기억났다. 나도 선생님 같은 교사가 되어 같은 교단에 서고 싶다고 생각했기에 사범대에 진학했지만, '교사는 안정적인 직업이니까'라는 생각도 있었다. 저 말을 듣고 '내가 임용고시에 붙어 혁신학교로 발령받는다면 소담고 선생님들처럼 열심히 할 수 있을까?' 하는 생각이 들었다. 답은 'NO'였다. 내가 꿈꿔왔던 교사는 학생들과 친구처럼 지내고, 학생이 쉽게 참여할 수 있는 즐거운 수업을 하는 모습이었다. 행정업무에 시달리는 모습을 생각해 본 적은 한 번도 없었다. 내가 혁신학교 교사가 되면 소담고 선생님들처럼 학생을 위해 노력하는 교사가 될 수 있을까?

교육봉사이기 때문에 선생님의 행정업무를 직접 도울 수는 없지만. 학생 지도나 문서 정리 등을 통해 선생님들의 업무량을 대충 알 수 있었다. 점심시간에 학생들이 질서 있게 줄을 서게 하는 것만으로도 힘들었다. 방역 지침에 따라 간격을 띄워 세우면 어느새 다시 친구들끼리 붙어 있다. 밥 먹을 때 거슬린다고 마스크를 쓰고 오지 않는 학생도 있었다. 단순히 줄 세우기뿐임에도 많이 힘들었는데 행정업무까지 하는 선생님들은 얼마나 힘들었을까 하는 생각이 절로 들었다.

교무실에 가면 책상이나 상자, 빈 책상 등에는 같은 행사의 비슷한 서류가 널려있다. 그만큼 업무량이 많고 처리가 복잡함을 알 수 있었다. 고등학생 때, 일부 선생님께서 "저희 ~~활동하고 싶어요!"라고 하면 왜 어두운 표정이 되었는지 알 것 같았다. 물론 원활한 활동을 위해 여러 방면으로 노력해주신 선생님들도 계셨지만, 힘들어하신 선생님의 모습이 더 기억에 남는다.

새로운 수업에 대해서도 고민하고 준비해야 한다. 종종 선생님들께서 "~한 방법으로 수업하면 애들이 참여할까?"라고 물어보신다. 그러면 항상 드리는 답은 "아뇨. 잘 것 같아요." 또는 "하는 애들만 참여할 것 같아요."이다. 토론식 수업도, 참여형 수업도 성적과 관련되어 있으면 참여하긴 하지만, 정말 즐겁게 참여하는 학생은 별로 없다.

새로운 수업 방식을 고안하고 준비해도 학생들이 잘 참여하지 않으면 새로운 시도를 주저하게 된다. 처음에는 의욕 넘치게 새로운 수업을 준비해가던 선생님도 결국 강의식 수업으로 돌아간다. 학생들이 그나마 잘 참여하는 수업 방식이기 때문이다. 사회가 원하는, 단순히 성적을 올리기 위한 수업과 학생의 정의적(情意的) 영역을 향상하기 위한 수업. 이 두 가지를 한 번에 잡을 수 있는 수업 방식을 계속 고안하는 것은 힘든 일이다. 여기에 행정업무까지 부과되면 의욕 넘치는 선생님이라도 지쳐버리기 마련이다.

아직 교육이라는 분야를 제대로 모르는 대학생이지만, 그래도 교사를 꿈꾸는 학생으로서 '교사와 학생이 모두 노력할 때 제대로 된 혁신학교가 만들어질 수 있다.'라는 점은 안다. 학생은 선생님이 새로운 교수 방식을 고안해오는 것을 당연하게 여기지 말고, 어색하더라도 참여해보고 힘든 점을 선생님께 말씀드리며 더 나은 수업을 고안할 수 있도록 도와야 한다. 학생의 피드백을 받아 보완하고 수정해간다면, 선생님은 학생의 정의적 영역과 지적 영역을 모두 향상할 수 있는 교육을 할 수 있을 것이다. 이것이 혁신학교의 목표에 가까워지는 방법이다. 단순하고 추상적인 방법처럼 보이지만, 이것이 교사가 더 노력할 수 있는 원동력이 되고, 학생이 더 즐겁게 교육받고 성장하는 방법이다.

교사가 새로운 교수 방법을 고안하기 위한 시간을 마련하기 위해서는 행정업무량이 줄어야 한다. 교육공무직원 확충, 특히 교육실무사를 혁신학교에는 더 많이 배치하여 교사의 행정업무 부담을 줄일 수 있으리라 생각한다. 행정업무 부담이 줄어들면 열정 있는 교사들은 새로운 교수 방법을 고안하는 데 더 많은 시간을 활용할 수 있고, 설령 원치 않게 혁신학교에 배정받았더라도 완전히 기피하는 교사는 줄어들 것으로 생각한다.

내가 생각하는 교육은 거창한 것이 아니다. 학생이 사회에 나갔을 때, '아, 맞아, 선생님께서 이런 수업을 했지. 이 수업이 지금의 나에게 이러이러하게 도움이 되고 있어.'라는 생각이 들게 하는 것이다. 초등학교 때 젓가락을 제대로 잡지 못한 내가 젓가락으로 식사하는 사람이 된 것. 가위를 잘 다루지 못해 간단한 동그라미 모양도 자르지 못한 나를 어떤 모양이든 가위나 칼로 만들 수 있는 사람으로 만들어 준 것이 초등학교 선생님들이다. 초등학교 선생님들이 사람이 살아가면서 기본적으로 필요한 능력을 길러주었다면, 중·고등학교의, 혁신학교 선생님들은 사회 구성원으로 필요한 능력을 길러주어야 한다. 성적만 중시하는 것이 아니라 사회 구성원과 의사소통하고, 협력하고, 자기 의견을 조리 있게 말할 수 있는 사람이 되게 하는 것이다. 거창한 능력이 아니라 딱딱하게 말할 것을 부드럽게 말하고, 의견이 다를 때 합의점을 찾을 수 있을 정도의 능력만 길러도 큰 문제 없이 사회생활을 해갈 수 있다. 그리고 이런한 능력은 교사와 학생의 노력 아래 다른 일반학교보다 혁신학교에서 더욱 잘 기를 수 있다고 생각한다.

마무리하며

교육봉사 동아리에 가입하고, 대학 입학 전형을 위한 자소서를 쓰며, 교직 강의를 수강하면서 나의 교육관을 조금씩 다져간다. 처음 나의 교육관은 학생과 교사가 친구처럼 지낼 수 있는 교사였다. 소담고를 졸업할 즈음에는 '학생이 사회에 나갔을 때 한 사람의 몫을 할 수 있도록 돕는 교사'로 교육관을 다시 정의했다. 혁신학교가 누군가에게는 '한 사람으로서 있을 수 있게 한 곳', '자신의 재능을 찾을 수 있게 한 곳'이었다면, 나에게는 '내 인생을 구체화하게 한 곳'이다. 혁신학교가 있기에 인간으로서 성장할 수 있는 사람이 있었다는 것을 알아주면 좋겠다.

소담고등학교로 오시는 길

최다빈

1기 졸업생, 2020년 2월 졸업

새샘마을 1단지, 소담중학교 바로 옆에 위치한 소담고등학교는 초행자도 어렵지 않게 찾을 수 있다. 특히 소담고의 아이덴티티라고 할 수 있는 '존중과 배려로 다 함께 성장한다'는 슬로건은 그냥 만들어진 게 아니라고 말씀드리고 싶다. 학생, 선생님, 학부모 모두가 머리를 감싸며 만든 혁신고등학교라는 타이틀은 아주 어렵게 찾아낸 것이다. 소담고등학교를 얼핏 들어본 사람들에게 말씀드리고 싶다. 소담고등학교로 오시는 길은 아주 쉽지만, 그 안에서 혁신학교의 일원으로서 길을 잃지 않고 앞으로 나아가는 길은 더욱더 쉽다고. 서로 믿고 의지하면 금방 길을 찾고 점진적으로 나아갈 수 있다고.

꽃 하우스

내가 기억하는 소담고의 첫 기억은 새집 냄새가 풍기고 번질번질한 페인트가 부담스럽게 다가오던 모습이다. 세종시로 이사 오기 전 동네는 인구밀집도가 높은 곳이어서 한 학년에 여덟 반 넘게 있었지만 소담고는 학생, 교직원 수를 다 합쳐도 백 명이 넘지 않았다. "내가 이 학교의 1기라니."라는 말을 중얼거리며 신입생 환영식이 열리는 시청각실로 향하니 한껏 차려입은 선생님이 방긋 웃으며 내게 장미꽃을 내밀었다. 새로운 환경에 적응해야 한다는 부담감 때문인지, 그때는 장미꽃을 내미는 선생님의 얼굴보다 회색 바닥에 시선을 고정한 채로 이 시간이 어서 빨리 지나가길 기다렸다. 지금 와서야 그 장미꽃의 강렬한 붉은 색과 선생님의 웃음이 생각난다.

그때 나를 포함한 대부분의 학생들은 소담고가 혁신학교로 지정된 사실도 몰랐고, 알았더라도 정확히 어떤 학교인지 몰랐을 것이다. 학생들은 새로운 환경에 적응해야 한다는 부담만 있었겠지만, 선생님들은 혁신학교에 대한 많은 조사와 학습을 토대로 혁신학교만의 규칙을 정하고, 필요한 여러 회의를 하는 것은 물론, '고등학교에 혁신학교의 제도를 도입하면 대학 입시에 집중하지 못할 거'라는 학부모의 편견을 이겨내야 했을 것이다. 선생님들은 그렇게 자신들의 등에 지워진 짐을 감내하면서 학생들과 육체적·심적으로 부딪칠 시간을 고대하며 우리를 맞이하셨다. 3기로 소담고를 졸업하는 후배들을 보며 혁신고를 같이 만든 선생님들의 노고가 이제야 절실하게 느껴진다.

우린 그저 소담고를 선물 받았고, 선생님들은 가시를 쳐내고 번듯한 포장지를 감싸 건네는 일을 신입생이 들어올 때마다 하셨으니, 소담고는 말 그대로 꽃 농장이었다. 재능을 피우는 학생들을 계속 배출해 내는 화려한 하우스.

기회는 평등하게

학창시절, 교육기관에 고마울 일은 전혀 없었다. 드라마나 다큐멘터리에서 "저는… ○○이 없었다면 이렇게 성장할 수 없었을 거예요."

라며 학원과 은사님들께 감사를 표하는 학생들을 어렵지 않게 찾아볼 수 있을 것이다. 성적이 비약적으로 향상된 게 아니라 진로나 삶의 고민을 해결한 학생도 매체에서 많이 다뤄진다. 하지만 나는 그런 것이 받는 사람들만 받는 특권층의 기회라고 생각했다. 초등학교나 중학교 시절의 나는 철저히 외면되고 도태된 학생이었다. 동네 작은 공부방에서조차 관심을 받지 못하고 자리에서 지우개똥만 뭉치는 일명 '학습부진아'였기에 전반적인 교육 시스템에 회의가 들 수밖에 없었다. 수업을 따라가지 못하면 모두가 보는 앞에서 수치를 주며 "쟤보다 우월하다"는 식으로 내뱉는 말에 많은 상처를 입었다.

가장 수치스러웠던 기억은 학습이 느리다는 이유로 모든 아이가 칠판을 향해 앉을 때, 혼자 교탁 옆, 시력이 낮은 아이들이 앉은 첫 번째 자리보다 더 앞에 앉아있었던 일이다. 칠판 쪽을 향한 일반적인 형태가 아니라 나 홀로 선생님을 바라보는 형태로 앉았다.(이해하기 쉽게 설명하자면 나 홀로 '좌향좌'였다.) 그건 칠판을 수월하게 보라는 배려가 아니었다. 내가 딴짓을 하지 못하게끔 선생님이 편하게 감시하려는 것이었다. 모든 아이가 칠판과 선생님을 바라볼 때 그 옆에 앉은 '학습부진아'인 나도 자연스럽게 보게 된다. 나는 그 아이들의 눈빛을 견디면서 원래의 자리로 돌아갈 기회를 잡으려고 열심히 수업에 참여했지만 기회는 주어지지 않았다. "기회를 한 번 받지 못하면 계속 받지 못한다."는 것은 지금까지 내가 봐온 교실의 법칙이었다. 하지만 소담고는 달랐다. 대학 졸업을 앞둔 지금 교육기관에 고맙다는 생각이 든 건 소담고가 유일하다. 소담고는 내게 기회를 줬다.

소담고는 모든 곳에서 학생이 주도적으로 나서야 하는 곳이었다. 사소한 청소 문제까지도 선생님이 짜주는 것이 아니라 교실에 모여 있는 친구들이 짧다면 짧고 길다면 긴 회의를 거쳐 정해야 했다. 의견을 표출하지 못한 채로 지나가는 학생이 없게 하기 위한 것이었다. 학급에서 발언해본 것은 내가 소담고에서 기회를 얻은 첫 번째 순간이었다. 그때 나는 학교에서 인정한 공적인 시간(수업, 학급회의)에 중심이 된 적이 처음이라 이상한 대답을 했다. 내 발언을 후회하고 이마를 감싸쥐며 잠자리에서 이불을 뻥뻥 찰 것을 떠올리는 동안, 서기 역할을 맡은 친구가 화이트보드에 나의 말을 기록하고 있었다. 그 순간, 모든 걸 체념하고 외딴섬에 있던 중 집채만 한 파도가 밀려와 육지 쪽으로 내몰리는 기분이었다. 얼떨결에 교실 중심에 나 혼자 덩그러니 남은 것만 같았다. 뒤돌아 생각해 보니 그 감정은 기회의 강렬한 맛이었다. 선생님과 나와 같은 교실에 있었던 친구들은 괜찮다고 격려하며 용기를 북돋아 주었다. 나와 일면식도 없지만 외로움과 고독을 이겨내고 무인도에서 살아남아 귀국하는 사람을 환영해 주는 인파 같았다. 왜 아무것도 아닌 나에게 이렇게 무조건적인 사랑을 베푸는 걸까. 그날 이후 나는 더 과감하게 기회를 잡기 시작했다.

　소담고는 모두에게 기회를 주는 것이 당연했다. 정문으로 들어가면 다큐멘터리 속 자막 분위기가 물씬 나는 "존중과 배려로 더불어 성장하는 행복한 학교"라는 문구가 있는데, 나는 그것을 보고 코웃음을 쳤다. 너무나 작위적으로 학교를 소개하는 듯했기 때문이다. 하지만 신기하게도 학생, 선생님 모두가 그 슬로건을 따르기 위해 공평하게 발언권을 갖고 행동했다. 그렇게 되면 일정한 질서 없이 번잡한 얘기를 할 법도 한데 그러지 않았다. 나를 비롯한 학급 친구들은 자신에게 주어진 기회의 가치를 떨어트리지 않기 위해 고심한 흔적이 묻어 나오는 질문을 했다. 그렇게 우린 얘기를 나누면 나눌수록 무엇이 옳고 그릇된 것인지 구별할 수 있게 되었다.

　나는 선생님들과 친구들이 주는 기회를 발판삼아 주저함을 떨치고 모든 것에 도전하게 되었다. 그 덕에 '어딘가 결핍되고 도태된' 학생에서 주체적인 학생으로 거듭나게 되었다. 말할 타이밍을 놓치고 애꿎은 머리만 긁던 나는 침묵 속에서 손 드는 법을 배웠다. 소수의견을 다수가 인정하는 의견으로 뒤집는 설득력을 갖추기 시작했다.

오랜만에 선생님들을 뵙고 나오는 길에 정문 쪽에 걸린 "존중과 배려로 더불어 성장하는 행복한 학교"라는 문구를 바라본다. 1학년 때 수업 시간에 들려오던 시끄러운 중장비 소리를 기억한다. 수업하던 선생님은 자신의 목소리가 묻히는 걸 의식하곤 창문을 닫으라고 소리치고, 죽은 듯이 엎드려있던 친구들이 고개를 들며 창밖을 바라본다. 거인의 몸짓 같은 크레인이 오도카니 서 있고 곧 우리에게 손짓하듯 '존중'이라는 글씨를 천천히 들어 올리던 순간을…. 고등학교를 졸업한 지 3년이 지나니 딱딱한 검정 글씨였던 '존중', '배려'라는 단어와 '행복한 학교'라는 문구는 빨간색, 파란색, 초록색으로 칠해져 있었다. 나는 그것이 주체성을 위해 노력하는 학생과 선생님, 학부모들이 만들어낸 기회의 색깔이라고 생각한다. 학생들에게 주는 기회에 인색해하며 먼지만 쌓아둔다면 강렬한 색을 입힐 수 없을 테니까.

자급자족하기

소담고 재학시절 나는 방송부원이었다. 보통 학생들이 으레 그렇듯 생활기록부를 위해 1학년부터 활동을 시작하지만, 나는 '이 학교에서 뭐라도 해야 한다'는 강박관념으로 방송부에 지원했다. 모두 제자리를 찾아 열심히 의견을 개진하는 모습에 '나는 또다시 교실에서 도태당할 수 없다'는 생각이 들기도 했다. 그렇게 지원서를 작성하고 면접날, 나는 춤 따위나 추게 할 줄 알았다. 내가 경험한 중학교와 일반고의 방송부는 그런 식으로 방송부원을 뽑았었다. '끼'를 본다는 얼토당토않은 이유에서였다. 하지만 소담고는 좀 더 효율적으로 방송부원을 뽑았다. 정해진 주제에 따라 논지의 타당성과 정보전달에 초점을 맞춰 기사문을 제대로 작성했는지가 합격의 기준이었다. 나는 '나의 필요성'을 어필하기 위해 펜을 집는 가운뎃손가락이 뻘겋게 달아오를 정도로 주제에 맞는 글을 써 내려갔다. 그리고 다음 날 방송부원이 되었다는 통보와 함께 혁신학교의 주축을 담당하게 되었다. 학생, 학부모, 선생님이 회의하는 시간에 카메라와 마이크, 노트, 펜을 들고 담화 내용을 기록했다. 방송부원은 방관자와 기록자 사이에 끼어 모든 걸 지켜보아야 했다. 서로 의견이 맞지 않을 땐 나도 신경을 곤두세워 펜을 빠르게 움직였고, 화기애애한 상태에서 학부모들의 하이퍼 리얼리즘에 기초한 자조적 농담(이를테면 '자녀의 책가방엔 문제집이 아니라 간식거리들이 가득하다'라는 등의 농담)에 웃지 않고 버텨야 했다. 그렇게 기록된 내용을 3주체 대표들에게 전달하기 위해 편집·축약했고, 덩달아 나도 협약에 대한 전반적인 부분을 파악하게 되었다. 별거 아닌 듯 보이는 규칙 하나에 우리는 온 힘을 기울여 서로를 존중하되 진정으로 필요한 내용을 열거했다. 다음 담화에서 얘기 나눌 것들을 선별하고 다음 대화의 양상이 어떻게 흘러갈지 부원들과 얘기하는 과정에서 차츰 자립심을 배우기 시작했다.

무엇보다 방송부 활동으로 얻을 수 있었던 건 콘텐츠를 기획하는 창작자의 역할과 고뇌였다. 내가 가장 신경 쓴 부분은 일주일에 두 번 진행하는 라디오 프로그램이었다. 신청곡을 받거나 학교 행사에 맞는 곡을 선정해 감수성 넘치는 10대 학생들의 마음을 건드려야 했다. 덕분에 나는 글쓰기에 매력을 느꼈고, 글을 업으로 삼는 과에 진학하려고 마음먹었다. 하지만 흔히 말하듯 인생이 뜻대로 되는 것은 아니었다. 어쩌다 보니 미디어 관련 학과를 진학하게 되었고, 나를 위한 글이 아닌 독자와 시청자들을 위한 글을 써야 했다. 체계적으로 기획 의도를 쓰고 시놉시스와 콘티 구성, 장소 섭외, 카메라 구도 확인, 테스트 샷 등등 그야말로 무에서 유를 창조하는 수업을 들었다. 나는 대학에서 다양한 콘텐츠들을 만들어냈고, 하고 싶은 게 생기면 무조건 밀고 나갔던 방송부원들의 추진력으로 이뤄진 많은 행사가 생각났다. 선생님들의 컨펌에서 벗어나 기획 초기부터 마지막까지 학생이 주관했던 소담고의 행사 구조는 나에게 꽤 많은 도움이 되었다. 사회에선 혼자 모든 걸 이뤄내야 한다. 특히 내 전공 학과는 내 능력을 바탕으로 프로젝트를 이끌어 갈 수 있는지가 중요한데, 나는 그것들을 어렵지 않게 해내곤 했다. 그것들은 소담고에서 주어진 기회들과 방송부원으로서 갈고닦은 실습이 자산이 되었기에 가능했다. 나는 앞으로 그 자산을 소중히 간직했다가 창작의 고뇌와 고통에 할애할 것이다.

소담고 정문에 서서

신기루처럼 보이던 혁신학교는 현실에서 이뤄진다. 머릿속에만 있는 이야기를 시각화할 수 없다고 단정했던 시절이 있었다. 어리석은 일이라고 생각하며 미뤄왔던 시간을 모으고 모았다면 더 나은 사람이 되지 않았을까 한탄한다. 결국 해야 하는 게 중요하다. 인간은 필연적으로 뭔가 결핍된 존재이기에 그것을 숨기며 타인의 능력을 재는 것보단 함께 살아갈 공간을 찾아야 한다. 유토피아는 도깨비방망이로 뚝딱 만드는 것도 아니고, 정글 숲을 헤쳐가며 전설로만 내려오던 도시를 발견하는 일도 아니다. 소담고등학교처럼 아주 작은 기회부터 만들어나간다면 충분히 가능한 일이라고 나는 믿어 의심치 않는다.

내가, 나의 친구가, 선생님과 학부모들의 힘으로 혁신학교를 만들었고 앞으로는 후배들이 튼튼한 주춧돌이 되어줄 것이다. 나는 정문을 나선다. 뒤로 점점 멀어지는 모교는 점이 되어 사라지지만 내 앞엔 신기루라고 생각했던 꿈이 다가오고 있다.

인생의 전환점이 된
소담고등학교에서의 1년 반

오세라

2기 졸업생, 2021년 2월 졸업

전학 오게 된 계기

나는 소담고에 2학년 2학기에 전학 왔다. 입시 준비로 한창 바쁠 시기에 전학 간 것에 의아해하는 주위의 반응들이 있었다. 아버지께서 회사를 세종으로 옮기게 되어 함께 전학 오게 되었다고 했지만, 실은 전 학교에서의 학교생활 때문이다. 다니던 학교는 대전에 있는, 보수적이라고 알려진 학교였다. 학생들은 머리 길이, 치마 길이 등 외적인 부분뿐 아니라, 오전 7시부터 오후 10시까지 이어지는 자습, 방과후 수업, 야간자율학습 의무 참여 등 학교생활의 모든 부분이 통제되었다. 중학교 때부터 통제적인 환경에서 생활해왔기에 이런 분위기가 당연하다고 생각했다. 그리고 그런 환경에서 친구들과 사귀며 학교 내신을 챙기는 등, 나름대로 잘 지내는 듯했다. 하지만, 시간이 갈수록 학교생활에 적응하지 못하며 친구 관계가 원만하지 않았고, 스스로 정신적으로 학대하고 통제하며 압박감과 스스로 아무것도 하지 못한다는 무력감을 느꼈다.

1부 내 생에 최고의 선택

학교생활은 물론, 개인적인 사정으로 정신적으로 너무도 아픈 시기를 겪었다. 그래서인지는 모르겠지만, 고등학교 2학년이 되니 남아 있는 친구가 한 명도 없었다. 홀로 다니며 학교생활의 대부분을 해결했지만, 학교에서 외톨이로 지내는 일은 정말 힘들었다. 엄청난 스트레스를 받았고, 갈수록 학교생활이 더욱 힘들어졌다. 그리고 그런 자신의 모습이 싫었기에 사람을 기피하게 되는 악순환이 반복되었다. 당시 과목별로 학원에 다녔는데 도무지 다닐 상태가 안 돼서 순차적으로 학원도 끊게 되었다. 학교에서는 홀로 버틸 수 없었기에 이런저런 이유로 조퇴하고 집에 와서는 아무것도 하지 않고 침대에 누워있는 일이 반복되었다.

부모님은 내 상태가 나아지게 하려고 무척 애를 쓰셨지만, 모두 소용이 없었다. 이런 상태로는 나도 부모님도 더 이상 버티기 힘들었기에 결국 전학을 고민하게 되었다. 그때 아무도 나를 모르는 새로운 곳인 소담고가 하나의 기회로 보였다. 마음을 다잡으며, 그렇게 2학년 2학기에 소담고에 전학 오게 되었다.

소담고의 자율적인 환경과 첫 6개월 동안의 변화

전학 온 첫날을 한마디로 표현하자면 '신선한 충격'이었다. 등교 첫날 복도를 지나다니며 보이는 친구들은 숏컷부터 허리 밑까지 길이도 제각각인 머리 스타일을 하고 있었다. 전 학교에서는 어딜 둘러봐도 단발머리밖에 보이지 않았는데 소담고에는 각자 개성이 돋보이는 아이들이 있었다. 이런 모습에 큰 충격을 받았고, 말 그대로 '학교가 이래도 되나'라는 생각을 했다.

첫날 전학생을 위한 간단한 OT에 참석했는데, 그때 소담고는 혁신학교로 학생들이 학교 교칙을 만드는 데 참여하며 학교 운영에 학생들의 의견이 상당히 비중 있게 반영되는 등, 학생들이 자율적으로 생활할 수 있는 학교란 걸 알게 되었다. 그리고 학생자치활동은 학생회만 있는 게 아니라 우리 사회가 돌아가는 것과 유사한 형태로 학생들이 주도적으로 활동을 진행하고 있었다. 그뿐만 아니라 방과후나 야간자율학습 등이 온전히 학생들의 선택으로 이루어지고 있었다. 교칙을 학생들이 만들어가고 학생들이 이에 책임감을 가지며 자율적으로 생활한다는 점에서 학교가 학생을 독립체로 보고 있다고 느꼈다.

내가 배정받은 반은 정말 특별한 반이었다. 세종이 신도시라는 특징과 소담고가 신설학교라는 점에서 전학생이 매년 많이 들어오곤 했다. 소담고에서는 전학생들을 위한 반인 6반을 따로 개설했다. 6반은 남학생 5명에 여학생 1명으로 이루어졌다. 한 반이 6명인 것도 신기한데, 여학교에서만 지내온 내가 한순간에 남고와 다름없는 반에 들어와 버린 것이다. 신기하기도 했고 두렵기도 했다. 2학년 2학기에 갑작스레 생긴 6반의 존재는 기존 학생들에게도 신기했나 보다. 학기 초반에는 우리 반 앞이 항상 복작복작했고, 창문으로 아이들이 한 번씩은 우리 반을 구경하러 왔었다.

돌이켜보면 서로 처음 만나는 친구들인 데다가 남중, 남고에서 온 친구들이었기에 말을 거의 하지 않는 것이 당연했다. 하지만 당시에는 그 시간이 지옥같이 느껴졌다. 제대로 된 친구 관계를 맺은 경험이 없고 사람을 거의 무서워하다시피 했기에, 친하게 지내본 적이 없는 남자아이들과 어떻게 교우 관계를 맺어가야 할지 막막했다. 나를 모르는 사람들이 있는 새로운 환경에 있으면 모두 잘 될 거라는 생각을 했다. 하지만 반 친구들끼리 말을 하지도 않았고, 다른 반 아이들과도 쉽사리 접점이 만들어지지 않았기에 친구들과 친해지기가 더욱 어려웠다.

나는 전학 오면서부터 수능 준비를 했는데, 반 친구 중 똑같이 수능을 준비하는 친구가 있어서 그 친구와 수능에 관하여 이런저런 이야기를 나누게 되었다. 그리고 같은 학원에 다니게 되며 친해졌고, 반 친구들과도 이야기를 나누게 되며 차츰 적응해 갔다. 선생님들께서는 소수정예인 우리 반을 대상으로 토론하는 방식으로 수업을 진행해 주셨기 때문에 반 아이들과 많은 이야기를 나누며 더욱더 친해질 수 있었다. 그리고 다른 반 친구들과 접점을 만들까 고민하다 떠올린 활동이 야간자율학습이었다. 야간자율학습을 신청했는데, 옆자리 친구와 우연히 관심사가 맞아 친해지기 시작했다. 그 친구의 친구들과도 자연스럽게 가까워졌다. 그렇게 3반의 대다수 친구와 친해지게 되었다. 아이들은 쉬는 시간과 점심시간마다 한적한 우리 반에 와서 이야기하다 가고 대부분의 학교생활을 같이 하는 등, 좋은 관계를 맺어갔다.

겨울에 2학년 합창대회를 했다. 당시 우리 반이 3반 아이들과 친하다는 것을 본 선생님들께서 3반 친구들과 합창대회를 준비하도록 자리를 마련해주셨다. 그렇게 한 달에서 두 달 동안 3반 친구들과 대회 준비를 하며 더 많은 친구와 소통할 수 있었고, 전보다는 편한 친구 관계를 맺을 수 있게 되었다.

사실 보수적인 학교에 있던 탓인지 머리 스타일이 독특한 아이들과 일반적인 공부 외의 다른 분야를 공부하는 친구들에게 나름의 편견이 있었다. 하지만, 소담고등학교에서 많은 친구와 이야기를 나누며 내 편견이 얼마나 하잘것없고 잘못된 것인지를 깨닫게 되었다. 친구들은 각자 개성으로 빛나고 있었으며 자신의 꿈을 향해 나아가고 있었다.

친구들과 좋은 관계를 맺으며 웃고 떠들고 지냈지만, 사람에 대한 두려움과 정신적 스트레스가 완전히 해소된 것이 아니었기에 힘든 순간이 많았다. 하지만, 그럴 때마다 선생님들은 나를 챙겨주셨으며, 위클래스 상담실 그리고 정신과 등의 도움으로 시간이 갈수록 상태가 호전되었다.

전 학교에서의 내 모습과 고2를 마무리할 때 나를 비교해 보면 같은 사람일까 싶을 정도로 주위 환경들과 성격이 많이 바뀌어 있었다. 집에 무기력하게 누워있으며 시간이 어디로 흘러가는지조차 무감각했던 나는 소담고에 와서는 많은 친구들과 좋은 추억을 쌓아가고 있었고, 점심시간, 버스 기다리는 시간 등에도 단어장을 들고 암기할 정도로 시간을 쪼개고 쪼개서 공부하는 삶을 살고 있었다.

소담고에서 배운, 주체성에 바탕을 둔 고등학교 3학년

3학년이 되었다. 2학년 때 같은 반이었거나 학교활동으로 친분이 있던 친구들이 대부분 같은 반이었다. 학교생활이 기대되었다. 하지만 코로나19가 유행하게 되었다. 금방 끝날 줄 알았던 코로나19는 한 달이 되고 두 달이 되도록 끝나지 않았고, 덩달아 개학도 끊임없이 미뤄지게 됐다. 1학기 중반이 되어서야 겨우 학교생활을 할 수 있게 되었고, 친구들 얼굴을 온라인이 아닌 대면으로 처음 볼 수 있게 되었다. 대면 수업을 시작하면서부터는 본격적으로 수능 공부에 몰두했다. 수능을 독학으로 준비했기 때문에 과목별로 선생님들을 괴롭혔다. 공부방법을 여쭤보고, 플래너 검사를 해달라고 부탁드리고, 모르는 문제가 있으면 이해가 될 때까지 질문하는 등, 부지런히 선생님들을 찾아갔다. 지금 돌이켜보면 바쁘신 선생님들을 붙잡고 괴롭힌 게 죄송하기도 하지만, 당시 선생님들은 귀찮아하는 기색 하나 없이 밝은 표정으로 차근차근 설명해주셨다.

공부뿐만 아니라 반 친구들은 물론 다른 반 친구들까지 좋은 친구 관계를 맺었다. 소담고에서는 대부분의 친구가 학교 내신을 챙겼기 때문에, 다른 활동을 하지 않고 오로지 정시만 준비하는 나를 끝까지 응원해 주었다. 그때 옆에서 진심으로 응원해 주는 선생님, 그리고 친구들과 같이 열정을 불태우듯이 공부하던 친구들 덕분에 정서적으로 큰 안정을 얻게 되었고, 덩달아 수능 공부에 매진할 수 있게 되었다. 물론 힘든 시기이긴 하지만 1년 동안 많은 친구와 선생님께 애정과 인정을 받아 이게 꿈이 아닐까 싶을 정도로 행복했다. 그렇게 고등학교 3학년 끝까지 주변 사람들의 응원을 받으며 수능을 마치게 되었다.

내 인생을 바꾼 소담고

소담고에서 지낸 1년 반은 내 인생을 바꾼 시간이었고, 앞으로 살아가는 데 필요한 많은 것을 배운 시기였다. 매일매일 공부 계획을 짜고 점검하며 기존 생활방식에 대해 반성하고 고쳐나가려고 노력했다. 이를 통해 나 자신을 잘 알 수 있게 되었으며, 어떻게 자신을 효율적으로 관리해야 하는지 알게 되었다. 또한, 학생들을 하나의 독립체로 대하는 자율적인 환경에서, 나를 둘러싼 기회들을 더욱 주체적이고 적극적으로 활용하는 방법을 배울 수 있었다. 수능에서 좋은 성적을 내기 위해 과목별 선생님들을 찾아가 조언을 구했고, 정신적인 지지가 필요할 때 학교 위클래스와 개인적인 친분이 있는 선생님들을 찾아가 상담을 부탁드리는 등, 나와 내 목표를 위한 모든 것을 활용했다.

소담고를 졸업하며 특별히 인상 깊게 남는 점은, 자율적인 환경에서 나를 마음껏 드러낼 수 있었다는 것이었다. 나는 통제적인 기존 환경에서 끊임없이 압박감과 무력감을 느끼며 모든 것을 포기하려 했다. 마지막엔 삶까지 포기하려고 했다. 하지만, 소담고를 통해 주체적이고 주도적인 나만의 삶을 꾸려나가는 것을 배울 수 있었는데, 여기에는 소담고의 환경이 큰 영향을 줬다고 생각한다. 학생을 입시를 위한 수단이 아닌 목적으로 대하는 학교에서 학생들이 독립적인 자신의 삶을 꾸려나갈 수 있고, 자신의 개성을 찾아가며 성장하고 발전할 수 있는 것은 어찌 보면 당연하다고 생각한다. 또한, 이런 환경에서 학생들이 더욱 행복하게 살아갈 수 있다고 본다.

뭐 하는 학교지?

박재하

3기 졸업생, 2022년 2월 졸업

'뭐 하는 학교지?'

궁금했다. 입학 첫날부터 들기 시작한 의구심은 고등학교 생활을 시작한 지 반년 남짓 되었을 때까지 사라지지 않았다. 이상하리만치 자유로운 학급 분위기, 선거를 앞두고 열띤 토론회를 벌이는 학급회장 후보자들, 창의적 체험학습 시간에 자습 대신 학급회의를 꼬박꼬박 하는 모습. 입시 학원과 인터넷 사이트에서 들은 고등학교 생활에 대한 이야기와는 많이 달랐다. 자연스레 '뭐 하는 학교지?', '이래도 되나?', '나 여기 잘못 왔나?' 하는 걱정이 생겼다. 먼 곳에서 이사 온 탓에 부모님도 염려하실 텐데 학교에 대한 생각을 다잡지 못하니 계속 불안했다. 소담고가 혁신학교라는 것은 익히 들어보았지만, 그렇다고 이런 낯선 환경을 마주하게 될 줄은 몰랐다.

세종으로 오기 전, 부산에서 중학교까지 지냈다. 내가 다닌 중학교는 매년 부산 각지에서 모인 지원자들이 추첨과 면접을 거쳐야 입학할 수 있었다. 다른 중학교와 차별화된 국제화 교육을 표방하고, 매해 특목고 진학률이 높은 유명한 학교였다. 운 좋게도 이 학교에 입학하게 되었고, 3년간 질 좋은 수업을 들으며 많은 것을 얻고 배울 수 있었다. 하지만 그와 별개로, 학교문화는 상상 이상으로 보수적이었다. 두 팔을 벌려 뒤로 젖히는 것은 상상도 할 수 없는 **빳빳한** 검정 '가쿠란'과 '세라'복이 교복이었다. 남학생들은 단추를 풀거나 자켓을 입지 않으면, 여학생들은 치마를 입었을 때 오금이 보이면 무조건 벌점을 받았다. 당연히 학생들은 이런 교복 문화에 불평불만이 가득했다. 학생회에서 선생님께 교복 관련 건의도 여러 번 했지만, 학교운영위원회와 동문회의 의견도 들어보아야 한다는 말만 돌아올 뿐이었다.

어디 교복뿐인가. 학교 축제를 시작하기 몇 분 전, 학생들이 모두 강당에 모이면 선생님들이 물티슈를 나눠주었다. 물티슈를 얼굴에 갖다 대서 거기에 뭐라도 묻으면 세수를 시켰다. 어떤 선생님은 1미터쯤 되어 보이는 두꺼운 나무 봉에 청테이프 손잡이를 만들어 어깨에 올린 채 돌아다니기도 했다. 물론 그걸 학생들에게 휘두르는 일은 없었지만, 가끔 야단칠 때면 그 봉으로 어깨나 윗배를 쿡쿡 찌르곤 했다. 어떤 선생님은 시험 점수가 80점이 안 되면 급우들이 보는 앞에서 나무 작대기로 손바닥을 때리기도 했다. 살짝 따끔한 정도로만 끝나서 다행스럽게 여기는 친구들도 있었지만, 회초리를 들고 있는 선생님의 아우라 자체만으로 학급은 조용해졌다. 그때는 그런 것들을 당연하게만 여겼다. 나뿐만 아니라 모든 친구가 겪는 것이니까. 당연히 고등학교 생활은 중학교보다 훨씬 불편할 줄 알았다.

이런 생각을 하고 있었으니 소담고의 풍경은 그야말로 충격일 수밖에 없었다. 외투를 벗고 다니거나 짙은 화장을 해도 학생들이 아무런 지적을 받지 않았다. 학교생활에 관한 자율협약은 말 그대로 '자율' 협약이기 때문에 지키고 말고는 학생들의 책임에 달려 있다는 것이 이유였다. 처음에는 이해가 가지 않았다. '페널티 없는 교칙'이 무슨 의미가 있을까 싶었다. 교칙뿐만이 아니다. 학생 대표와 학부모 대표와 교사 대표가 매년 학교 규정을 바꾼다든가, 학생회가 집행위원회·대의원회·학생자치법정 세 가지로 나뉘어 실제 삼권분립 제도처럼 자율적으로 활동한다든가, 이 모든 것이 낯설었다. 내심 '이렇게까지 해야 하나' 싶었다. 하지만 궁금하기도 했다. 학생회에 참여하는 친구들이 활동과 관련해 활발하게 이야기를 나누고, 캠페인부터 부스 운영까지 진행하는 모습을 보며 '재밌어 보이는데, 나도 한번 해볼까?'라는 생각이 들기 시작했다. 선생님과 선배들도 학생회 활동을 적극 홍보하고 권장했다. 각자의 진로 또는 흥미와 관련 있는 학생회에 가입하면 친구들도 사귈 수 있고 생활기록부 내용도 더욱 풍부해질 수 있다는 말에 큰 매력을 느꼈다.

알록달록한 학생회 홍보지들을 모아 놓고 어떤 곳에 가입할까 고민한 끝에, 학생자치법정에 지원해보기로 했다. 진로에 대한 의지나 계획은 확실하지 않고 막연했지만, 심리부터 판결까지 모든 과정을 학생이 주도한다는 학생자치법정의 특징이 아주 인상 깊었기 때문이다. 영화 〈변호인〉을 보고 느꼈던 법조인에 대한 깊은 인상 또한 한몫했다. 지원자들은 사법시험을 거쳐 각자 원하는 역할을 맡을 수 있었다. 그 결과 학생자치법정 판사가 되었고, 초등학교와 중학교 때 한 번도 해본 적 없는 학생회 활동을 시작하게 되었다.

학생이 학생에게 묻다

학생자치법정은 지각, 실내화 착용 등 타율규정 중 일부를 기준 이상 위반한 학생들과 이야기를 나누고 적절한 처분을 논의하는 학생회였다. 주기적으로 만나는 다른 학생회들과 달리, 학생자치법정은 처분 대상자가 어느 정도 모이면 단기간에 활동이 많아졌다. 처분을 받는 사람도, 처분을 내리는 사람도 전부 학생이다 보니 법정 내부에서 갈등이 일어나지 않도록 충분한 시간을 거쳐 이야기를 나누는 것이 중요했다. 판사와 검사와 변호인 학생들은 규칙을 지키기 힘들었던 친구들의 개인적인 사정을 귀 기울여 듣고, 법정에 참여한 모든 학생이 납득할 수 있는 처분을 내려야 했다. 이 과정이 생각보다 복잡하고 힘들었다. 예컨대 교복 셔츠가 한 벌밖에 없는 친구에게 매일 교복을 성실히 입으라고 일방적으로 강요할 수는 없는 일이었다. 또 학원 스케줄이 연달아 잡혀 있는 친구에게 법정 회의에 참석할 날짜를 고르라고 계속 편잔을 줄 수는 없었다. 회의 일정을 정하고 참석을 독려하는 일부터, 법정에서 적절한 처분을 마련하는 일까지, 친구들을 설득해가는 과정의 연속이었다.

그래도 학생들이 학생자치법정에 열의를 가지고 참여해주어서 함께 난관을 극복할 수 있었다. 정식 회의 시간이 아닌 주말에도 온라인 채팅으로 이야기를 나눌 정도였다. 그 결과 공부와 진로에 관심이 많은 친구에게는 매일 선생님께 공부한 내용을 확인받고 설명하는 처분을 내리고, 운동장을 자주 사용하는 친구에게는 운동장을 청소하게 하는 등, 모두가 만족하는 방향으로 활동을 마무리할 수 있었다. 그래서였을까, 최종 판결을 내리며 학생자치법정 활동이 종료되었을 때, 아주 큰 보람과 기쁨을 느꼈다. 학교 시험에서 최고 성적을 거둔 것과 맞먹는 희열이었다.

'학교 안에서 학생들이 주관하는 재판은 어떤 모습일까?'라는 작은 호기심에서 시작한 학생회 활동이지만, 실제로 겪어 보니 학생자치법정은 학생들의 원만한 학교생활에 꼭 필요한 체계임을 느꼈다. 학생의 처분에 선생님과 학부모들만 참여하는 대신, 학생들끼리 능동적으로 격려와 반성의 말을 주고받으며 처분을 받는 친구뿐만 아니라 학생자치법정의 모든 구성원이 고민과 성찰의 시간을 가질 수 있었다.

하지만 아쉬운 점도 있었다. 학생자치법정은 주어진 항목에서만 대상자에게 부여할 처분을 선택해야 하는데, "교장 선생님 앞에서 시 낭송하기", "선생님들과 함께 식사하기" 등 실효성에 의문이 들고 취지 또한 이해하기 어려운 항목이 많았다. 또한 학생자치법정 판사로서 처분받을 학생들과 대화를 나누며, 학생 개인의 문제가 결국 학교 차원에서 고민해보아야 할 주제로 연결된다는 것을 느꼈다. "왜 학교 안에서는 슬리퍼를 신을 수 있는데 밖에서는 못 신게 해?", "어차피 학교 안에서는 다 사복을 입잖아. 왜 등교할 때만 교복을 입으라고 해?"와 같은 질문을 받았을 때 학생들끼리는 명확히 답하기 어려웠다. 더욱 많은 학생을 대상으로 학교생활에 대한 불만과 의견을 수렴하여 설득력 있는 규정을 만들어야 할 필요를 느꼈다. 학교에 대한 의심과 불안은 어느새 "내가 학교를 위해 뭘 할 수 있을까?"라는 질문으로 바뀌었다.

학생도 학교를 만든다

2학년이 되어, 나는 처음으로 학급회장이 되어 보겠다고 결심했다. 학생자치법정에서 사용하는 처분 항목은 학교규정제·개정심의위원회에서 바꿀 수 있는데, 여기에 대의원회 의원들이 참석할 수 있기 때문이었다. 또, 학급회의에서 학교에 대한 친구들의 불만이나 건의사항을 대의원회에 전달하여 유의미한 결과를 얻을 수 있다면 학생자치법정에서 처분을 받아야 할 친구들이 줄어들지 않을까 생각했기 때문이다. 치열한 정책 토론회와 투표 끝에 학급회장에 당선되었고, 대의원회에서 투표를 통해 대의원회 의장이 되었다. 학급회의와 대의원회

회의 모두 진행자 역할을 맡아 안건에 대한 학생들의 의견을 조율하고, 최종 안건을 담당 선생님께 제출했다. 담당 선생님께서 안건에 대해 답변해 주실 때까지 2주가량 시간이 걸렸고, 담당 선생님의 동의를 얻은 안건이 실행되기까지는 한 달 정도 걸렸다. 이런 절차를 거쳐 여름철에 학생들이 교실 에어컨 온도를 자율적으로 조정할 수 있게 되었고, 신발장 사이 간격을 넓혀 학생들이 한꺼번에 몰려도 편안하게 신발을 갈아 신을 수 있게 되었다. 하나의 안건에 대한 동의를 얻기까지의 과정은 아주 복잡했지만, 이 방법이 모든 학교 구성원의 의견을 확인하고 실현하는 길이라는 것을 체감했다.

학생 대표로 학교규정제·개정심의위원회에 참석하여 학생자치법정 처분 항목과 3주체 생활협약, 타율규정 등을 개정하기도 했다. 3주체 생활협약에 대한 설문을 바탕으로, 학생과 학부모, 선생님의 협의 하에 기존 조항의 문제점을 찾아내고 개선책을 고민했다. 2020학년도 학교규정제·개정심의위원회에서 몇 예시를 꼽아 보자면 다음과 같다. "학생이 학생에게 요구하는 약속"이라는 설문 조항에서 높은 동의율을 얻은 "학교의 공공재를 소중히 사용한다."라는 조항이 3주체 생활협약에 신설되었고, "학부모가 학생에게 요구하는 약속"이라는 설문에서 많은 지지를 얻은 "나 혼자가 아닌 공동체의 일원으로 함께 생활한다."라는 조항이 신설되었다.

협의 과정이 항상 원활하게 진행되지는 않았다. 교복 착용 등 민감한 사안을 두고 이야기를 나누다 보면 격앙된 목소리와 열렬한 성토가 오가기도 했다. 그럴 때는 장시간의 논의와 양보를 거쳐 모두의 요구사항이 반영된 타협안을 만들어야 했다. 한번은 등하교 시 슬리퍼 착용에 관해 학생 측과 학부모 측이 대비되는 주장을 한 적이 있다. 학생들은 편의를 위해 슬리퍼 착용을 허용해야 한다는 입장을 고수했지만,

학부모 측은 학교 밖에서 학생들이 슬리퍼를 착용하면 학교 이미지가 크게 실추될 것을 강조했다. 학생들은 모든 소담고 학생들의 대표로서 회의에 참석했고, 학부모님들도 마찬가지였으니 양측이 주장을 쉽게 굽히지 않았다. 서로 언성이 높아지기도 했다. 그럴 때는 회의를 잠시 멈추고 서로 사과하며 마음을 가다듬었다. 분위기가 고조되고 가라앉는 상황이 여러 번 이어지면서 입장을 명확히 정돈할 시간을 가질 수 있었고, 서로의 주장이 일리가 있음을 차츰 이해하며 공감할 수 있었다. 회의에 참석하지 않은 사람들도 받아들일 수 있을 만한 규정을 만들기 위해 차근차근 양보하는 과정을 거쳤다. 그 결과, 발뒤꿈치를 감쌀 수 있는 '크록스'류의 신발은 등하교 시 착용할 수 있도록 규정을 개정할 수 있었다. 회의가 끝난 후, 대의원회를 비롯한 학생회는 회의 과정과 결과를 정리하고 공개하여 학생들이 선생님과 학부모님의 입장을 이해할 수 있도록 도와주었다.

학생 대표로서 학생들의 의견을 반영하여 학교 규칙을 개정하는 경험을 하며 비로소 3주체 생활협약을 비롯한 소담고의 여러 복잡한 규정이 추구하는 바를 실감할 수 있었다. 선생님과 학부모가 학생들에게 일방적으로 교칙을 강요하지 않으며 학생들도 규정에 대해 실질적으로 목소리를 낼 수 있고, 3주체 생활협약의 경우 규정 준수 여부도 학생들이 자율적으로 선택할 수 있으니, 규정에 대한 반감이 덜했다. 정해진 규정에 아쉬운 점이 있으면 다음번에 선생님과 학부모님들을 어떻게 설득해야 할지 친구들과 자유롭게 이야기했다. 학급회의와 대의원회 회의뿐만 아니라 쉬는 시간에 잡담할 때도 규정에 대한 각자의 의견들이 오갔다. 규정에 얽매이지 않는 학생들, 학생들의 목소리를 존중해주시는 선생님과 학부모님들이 전반적으로 자유로운 우리 학교의 생활 문화를 만든 것이 아니겠느냐는 생각도 했다.

학교에서 꿈을 찾다

이토록 열심히 임한 학생회 활동은 생활기록부에 고스란히 기록되어 있을 뿐만 아니라, 진로에 대한 흥미를 확고히 하는 데에도 큰 도움을 주었다. 학생이 목소리를 낼 수 있는 자유를 보장해주는 학생회 제도를 경험하며 자유주의와 민주주의 등 각종 정치사상에 큰 관심이 생겼다. 우리가 누려야 하는 자유가 무엇인지 고민해보았고, 자유를 보호하는 민주주의 정신에 관한 여러 학자의 견해를 각종 도서와 인터넷 기사로 접했다. 이렇게 얻게 된 지식과 흥미를 수행 평가 주제로 활용해보기도 했다. 이런 활동은 정치외교학과로 진학하는 커다란 동기가 되었다. 입시 과정에서도 학생 주도의 자율활동은 빛을 발했다. 학생회 활동은 아니지만, 선생님 참관하에 학생들이 모둠을 구성해서 서로 면접 연습을 돕고 피드백도 해주는 면접 두레 활동을 통해 수능 전후 자칫 느슨해질 수 있는 면접 대비를 착실히 할 수 있었다. 면접 두레 시간과 별도의 모의 면접 시간을 모두 합치면 일주일에 네다섯 번 정도 모의 면접을 할 수 있을 정도였다. 제시문 기반 면접과 생활기록부 기반 면접을 모두 감당해야 해서 다른 학생들에 비해 부담이 컸는데, 선생님과 친구들이 적극적으로 도와준 덕에 짧은 시간에 최상의 결과를 만들어낼 수 있었다.

"뭐 하는 학교냐고?"

'뭐 하는 학교지?' 고등학교 생활을 처음 겪은 후 들었던 이 생각을 곱씹어보면, 혁신학교에 대한 편견이 집약된 질문이라고도 할 수 있다. 입시의 현실과 동떨어진 채, 소위 '노는 아이들'만 모인 학교. 이 학교는 도대체 무엇을 지향하고 있는가. 열일곱 살 나의 짜증 섞인 질문은 어느덧 스무 살이 된 내게 가소로우면서도 씁쓸하게 들린다. 비슷한 질문을 다른 사람들에게 들을 때도 마찬가지다. 소담고에서 생활해보면 알 텐데. 아니, 회의하는 학생들 모습을 둘러보기만 해도 알게 될 텐데. 기회가 된다면 이렇게 답해주고 싶다.

"뭐 하는 학교냐고? 소담고는 학생들의 역량을 인정하는 학교야. 학생들의 역량을 인정하기 때문에 학생과 학부모와 선생님이 평등하게 생활할 수 있고, 학교 구성원들이 자유와 자유에 따르는 책임을 성찰할 수 있는 학교지. 학생들의 역량을 인정하기 위해 학생회의 자율 활동부터 학생 한 명 한 명의 대학 입시까지 돕는 학교이기도 해. 학생들에게 공동 목표를 위해 토론하고 협상할 기회를 주는 것도 학교가 학생들의 역량을 인정하기 때문이라고 할 수 있겠지? 소담고는 이런 학교야. 우리 학교에서 네 꿈과 방향을 찾을 수 있을 거야. 소담고는 언제든 네 친구가 되어줄 수 있어."

나에게 값진 시간이었던 3년

오찬주

3기 졸업생, 2022년 2월 졸업

졸업을 앞두고 지난 3년간 혁신학교에서 경험한 것들을 적어보고자 한다. 처음 입학했을 때만 해도 좋지 않은 소문이 많았다. 걱정 많던 입학 초기와 달리 나는 너무나 만족하며 학교생활을 보냈다. 소담고에 애정을 갖기까지 그리 오랜 시간이 걸리지 않았다. 혁신고에서 배운 것, 특히 학생회 활동을 하며 겪은 일들을 하나하나 이야기해보고자 한다.

결과보다 과정을 중시하는 학교

대부분 고등학교는 대학 입시 때문에 주입식 교육 위주이지만, 소담고에서는 그렇지 않은 수업이 많았다. 특히 1학년 음악 시간 수행평가였던 음악극 제작하기 활동이 기억에 남는다. 팀별로 원하는 주제를 정해 약 한 달간 영상을 찍고 편집하며 결과물을 만들어내는 것이다. 우리는 '키가 크다고 자만하지 말자'라는 주제로 제작했다. 생각보다 친구들이 적극적으로 연기하며 출연하는 것을 즐거워했고, 나도 입시를 위해 내 진로와 무조건 엮어서 해야겠다는 압박감이 없어 더 즐거웠다. 물론 처음부터 끝까지 모든 과정이 무난하게 진행된 것은 아니었다. 찍고 싶던 장면이 너무 많아 시간이 부족했고, 역할 분배에 약간의 갈등도 있었다. 하지만 우리는 완성물을 위해 서로의 이야기를 듣고 이해하며 갈등을 정말 평화롭게 해결해 갔다. 무작정 짜증 내며 싸우기보다는 '대화'라는 효과적인 해결 방법이 있다는 것을 배웠다. 최종적으로 모두가 만족하고 웃을 수 있는 영상을 만들었다. "우리만 만족하면 됐지!"—이런 마인드이기도 했다.

그때의 기억이 희미해지던 3학년 초반쯤, 한 친구가 기억나냐며 메일로 영상을 보내주었다. 다시금 추억에 젖어 들었다. 힘들었던 입시 기간에 보니 더 뭉클해졌고, 그 기억이 너무나 소중하다는 걸 깨달았다. 수많은 수행 평가 중 하나지만 친구들과 소통하며 처음부터 끝까지 우리가 책임지며 임했다는 사실이 더 의미 있게 다가왔다.

수학 시간도 기억에 남는다. 선생님께서는 개념만 설명해주셨다. 응용해서 문제를 푸는 것은 우리 몫이었다. 선생님께서 먼저 10분간 개념 설명을 하셨고, 그 후 30분 동안 학생들이 스스로 문제를 풀어야 했다. 이해가 잘 안 되는 부분은 친구에게 물어볼 수 있었다. 마지막 10분이 남았을 때, 선생님께서는 개념과 문제 이해를 최종적으로 확인해주셨다. 우리가 생각하며 궁리할 수 있는 시간을 충분히 주셨다. 수학을 어려워했던 나는 처음에 '왜 바로 안 알려주시지?'라고 생각했다. 하지만 점차 이 수업에 적응하며 친구들에게 모르는 것을 물어보는 것이 부끄럽지 않게 되면서 이 수업의 의미를 깨닫게 되었다. 내가 고심하며 푼 문제는 성취감이 배가되었고 자신감마저 얻을 수 있었다.

사람들은 과정보다 결과를 보는 경우가 많다. 나도 수많은 과제를 해오면서 몇 점을 받았는지, 몇 점이 깎였는지 결과만 기억해왔다. 그 과정에서 힘들었거나 기뻤던 점은 다 잊어버리곤 했다. 하지만 소담고에서 한 수업들은 결과보다 과정이 더 기억에 남는다. 실제로 몇 점을 받았는지는 잘 기억나지 않는다. 과제를 하며 친구들과 대화하고 정보를 공유하며 문제를 풀어간 과정들이 더 기억에 남는다. 결과보다 과정에서 배우며 성장하는 것, 이것이 진정한 교육의 목표가 아닐까.

학생회의 방향에 대한 고민

혁신고에 진학하며 지금까지 경험한 우리나라 입시제도와 학생자치 방식은 문제가 많다는 걸 느꼈다. 기존 학교는 그야말로 '소통의 단절'이 일상화되어 있었다. 학교는 공부만을 위한 곳인가 회의가 들기도 했다. 혁신고에 다니며 물론 공부도 중요하지만, 학교에서는 학생, 학부모, 교사 3주체의 소통이 활발하게 일어나야 함을 배웠다. 그리고 3주체가 함께, 스스로 행동하는 가치를 배우는 생동감 있는 학교가 되어야 한다고 생각했다. 실제로 혁신학교에서 학업 외에도 학생들이 배워야 할 중요한 가치가 있다는 것을 경험했다. 맹목적으로 학교의 규정을 따라가는 것보다, 학교의 규정이 인권 친화적으로 문제가 없고 불합리하지 않은지 인지하는 것과 우리의 의견을 제대로 표출하는 것이 중요하다는 걸 깨달았다.

하지만 교육 혁신, 특히 고등학교에서의 혁신에 대해서는 더더욱 이미지가 좋지 않았다. 학생자치를 하고 교육을 변화시키기에는 대학입시가 더 중요하다는 인식이 강했기 때문이다. 이로 인해 생겨난 '혁신학교는 노는 학교, 공부 안 하는 학교'라는 편견들을 학생회 활동을 통해 바로잡고 싶었다.

1학년 2학기부터 2학년 1학기까지 전교 학생 부회장, 2학년 2학기부터 3학년 1학기까지 전교 학생회장, 2학년 2학기부터 3학년까지 세종시 학생연합회 한울 회장을 역임하며 쉼 없이 달려왔다. 혁신학교의 성공적인 모습을 보여준다면 그 편견을 없앨 수 있으리라 생각해 더 책임감을 느끼며 활동했다. 특히 학생회장 당선 직후 당시 학생회 담당 선생님으로부터 전화가 온 것이 기억난다. 혁신학교에 자부심을 갖고 소담고가 생긴 초기부터 활동하신 선생님이기에 학생자치에 관한 생각과 고민이 더 많으신 듯했다. '프로젝트가 너무 재미 위주다.', '학생회의 존재 의미가 무엇인지 고민해보는 게 좋겠다.', '학생회를 3권으로 분립해서 서로 견제하는 게 맞는 것인가?' 등, 당시 선생님의 여러 고민을 이야기해주셨다. 학생회의 역할과 내가 이끌어 갈 학생회의 방향을 고민하게 된 계기였다. 선생님 말씀처럼 지금까지의 학생회는 대부분 이벤트, 흥미 위주의 단순한 프로젝트로 진행되었다. 학생들의 관심을 끌 수 있는 효과적인 방법이기도 했지만 진정한 학생회의 의미를 고민해본 적이 별로 없었기 때문이다. 그러다 보니 학생회가 이벤트 업체인가 하는 생각과 함께 차츰 회의가 들었다.

혼자 끙끙 고민하다 부원들과 '한 학기를 돌아보는 평가회'에서 내 고민을 나누며 프로젝트의 새로운 방향에 관해 이야기를 나눴다. 새 학기가 시작되었을 때 각 부서에서 여러 사회 참여 프로젝트를 구성하고 적극적으로 실행해주었다. 미혼모 가정에 편지 쓰고 기부하기, 학습 분위기 조성, 세월호 유가족에게 편지쓰기, 학생 독립운동 기념일 행사 등 다양한 프로젝트를 진행했다. 또한, 여름철 에어컨 온도 하향 조정을 위해 행정실과 협의하고 학생들을 대상으로 에너지 교육을 하는 활동 등을 통해 학생회가 학생들이 자신의 권리를 주장할 수 있고 사회에 관심을 갖게 하는 방향으로 나아갈 수 있었다. 학교 측에서 학생회에 이것 해라 저것 해라 시킨 것이 아니라 스스로 예산을 짜고 시행했기에 더 뜻깊은 활동들이다. 학교는 우리에게 '자유'와 더불어 '책임'도 주었다. 학생회는 자유롭게 사용할 수 있는 예산이 있지만 마음대로 쓸 수 있는 것은 아니었다. 대의원회(각 반 반장, 부반장으로 이루어진 조직)에 예산안을 심사받고 어디에 쓰이는지 상세히 보고한 후 통과되어야 사용할 수 있었다. 학교는 우리에게 무작정 자유만 준 것이 아니라 행위 하나하나에 책임을 다하도록 했다. 그로 인해 책임감을 느끼며 학생회 활동에 임할 수 있었다.

혁신학교의 가치를 알리기 위한 노력

교내 학생회의 체계를 어느 정도 잡아간 후 학교 밖에도 점차 눈을 돌리기 시작했다. 혁신학교에 다니며 변화된 생각을 외부 사람들과 공유하고 혁신학교에 대한 편견을 깨고 싶었기 때문이다. 그래서 2020년 세종시교육청이 주관한 '미래지향적 혁신교육 체제 정립을 위한 교육 공동체 온라인 포럼'에 토론자로 참석했다. 학생들의 미래역량 함양을 위한 혁신교육 체제 개발 정책 연구 보고서를 읽고 실행 가능성과 공감하는 내용, 앞으로 세종 교육체제가 나아가야 할 방향에 대해 작성하고 발표했다. 여기서 세종시 학교의 수업이 전반적으로 교사들이 주도하는 방식이라는 점과 대학 진학만을 위한 수업 방식임을 지적하기도 했다. 그리고 세종시가 스마트시티 체제를 내세우고 있는데, 정작 교육 대상인 학생들은 제대로 인지하고 있지 못한 점을 들어 제대로 된 홍보와 인지시킬 수 있는 교육이 필요함을 주장했다. 포럼이 끝난 후 몇몇 장학사님들이 오셔서 '혁신학교를 다시 봤다.', '소담고에 대한 인식이 점차 개선되고 있다.'라고 말씀하실 때 혁신학교에 대한 이미지를 조금이나마 긍정적으로 변화시켰다는 것에 뿌듯함과 자부심을 느꼈다.

　　　　　　　　　　　　　　　1부　내 생에 최고의 선택

세종 학생연합회 한울에서 활동한 것도 보람찬 경험 중 하나다. 학교 간의 끈끈한 네트워크와 좋은 사례를 공유하며 다 같이 성장하는 지역사회를 만들고 싶어 한울 회장에 지원하게 되었고 감사하게도 당선되었다. 특히 혁신고에 재학 중인 나는 학생자치 활성화의 좋은 사례였다. 2021년 초반 세종시 한 학교의 어떤 규정이 학생 인권 침해 사항으로 큰 논란이 되면서, 각 학교 학생회는 학교 규정에 인권 침해 요소가 있는지 돌아보게 되었다. 한울에서는 임원 회의를 열어 각 학교의 규정들을 살펴보며 문제가 될 수 있는 조항들을 찾아보았다. 단순히 찾고 끝낸 것이 아니라 '인권 친화적 학교문화 조성을 위한 3주체 토론회'에 학생 대표로 참석해 이에 대해 의견을 냈다. 토론회에서는 상벌점제가 과연 옳은 방식인지 등에 대해 논의했다. 나는 소담고의 자치법원 사례를 근거로 들어 학생들을 통제하고 감시하려는 인식 자체가 잘못된 것임을 지적했다. 규정을 지키게 하려면 학생들이 반드시 규정 제정에 참여해야 하고, 그 후 지키지 않았을 때는 자치법원이 '벌'을 내리는 것이 아니라 그에 따른 '책임'을 지게 하는 것이라고 주장했다. 이런 포럼들을 통해 혁신학교의 필요성에 대한 내 생각이 점차 확신으로 바뀌어 갔다.

여러 대외활동을 하며 혁신학교와 교육의 미래에 대한 생각과 시야가 점차 넓어지고 나 자신이 조금씩 성장하고 있다는 것을 깨달았다. 또한, 포럼에서 학생 패널로 같이 참여했던 분 덕분에 혁신학교졸업생연대 '까지'에 대해서도 알게 되었다. 혁신학교를 졸업한 사람들이 모여 혁신학교의 사례를 공유하고 편견을 깨기 위해 노력하는 단체였다. 특히 혁신학교가 혁신이 아닐 때'까지' 노력한다는 의미에서 단체 이름이 '까지'인 것도 멋있었다. 나뿐만 아니라 수많은 사람이 혁신학교를 위해 노력한다는 점에서 동질감을 느꼈고, 내가 하고자 했던 일이 잘못된 것이 아니었다는 생각이 더 굳건해지기도 했다.

모두 다 이끌어가는 학교

드라마를 보면 좋은 대학교 진학을 위해 특별반이 운영되고, 특정 학생들을 밀어주는 학교가 있다. 혁신학교가 아닌 고등학교에 간 주변 친구들의 이야기를 들어보면 놀랍게도 이는 일상화된 현실이다. 그렇다면 중하위권 학생들에게는 다른 기회조차 없는 것일까?

소담고는 성적에 상관없이 모든 학생에게 기회를 주고자 했다. 일례로, 3학년 때 수능 최저 기준을 염두에 두어야 하거나 정시를 준비하는 학생들을 위한 수능대비반이 만들어졌는데, 신청할 때 어떤 차별도 없었다. 정원을 넘을 경우 성적순이 아니라 출결 등 성실도에 따라 제한한다고 했지만 결국 신청한 모든 학생이 수능대비반에서 공부할 수 있었다.

난 소담고에서 대학 진학을 위해 정말 많은 도움을 받았다. 학원도 별로 다니지 않은 나에게 학교에서의 수업과 상담 등은 소중한 기회였다. 특히 진로를 확실히 정하고 수시 원서를 써야 했던 3학년 때 많은 선생님이 도움을 주셨다. 어느 대학, 어느 학과에 지원할지 담임선생님을 비롯한 여러 선생님과 상담했다. 특정 학생만 상담하며 도와주는 것이 아니라 모든 학생이 번호순으로 돌아가며 면담을 했다. 대학만이 정답이 아니기에 다른 진로를 선택한 학생들까지 전부 선생님과 상담하며 우리의 미래를 위해 모두가 노력했다.

특히 학생부종합전형을 준비했던 나는 자기소개서, 면접 프로그램을 신청해 담당 선생님의 도움을 받아 제대로 준비할 수 있었다. 먼저 자기소개서는 7월부터 시작해 열 번 정도 수정을 거쳐 완성할 수 있었다. 이렇게 여러 번에 걸쳐 작성하는 것은 나도 그렇고 선생님께도 만만치 않은 일이었다. 일곱 번째 수정할 무렵, 왜 이렇게 글을 못 쓰는지 나 자신에게 답답하고 담당 선생님의 시간을 뺏는 것 같아 속상하기도 했다. 하지만 선생님께서는 전혀 귀찮아하지 않으셨다. 오히려 더 시간을 잡으시며 적극적으로 도와주셨다. 이 문장을 이렇게 바꾸라고 직접 수정해주시기보단 글의 흐름이나 문맥 등을 봐주시고 내가 스스로 생각하며 다듬어 갈 수 있게 해주셨다. 수정에 수정을 거듭한 끝에 나의 학교생활과 진로에 대해 고민한 흔적들을 자기소개서에 잘 담을 수 있었다.

학생부종합전형은 수능 후에도 면접이라는 마지막 관문이 있었다. 수능 전부터 '면접 두레' 프로그램을 신청해 담당 선생님과 함께 준비해갔다. 친구들끼리 신청한 것이기에 팀원끼리 거의 점심시간마다 모여 생활기록부를 보며 예상 질문을 만들어내고 공유했다. 약 일주일에 한 번씩 담당 선생님께서 실제 면접과 동일하게 모의 면접을 하고 피드백까지 해주셨다. 이 프로그램을 통해 면접에서 말하는 방법과 바람직한 자세에 대해 배울 수 있었다. 여기서 끝이 아니었다. 신청을 받아 다른 선생님 세 분과 모의 면접을 할 수 있는 프로그램도 있었다. 최대 세 번까지 신청할 수 있었다. 난 세 번을 신청해 그때그때 다른 선생님들과 실제 상황인 것처럼 모의 면접을 해봤다. 처음에는 너무 떨리고 긴장되어 말도 빨라지고 스스로 정리되지 않은 느낌이었다. 그러나 세 번의 모의 면접 후 면접에 대한 자신감이 높아지고 훨씬 더 성장했다는 것을 느꼈다. 밤늦게까지 남아 우리의 면접을 도와주신 모든 선생님께 거듭 감사드린다.

대학은 내가 가는 것이지만 그 과정에는 수많은 사람의 노력과 희생이 있었다. '내가 선생님이어도 저렇게까지 할 수 있을까?'라는 생각이 들 정도로 많이 도와주셨다. 결과적으로는 만족할 수 있는 대학에 진학할 예정이다. 나 혼자였다면, 소담고가 아니었다면 해내지 못했을 수도 있다. 하고자 한다면 모두에게나 기회를 주는 우리 학교는 모든 학생을 다 품고 가려는 학교다.

글을 마치며

　소담고에서의 3년은 19년 인생 중 가장 값진 시간이었다. 선생님들과의 수직적인 관계가 아닌 친밀하고 편안한 분위기는 즐거운 학교생활에 한몫한 것 같다. 그동안 혁신고에 다니면서 혁신학교의 정체성에 대해 많이 고민했다. 혁신학교라 해서 거창한 게 아니라고 생각한다. 아직도 정의 내리진 못하겠지만 학생들이 자신의 권리를 주장할 수 있게 하며 자유에 따른 책임을 부과하고, 자신의 진로를 찾을 수 있도록 여러 교육방식을 통해 도움을 주는 것이 현재 혁신학교의 참모습이라고 생각한다. 입시 경쟁이 과열된 대한민국의 교육 현실에서 혁신학교는 하나의 대안이다. 소담고는 자유에 따른 책임을 알게 해주었고, 결과도 중요하지만 그 과정에서 무엇을 느끼고 배웠는지가 더 중요하다는 것을 깨닫게 해주었다. 특히 학생회 활동을 하며 힘든 과정이 많았지만, 그 속에서 난 더 성장할 수 있었다. 더 나은 학교를 위해, 학생들의 권리를 위해 끊임없이 노력해준 학생회 친구들과 선생님들 모두에게 감사하다는 말을 전한다.

성장의 발돋움, 혁신학교

황도연

4기 재학생, 2021년 2학년

독특한 학교에 다니게 되다

2016년 7월, 13년간 살던 대전을 떠나 세종으로 이사 오게 되었다. 친구들과 헤어지는 것이 아쉬워 전학 가기 싫어했던 나를 위해 부모님께서 소담초등학교 이야기를 자주 해주셨다. 소담초등학교는 혁신학교고, 독특하게 반 이름이 가람 반, 나리 반, 다솜 반이라며 위로해주시던 것이 지금도 기억난다. 당시 나는 괜히 전학 가기 싫은 마음에 이름이 매우 이상하다며 투정을 부렸다. 게다가 난생처음 들어본 혁신학교는 관심도 없었다. 그러나 나에게 이 짧디짧은 반년간의 생활은 삶에 매우 큰 파장을 일으켰다.

소담초등학교에 전학 오자마자 첫 수업은 영어 수업이었다. 그런데 자리 배치가 매우 어색했다. 전날까지 앉았던 일렬로 나열된 자리가 아니었다. 선생님이 계신 곳 또한 칠판 앞이 아니었다. 선생님께서는 교실 앞, 중앙에 앉아계셨고 친구들은 선생님의 양옆 그리고 앞을 둘러싸고 앉아있었다. 이는 내가 앞으로 경험할 일 중 빙산의 일각에 불과했다.

학교생활에도 적응하고 친구들과도 제법 익숙해지고 친해졌을 때쯤, 전교학생다모임회를 선출했던 것으로 기억한다. 학생다모임회 활동에 참여한 것을 계기로 학교 가는 걸 너무 좋아하게 되었다. 특히 학생회 친구들과 구상했던 축제가 기억에 남는다. 당시 내가 맡은 일은 홍보였다. 축제 홍보를 위해 친구와 큰 도화지에 그림 그리고 프린트하여 학교를 돌아다니며 붙였다. 중대한 일을 맡은 것도, 어려운 일도 아니었지만, 스스로 기획하고 친구와 실행하고 좋은 결과물을 위해 토의하는 과정을 겪으며 매우 즐거웠다. 사실 토의 과정에서 의견충돌도 있었다. 꽃을 어디에 그려야 하는지 같은 매우 사소한 일부터 어떤 문구를 넣을지까지 너무나 다양한 의견이 있었다. 그 과정에서 서로의 의견을 존중하지 않으면 절대로 문제를 해결할 수 없음을 배울 수 있었다. 이 활동을 통해 뭔가 내가 스스로 할 수 있다는 것을 처음으로 알게 되었고, 친구와 만든 포스터가 실제로 벽에 붙여졌을 때 성취감을 느끼며 괜히 뿌듯했다. 소담초등학교는 내가 그동안 보지 못했던 새로운 세계를 열어주었다.

소담고등학교에 입학하다

많은 경험을 하게 해준 반년이 지나고 중학교에 입학했다. 주변 친구들과 어울리며, 그냥 물 흐르듯이 시간이 흐르는 대로 따라가다 보니 졸업이었다. 졸업이 다가오니 중학교 때 의미 없이 산 것에 대한 후회가 막심했다. 이제 고등학생인데 앞으로 어떻게 살아야 할지 고민이 많았다.

갑자기 발생한 코로나로 6월 즈음에야 처음으로 고등학교 생활을 경험하게 되었다. 소담고에 입학 후 반년간 집에만 있어서 그런지 교복도, 친구들도, 반도 모두 어색했다. 그러나 뭔가 한 것 없이 시간만 흐른 듯한 중학교 생활의 회의감 때문인지, 걱정했던 고등학교 생활은 너무나 좋았다. 평소 못하던 '홀로 시간 보내는 법'도 배울 수 있었고 친구들과도 잘 지냈다. 좋은 친구들을 만나면서 많은 도움을 받았다. 자신의 의견을 말하고 자치법원 같은 학생자치활동에 참여하며 점차 자신감을 얻었고, 차근차근 성장하는 내 모습을 볼 수 있었다.

어려워하던 발표가 즐거워지다

소담고에 입학하고 놀란 것은 발표가 아주 많은 것이었다. 거의 모든 과목에서 발표 수행평가가 있었다. 코로나19와 관련하여 발표할 기회도 있었다. 사실 어렸을 때부터 발표하는 것을 좋아했는데 중학교 때 거의 하지 않다 보니 어색했다. 처음에는 준비도, 친구들 앞에서 말하는 것도 익숙하지 않았다. 처음 발표하던 날이 기억난다. 심장 소리가 다른 사람한테 들릴 만큼 떨렸다. 발표 시간 3분이 어떻게 흘러 갔는지 기억나지도 않고, 얼굴이 빨개진 채 목소리를 떨던 모습만 뇌리에 깊숙이 박혔다. 처음엔 그렇게 부담스러웠지만, 발표를 하면 할수록 전만큼 부담스럽지 않게 되었다. 특히 많은 사람 앞에서 얘기하면 얼굴이 빨개지던 모습이 점점 달라져 갔다. 앞에 나가서 이야기하는 것에도 적응했다. 그러면서 서서히 자신감도 갖게 되며 점점 밝아지는 내 모습을 볼 수 있었다.

올해 가장 나를 발전할 수 있도록 도움을 준 활동은 1학기 국어 수업이다. 2인 1조로 시를 한 편씩 맡아서 수업을 진행했다. 한 명은 시를 설명하고, 다른 한 친구는 시에 관한 문제를 내고 문제를 해설했다. 나는 정지용 시인의 「백록담」이라는 시를 맡았다. 시라고 하기엔 수필처럼 매우 길었다. 풍경들을 설명하는 난생처음 보는 어휘들도 많았다. 처음에는 어렵게만 느껴졌지만, 이 시간을 통해 어떻게 공부해야 하는지 알게 되었다. 그동안 그저 선생님 말씀을 필기하고, 암기하고, 문제를 풀었다면 이번 기회에 스스로 그 시에 대해 탐구할 수 있었기 때문이다. 발표 후 친구들에게 질문을 받아야 하기에, 시에 대해 여러 가지 자료를 찾아보며 공부하고 문제도 만들어 보면서 '아, 이렇게 공부하는 거구나' 처음으로 깨달았다. 실제로 친구들과도 이야기해보면 이 발표를 통해 많은 공부를 했다는 의견이 공통으로 나왔다. 또한, 발표 시간에 함께 고심하여 만든 문제를 풀고 질문을 받으면서 내가 이 수업을 얼마나 진심을 다해 준비했는지 느낄 수 있었다. 친구들에게 내가 알고 있는 내용을 전해준다는 사실 자체가 매우 신났다.

자치법원에 참여하다

소담고 학생회의 꽃은 삼권분립이라고 생각한다. 실제 사회처럼 학생회, 자치법원, 대의원회로 분리되어 서로를 견제하고 있기 때문이다. 나는 1~2학년 때 자치법원에 참여했다. 자치법원에 참여하려면 사법시험도 봐야 했다. 시험은 객관식과 주관식 문제로 되어 있고 60점 이상을 받아야 합격할 수 있다. 학교의 자율규정, 타율규정, 3주체 공동협약 등이 시험 범위다. 자치법원 시험문제로 '만약 판사가 되었을 때 회부자로 온 친구와 자치법원으로 인해 감정적 다툼이 생긴다면 어떻게 해결할 것인가?'라는 문제가 나왔다. 시험 볼 당시에는 '설마 그럴 일이 있을까?' 하며 깊게 생각하지 않았다. 그런데 활동을 돌아보니 이 질문이 생각났다. 자치법원은 단순히 학생이 회부 대상 학생을 처분하는 것이 목적이 아니고 자치법원을 통해 함께 발전할 수 있는 기회라

1부 내 생에 최고의 선택

고 생각한다. 그런데 언제부턴가 감정적 다툼이 생길 만큼 엄숙하고 형식적으로 변해간 듯했다. 보통 교복에 관한 규정 때문에 자치법원에 회부된 학생이 많았다. 하지만 정작 처분 기준표에는 이를 본질적으로 개선할 방안이 없어 보였다. 청소, 상담, 칭찬 사인 받기 등 직접적인 개선과 거리가 멀다고 느껴졌다. 이후 처분 기준표 개정 회의가 계속 있었고, 조금씩 변화하는 모습이 보였다. 그렇지만 앞으로 참여하는 학생 모두에게 합리적으로 받아들여질 방법으로 개정하는 것이 필요하다는 생각이 들었다.

개선은 필요하지만, 자치법원에서 활동하며 필요성을 알게 되었다. 잘못한 점에 대해 혼나는 것이 아닌, 대화와 재판이라는 과정을 통해 회부 대상자가 된 친구는 자신의 행동에 대해 스스로 생각해 볼 기회가 있었다. 1학년 때 판사, 올해 변호사를 했는데 이 활동을 통해 법원 체제가 어떻게 운영되는지 느낄 수 있었다. 이를 통해 꿈을 키울 수도 있고 직업에 대한 일종의 체험도 할 수 있었다. 또한 판사를 할 때 구형, 변호 과정이 있지만 같은 친구 사이에 쉽게 처분을 결정할 수 없었다. 그래서 더욱 책임감을 느낄 수 있었다. 변호사를 할 때는 판사 때와는 조금 다른 마음이었다. 어떻게 더 변호할 수 있을지 고민했다. 여러 가지 역할을 경험하며 다양하게 생각해 볼 기회가 되었다.

교과동아리를 구성하다

올해 나는 교과동아리를 구성했다. 선생님들께서 만들어주신 동아리에 참여하는 것이 아니라 학생이 직접 동아리를 만들고 부원을 모집했다. 나는 영어와 세계이슈를 함께 다룰 수 있는 동아리에 참여하고 싶어서 도전하게 되었다. 동아리를 만들기 위해 동아리명, 1년 동안의 계획, 담당 선생님, 7명 이상의 부원이 필요했다. 특별히 계획도 없이 무작정 시작했다. 연간 계획도 세우고 동아리 이름도 만들었다. 문제는 동아리원 모집이었다. 이 동아리를 너무 하고 싶어서 반마다 포스터 붙이고, 잘 모르는 학급 친구들까지 찾아가서 동아리를 홍보했다. 처음에는 사람이 안 모여서 불안했는데 총 13명으로 모집을 마무리할 수 있었다.

그러나 동아리활동은 이제부터 시작이었다. 담당 선생님인 임지윤 선생님께서 많은 도움을 주셨다. 그럼에도 무엇을 준비해야 하는지, 준비한 피피티로 얼마나 발표할 수 있을지 꼼꼼히 체크하지 않고 1년 계획 피피티를 준비했다. 동영상도 추가하고 소개할 내용도 많았다고 생각했다. 그런데 발표를 하니 준비한 내용이 15분 만에 끝났다. 동아리 시간은 무려 두 교시인데 말이다. 1, 2학년이 섞여 있어서 모두가 어색한 가운데 정말 당황스러웠다. 얼굴은 이미 빨개졌고 식은땀이 삐질삐질 나기 시작했다. 그렇게 남은 시간 동안 부원들과 자기소개도 하며, 선생님의 도움으로 동아리 첫날을 마무리할 수 있었다. 1시간 동안의 수업을 완벽히 진행하시는 선생님이 그저 존경스러웠다. 어설프게 시작해서 그런지 다음 동아리 시간을 위해 진행 방법을 고민했다. 선생님께 여쭤보기도 하며 준비했더니 다음 시간에는 덜 떨며 자연스럽게 진행할 수 있었다.

1년이 지나고 2학년이 끝나고 보니 이 경험으로 성장했음을 느낄 수 있었다. 동아리를 처음 시작할 땐 깊은 생각 없이 그저 내가 하고 싶은 동아리를 만들고 싶었던 것뿐이었다. 하지만 동아리를 진행하면서 단순히 진행뿐만 아니라 동아리 친구들의 중요성을 깨닫고 책임감처럼 꼭 필요한 것을 배우게 되었다. 특히 동아리 친구들을 이렇게까지 아끼게 될지 몰랐다. 영어 발표, 토론같이 시간을 들여서 준비하는 활동이 많았는데, 열심히 참여해준 친구들 덕분에 동아리가 활발히 진행되었다. 1년간 동아리활동을 열심히 해준 동아리 친구들에게 고맙고, 수고했다고 얘기해주고 싶다.

혁신학교는 정말 놀기만 할까?

소담초등학교 졸업 후 중학생, 고등학생이 되면서 자녀를 두신 과외 선생님 또는 다른 지역 친구들이 혁신학교에 관한 질문을 많이 했다. "혁신초등학교는 어때?", "혁신학교는 너무 놀기만 하는 거 아니야?" 사실 이 질문에 명확하게 답하거나 완전히 부인할 수 없었다. 하지만 "저는 혁신학교 강력 추천해요! 특히, 초등학교 6년을 혁신학교에서 보내는 건 좋은 경험일 것 같아요. 저는 더 오래 다니지 못해서 늘 아쉬웠어요."라며 대답한다.

졸업 후 '조금 더 오래 혁신학교에 다녔으면 좋았겠다'는 생각이 들곤 한다. 짧은 시간이지만 학교라는 공간을 매우 즐겁게 만들어줬다. 학생에게 할 일을 정해서 시키는 것이 아니라 큰 주제와 방향만 설정하고 학생끼리 토의하고 결과물을 만드는 방법을 가르쳐주었다. 수업 시간에도 이러한 조별 활동이 매우 많았고, 위에서 이야기한 축제나 여러 행사 또한 그러했다.

요즘 말하는 미래형 인재는 다양한 사람과의 의사소통 능력, 자기 능력을 잘 펼치는 사람이라고 생각한다. 그렇기에 학생이 학교의 주체가 되는 교육이 필요하고, 혁신학교에 다니며 이런 능력을 키울 수 있다고 생각한다. 이 생각은 고등학교에 오면서 더욱 확고해졌다.

학교에서 효능감을 느끼고 자립심을 기르다

　학교란 무엇일까? 초등학교 때는 친구를 만나는 공간이라고 생각했고, 중학교 때는 막연히 가야 하는 곳이라고 생각했다. 이처럼 학교의 역할이나 존재에 대해 깊이 생각해 보지 않았다. 그러나 고등학교 2학년인 나에게 다시 이 질문을 해보니 더욱더 구체적이고 상세한 답이 떠오른다. 학교는 가야 하는 곳도 맞고, 친구를 만나는 장소도 맞다. 하지만 더불어 청소년기를 겪으며 사회로 나아가기 전까지 성장하고 발돋움할 수 있는 배움의 터라고 생각한다. 공부도 중요하지만, 스스로 살아갈 수 있는 능력을 키우는 것 또한 학교에서 필요한 교육의 하나다. 그러므로 미래를 준비하기 위해 학교라는 작은 사회에서 효능감을 얻는 것이 대단히 중요하다. 자치법원에 참여하고, 동아리를 구성하고, 학생회장을 하면서 학교라는 공간에서부터 자신이 뭔가 할 수 있다는 자신감을 갖게 되고 경험하는 것이 중요함을 알게 되었다. 학교생활을 돌아보면서 다양한 활동들이 나의 성장의 발판이 되었음을 다시금 느낀다.

2부

학생과 함께 성장한 우리

교사가 이야기하는
소담고등학교

민주시민교육과
진로·진학 지도 시스템 만들기

모든 학생이 주인공 되는 학교를 꿈꾸며

교사 김영진

보이지 않는 아이의 인정 투쟁

고등학교 시절, 잘하는 것 한 가지만 있으면 대학에 간다던 수시 1세 대였지만 나는 그 '잘하는' 것을 찾지 못해 고통스러워했다. 학교에서는 각종 외국어 경시대회 수상자의 사진과 이름을 학생들이 매일 오르내리는 계단 한쪽 벽면에 크게 붙여 두었다. '자랑스러운 ○○고의 얼굴'. 친구들의 얼굴이 하나둘 올라가고, 나는 3년간 그들의 사진을 보며 내가 손을 뻗어도 닿을 수 없는 거리감을 느꼈다. 학교 안에도 보이지 않는 계급이 있었다. 해외에서 살다 온 아이들, 부모님이 교수인 아이들끼리 그룹을 지어 어울렸다. 각종 대회 정보, 진학 정보는 그 아이들의 학부모님들 사이에서 공유되었고, 참여하고 싶은 게 있어도 이미 그들 사이에서 충원이 끝나 버려 기회조차 없었다. 친구들이 토플 학원에 다니고 서울로 재외국민 전형 대비 사교육을 받으러 다닐 때, 나는 대학에 가기 위해 무얼 어떻게 준비해야 할지 몰라 스트레스만 받으며 방황했다.

1학년 마지막 모의고사 점수가 나오던 날, 담임선생님이 성적표 띠지를 받고 돌아서서 자리로 돌아가는 내 뒤통수에 대고 말했다. "김영진, 너는 시집이나 가라." 그날 머리를 짧게 자르고 항의 메일을 썼다. "이제 마음잡고 공부해 보려는데 어떻게 그렇게 말씀하실 수 있어요." 그때부터 나 자신을 파괴할 만한 에너지로 공부를 했다. 자살 충동도 수없이 느꼈다. 교문 앞을 지나가는 차에 뛰어들고 싶었고, 산 정상에 올라 수풀을 바라보고 있으면 그대로 뛰어내려 숲에 안기고 싶었다. 정서적으로 심각한 상태였지만 누구 하나 내 마음을 물어봐 주는 어른이 없었다. 고등학교 3년간 상담 시간 단 5분. 고등학교 시절 나는 존재감 없는 '보이지 않는 아이'였다. 마음속에 폭발할 듯한 불만을 안고 있었지만 표출하지 못하고 말없이 공부에만 몰두했다. 나를 증명하기 위한 나름의 '인정 투쟁'이었다.

늦깎이 교사가 되다

스물넷, 보습학원에서 아르바이트를 했다. 초등학생과 중학생을 가르쳤다. 첫 시간은 이름을 바꿔서 대답하는 학생들 때문에 당황하여 40분을 다 채우지 못하고 나와버렸지만, 가면 갈수록 학생들을 만나는 것이 좋아졌다. 어느 날은 수업하고 화장실에 갔는데 세면대 거울 속에서 발광체처럼 환하게 빛나고 있는 내 모습을 발견했다. 학생들을 만나면 충전기에 꽂힌 듯 밝은 에너지가 샘솟아 나를 휘감았다. 500원짜리 슈퍼마켓 빵이나 컵라면으로 끼니를 때우고 밤늦게까지 수업을 듣는 아이들, 성적이 좋지 않다고 타박 당하고 주눅 들고 자학하는 아이들을 보며 마음이 아팠다. 좋은 책을 읽히려고 추천 도서 목록을 섭렵하고 청소년 소설을 읽어댔다. 학생들 글을 하나하나 첨삭

　　　　　　　2부 학생과 함께 성장한 우리

해 주고 토론하며 생각을 나눴다. 아이들을 만나는 시간이 좋았다. 교사가 천직인 것 같았다. 사범대 졸업생도 아니고 다른 전공으로 대학원 입학이 예정되어 있었기에, '천직을 발견한 것 같다'는 생각은 나에게 불안한 행복감을 주었다.

대학원 시절, 힘들 때마다 교사가 되고 싶었다. 서점과 도서관에 가서 교육에 관한 책을 무진장 구해 와 닥치는 대로 읽었다. 교육은 불안한 미래에 대한 행복한 도피처였다. 그러다 우연히 TV에서 남한산초등학교에 대한 다큐를 보게 되었다. 눈이 번쩍 뜨였다. 모든 아이가 주인공이 되는 학교, 학생들을 중심에 놓는 학교, 성적 경쟁과 줄 세우기가 아니라 학생 한 명 한 명의 특성과 잠재력을 소중히 여기는 학교! 이런 게 혁신학교구나! 다큐를 보며 느낀 흥분이 지금도 가시지 않는다. 더 늦기 전에 교사를 해야겠다고 결심했다. 반대하시는 부모님 몰래 형부에게 100만 원을 빌려 편입학원에 등록했다. 스물아홉에 사범대 3학년 학생이 되었다. 일곱 살 정도 차이 나는 대학생들과 함께 특수교육과 사회교육을 신나게 공부했다. 두 번의 교생 실습을 모두 마치고 집으로 돌아오던 길. 저 멀리 북한산을 바라보며 결심했다. 좋은 교사가 되겠다고.

다시 만난 '학교'라는 세계

첫 학교는 남중이었다. 출근 첫날 이런 말을 들었다. "이 학교에서 근무하면 어느 학교에 가도 잘 적응할 수 있습니다." 예쁘게 깎은 몽둥이가 담임교사들에게 지급되었다. 선생님들은 우리 반에 전교에서 가장 말 안 듣는 아이가 있다고 했다. 만나는 선생님마다 내 손을 잡고 위로해 주셨다. 첫 시간에는 무섭게 해서 기선을 제압해야 한다고 했는데, 나는 학생들을 만나는 게 가슴 벅차도록 좋아 온몸으로 환하게 웃고 말았다. 이후에도 교실 들어가기 전에 거울을 보고 '가갸거겨' 하며 얼굴 근육을 폈다. 학생들을 웃는 얼굴로 대하고 싶었다. 그 '유명한 아이' 이름을 하루에도 몇 번씩 불러가며 1년 동안 쫓아다녔다. 배경이나 이유가 없는 행동은 없었다. 들여다보고 대화하고 또 살펴보다 보면 아이들의 아픔과 상처, 가정사가 드러나고 고스란히 내게 전해져 왔다.

교과 지도도 하루하루 도전이었다. 일반사회 교사인 내가 역사를 가르치게 되었다. 다음 날 수업할 부분이 도저히 이해되지 않아 퇴근길 기차역에서 교과서를 손에 붙들고 울기도 했다. 하지만 '역사샘'으로, 첫 '담임샘'으로 행복한 1년을 보냈다. 학급 운영에 대한 책들을 읽고 다양한 활동을 시도했다. 학생들은 "우리 반은 이런 게 왜 이렇게 많아요?"라며 볼멘소리하기도 했지만, 단합대회와 각종 심리검사, 정책 토론회와 반장 선거, 학급회의 등등 소소한 활동들이 학급에 활기를 주었다. 학생들은 자리 바꾸기 방식을 가지고 열띤 토론을 하기도 했다.

고등학교에 근무하면서 나는 '모난 돌'이 되었다. 성적우수자반과 성적우수자반이 아닌 학생들 간 차별, 성적우수자반들끼리의 차별 문제로 속상해하는 학생들을 보며 고등학교 시절 느꼈던 감정이 되살아났다. 몇몇 동아리는 공개모집을 하는 척하면서 비공식적으로 최우수 특별반 학생들만으로 회원을 충원했다. 성적우수자반에 들어가려고 열심히 공부하며 결원이 나기만을 기다리던 학생이 있었지만, 그 자리는 소리소문없이 차 버리기도 했다. 성적우수자반을 둘러싼 차별 문제와 불투명한 선발 기준에 대한 시정을 요구했지만, 특별반 프로그램을 통해 명문대에 학생들을 대거 진학시키는 '시스템'을 선배 교사들이 어떻게 만든 건지 아느냐는 말을 들어야 했다.

어느 학교에서나 학생들의 목소리는 억압되어 있었다. 체벌도 온존했다. 군대식으로 지휘하는 선생님 앞에서는 복종하지만 뒤에서는 "등에 칼 꽂고 싶다."고 하는 학생을 보며, 강압적인 지시와 교육은 진정으로 학생들의 마음을 움직이지 못하고 반감만 사게 한다는 것을 깨달았다. 학생생활규정도 매우 낡은 것이었다. 연원을 알 수 없는 오래된 규정이 학교마다 돌고 돌며 '복사, 붙여넣기' 방식으로 지금까지 내려온 것 같았다. 학생들은 그 규정을 제대로 알지도 못했다. 규정 대신 실제로 학생들을 규제하는 것은 선생님들의 자의적인 판단 기준이었다. 학생들이 주체적으로 목소리를 내는 것은 금기시되었다. 대회와 관련된 것이거나 교육청 지침에 따라 필요한 것일 때 학생의 의사 표현이 제한적으로 허용되기도 했다. 그러나 목적 달성을 위해서만 학생들의 목소리는 용인되었고, 곧 문서에만 남아 사라져버렸다. 대입을 위한 효용이 없거나 '학생답다'고 여겨지는 틀을 벗어나는 경우에는 가차 없이 응징당했다.

혁신고등학교, 같이 하실래요?

학교에서 좌충우돌하고 있던 어느 날, 한 선생님께서 나를 찾아오셨다. '새로운 고등학교 연구회'라는 것이 있는데 함께 해보지 않겠느냐는 것이었다. 그때는 수업 시수도 많았고 자퇴 위기 학생 세 명을 상담하고 케어하느라 나 자신을 주체할 수 없는 상황이었다. 그러나 내 앞에 서 계신 인자하신 선생님의 제안에 갑자기 마음이 가벼워졌다. '아, 여기가 내가 꿈에 그리던 혁신학교를 준비하는 사람들의 모임인가 보다.' 연구회 모임에 나가 특강을 들었고, 선생님들과 천문대에 갔다. 밤늦은 시간까지 둘러앉아 교육에 대한 이야기를 나누던 선생님들의 진지함이 지금도 기억에 남는다.

얼마 후, 전화 한 통을 받았다. 세종에 혁신고등학교가 생긴다는 것이었다. "같이 하실 거죠?"라고 묻는 말에 "네." 하고 말았다. 얼떨결에 혁신고 TF가 되어 버렸다. 본격적인 준비가 시작되었다. 교육과정을 짜기 위해 TF팀 선생님들과 자주 만났다. 어떤 학교를 만들 것인지 처음부터 생각해 보는 과정이 매우 흥분되었다. 2017년 1월 1일, 광화문 한복판에서 연습장을 꺼내 혁신학교의 상을 그려보기도 했다. 본격적으로 TF팀 사무실이 만들어졌다. 1, 2월, 매일 출근하며 실무를 준비해갔다. 쏟아지는 공문을 게시판에 일렬로 붙여놓고 하나씩 해치웠고, 행정실 팀과 같은 공간에서 상주하며 학교 비품을 고르고 의논했다. 신입생 예비소집을 준비하며 받은 학생 명단을 보고 느낀 설렘도 잊히지 않는다.

2월에도 학교 공사는 끝나지 않았고, TF팀은 사무용 책상과 집기가 엉성하게 들어앉은 행정실에서 입학식을 준비했다. 점심시간에는 행정실 팀과 컴퓨터 박스를 뒤집어 놓고 자장면을 시켜 먹었고, 난방기가 안 되어 추위에 떨면서도 설렘 가득 안고 밤늦게까지 일했다. 입학식 전날에는 새벽 2시까지 방송 점검을 했다. 드디어 입학식! 한 명한 명 학생들에게 담임선생님이 장미꽃을 나눠 주었고, 선생님들이 〈보랏빛 향기〉에 맞춰 댄스 공연을 했다.

개교 후 숨 가쁘게 바쁜 나날이 이어졌다. 기본적인 교무 업무 지원부터 학생자치, 인권 아카데미 등 민주시민교육, 공동체 저해행위 규정과 3주체 생활협약 제·개정, 학교 홍보, 학부모회 운영, 보건 및 상담 업무까지, 개교 학교의 일은 그 폭이 참 넓었다. 첫 회식 후 자정이 넘은 시각에 학교로 돌아가 신입생 오리엔테이션을 준비하기도 했고, 밤 11시가 넘은 시각에 퇴근하다 기름이 떨어져 차가 멈추기도 했다.

일이 많다고 수업을 소홀히 할 수 없었다. '법과 정치' 수업으로 대통령 탄핵 판결문을 분석하고, 근로기준법을 공부하고, 모의재판을 했다. 성적이 40점 이하인 학생들을 모아서 공부 방법을 알려주고 학습 멘토링을 진행하기도 했다. 매주 주말에까지 학교에 나와 일했지만, 늘 상쾌하고 행복했다. 내가 하고 싶은 일을 마음껏 할 수 있는 플랫폼이 소담고였다.

민주시민교육에 빠지다

3주체 생활협약*

당장 3월부터 학생들 생활지도가 문제였다. 기존 학교들의 생활규정에서는 대부분 학생 용모와 생활에 관해 매우 세밀한 부분까지 통제하고 있었다. 혁신부장님이 연수에 가서 들었다는 '3주체 생활협약'을 제안했다. 어떤 건지 이야기를 듣는데 가슴이 뛰었다. 학생, 교사, 학부모가 함께 토의해서 학교생활에 관한 약속을 정한다니! 서울 선사고의 사례였는데, 규정을 이원화해서 절대로 해서는 안 되는 것들은 '공동체 저해행위에 관한 규정'으로 강하게 규제하고, 사람마다 입장이 조금씩 다르고 도덕의 영역에 해당하는 것은 '3주체 생활협약'으로 다룬다고 했다. 합리적이라는 생각이 들었다. 선사고에 계셨던 선생님과 통화해가며 방법을 숙지했다. 예비소집 때부터 이러한 방침을 학생들에게 안내하고 바로 설문조사를 했다. 새로운 도전이었다.

신입생 오리엔테이션 날, '저해행위 규정'과 '3주체 생활협약'에 대

---

* 소담고의 3주체 생활협약에 대한 자세한 내용은 '[부록] 3주체 생활협약으로 만들어가는 민주적 학교 공동체' 참조.

한 의견 수렴을 본격적으로 시작했다. 학생들에게 마이크를 쥐어 주고 의견을 내게 했다. 머뭇머뭇하다가도 학생들은 곧잘 자신의 의견을 말하기 시작했다. 어른들이 보기에 좀 미흡하거나 얼토당토않아 보이는 의견이라도 끝까지 경청했다. 학생들의 의견을 바로 묵살하는 것이 아니라, 서투르더라도 자기 목소리 내는 법을 익히고 공론장 속에서 의견을 다듬어 가길 바랐다.

'저해행위 규정'은 큰 이견 없이 정리되었다. 메인은 '3주체 생활협약'이었다. 학생, 교사, 학부모 3주체를 대상으로 기초 설문조사를 했다. 문항별 답변을 모두 통계 내고, 그중 의견이 주체별로 갈리는 것들을 추렸다. 두발, 복장, 휴대폰 사용 문제였다. 주체별 토론, 주체 간 토론을 진행했다. 교사들이 10명 남짓이었기에 점심시간을 활용해 기동성 있게 모여 주제별로 의견을 나눴다. 선생님들 사이에 시각차가 크다는 것을 실감했다. 간혹 언성이 높아지며 부딪칠 때도 있었지만, 이런 주제로 선생님들과 원점에서부터 토론할 수 있다는 것 자체가 좋았다. 학생들 간 토론은 '법과 정치' 수업 시간에 진행했다. 두발, 복장, 휴대폰 사용을 규제할 것인지, 규제한다면 어느 정도까지, 어떤 방식으로 할 것인지 등은 수업의 아주 좋은 소재였다.

이후 전교생과 교사, 학부모가 강당에 모여 '3주체 생활협약 공청회'를 했다. 쟁점이 되는 것들에 대해 3주체가 패널 토론을 하고 청중에게서 질문과 의견을 자유롭게 받았다. 이후 '학교규정제·개정심의위원회'에서 3주체 위원들이 모여 조정과 양보, 타협 과정을 거쳐 초안을 완성했다. 마지막으로 '학교운영위원회'에서 협약이 통과되었고, '3주체 생활협약 선포식'을 하게 되었다. 지난한 과정이었다. 선포식이 끝난 후, 학생들뿐 아니라 학부모님들도 활짝 웃으며 말했다. "선생님, 우리가 의미 있는 일을 해낸 것 같아요!"

학생자치

학생자치는 '판'을 깔아 주는 것부터 시작했다. 학생들이 마음껏 활동할 수 있도록 '시간, 공간, 예산'을 확보해 주는 것이었다. 먼저 격주에 한 시간 학생자치 시간을 일과 중에 확보하고 이때는 특별한 일이 없으면 학급회의 또는 학생 다모임이 진행되도록 했다. 가장 넓은 동아리실을 학생회실로 지정하고 각종 비품을 구비해 주어 활동에 불편함이 없게 했다. 예산도 충분히 확보하고 학생회에서 자체적으로 계획, 관리할 수 있도록 했다.

학생들이 하는 선거라 하여 허투루 하지 않았다. 학급회장단 선거에서도 선거관리위원회를 만들고 정책 토론회를 거쳐 임원을 뽑았다. "선생님, 선거가 왜 이렇게 재밌어요? 매년 이렇게 해요!"라는 학생의 말이 기억에 남는다. 전교 학생회장단 선거 때는 실제 선거와 흡사하게 모든 절차를 거쳐 투표를 진행했다. 학교 안에서 선거를 미리 체험해 보게 하는 것이 하나의 중요한 민주시민교육이라 생각했다.

학생회 조직은 학급회의 의견이 대의원을 통해 대변되고 교직원에게 전달되어 피드백까지 이루어지는 체계를 갖추고자 했다. 학급회의에서 나온 의견이 대의원회로 수합되고, 대의원들이 의견들을 검토, 의결 후 건의서 형태로 교직원에게 전달한다. 해당 교직원은 건의 내용을 검토 후 반영, 반영 불가, 수정 반영 등의 의견을 답변서에 작성해 학생들에게 다시 전달한다. 초창기에 가장 공을 들인 것은 대의원 역할을 '훈련'시키는 것이었다. 학급회의 운영 방법을 상세히 알려 주고 시나리오를 써서 따라 읽게도 했다. 얼마 후 대의원들은 스스로 학급회의를 원활하게 진행하게 되었으며, 포스트잇 활용 등 의견 수렴을 위한 새로운 방법들도 고안하게 되었다.

새로 구성된 학생회장단은 집행위원회 부서의 종류와 인원수부터 구상했다. 총무기획부, 공동체생활자치부, 문화예술체육부, 봉사진로진학상담부, 소통부 등의 부서들이 만들어졌다. 나중에는 학술부와 생태환경부도 개설되었다. 이 부서들은 다채로운 프로젝트를 기획하고 진행했다. 에어컨 날개 달기 프로젝트, 생활협약 준수 프로젝트, 상담 프로젝트, 할로윈 프로젝트, 대학 탐방 프로젝트, 진로 및 봉사 프로젝트, 학교 SNS 개설 및 소통 프로젝트 등등…. 체육대회와 축제는 문화예술체육부를 중심으로 각각 준비위원회를 꾸려 학생들이 기획과 운영, 평가의 전 과정을 맡았다. 이 밖에도 학생자치학교(리더십 캠프), 학생 독립운동 기념일 행사, 신입생 오리엔테이션 등 여러 행사를 학생회에서 기획, 운영했다.

학생들의 생활에 직접 영향을 미치는 문제라면 늘 학생들이 참여할 수 있었다. 학생 다모임을 통해 학교 규정 및 생활 협약, 학생회 선거 및 조직 구성 방식 등에 대한 의견을 수렴했다. 학교규정제·개정심의위원회, 교복 선정 위원회, 심지어 학교의 최고 의사결정기구인 학교운영위원회에도 학생들이 참여했다. 영양선생님과의 간담회, 교장선생님과의 간담회를 열었고, 교사-학생 회의도 정기적으로 열어 학교의 크고 작은 문제를 학생들과 함께 해결해 갔다.

2018년에는 삼권분립 학생회를 시도했다. 입법부, 행정부, 사법부의 삼권분립 구조를 학생회에 도입하는 것이었다. 혁신부장님과 집중적인 논의를 하여 학생자치규정 개정 작업을 했다. 학생회에 동의를 구하긴 했지만 충분한 의견 수렴 없이 개정한 것이 갈등의 씨앗이 되었다. 문제는 개학 후 발생했다. 바뀐 규정이 실행되는 순간부터 학생회 운영이 삐걱거리기 시작했다. 예전 방식대로 활동하려 하면 규정에 맞지 않는다고 지적하게 되었고, 학생 회의는 이로 인해 중단되거나 혼란을 겪는 일들이 많았다. 또한 학생회장단과 집행위원회는 대

2부 학생과 함께 성장한 우리

의원회와의 권한 분배와 견제 방안 문제로 갈등을 겪었다.

이러한 불만이 터져 나온 것이 '건의서 사건'이다. 언젠가부터 학생들이 자꾸 따로 교실에 모여 회의를 하기에 무슨 일이 있느냐고 물었다. 학생들은 "선생님, 기다려 보세요. 저희 중요한 것 하고 있어요!"라고 했다. 불안을 참으며 기다렸다. 학생회장이 완성된 건의서를 들고 왔다. '대의원회, 집행위원회가 생각하는 소담고'란 제목의 도톰한 문서에는 새로운 학생자치 체계 하에서 활동하면서 부닥쳤던 어려움이 상세히 서술되어 있었다. 특히 담당 교사와 학생회 간, 학생회 내부 부서 간 소통 과정에서 나타난 문제점을 매우 세밀하게 성찰했고 대안까지 제시했다. 나아가 혁신 소담고가 나아갈 방향에 대해서도 제언했다.

판만 크게 벌였지, 과중한 업무 부담과 시간에 쫓겨 학생들과 충분한 소통 없이 달려온 것이 화근이었다. 민주시민교육에 열정을 쏟았지만 내 안의 비민주성을 직면하고 많이 부끄러웠다. 그리고 고마웠다. 학생들은 그저 비판만 하는 것이 아니라, 문제를 성찰하고 개선해 보고자 열정적으로 노력했다. 학생들의 건의서에는 학생회와 소담고에 대한 애정이 깔려 있었다. 건의서를 준비한 학생들을 힘껏 칭찬해 주었다. 각 반과 복도 게시판에 건의서를 복사해 붙여놓도록 했다. 그리고 학생회 임원들과 자리를 만들었다. 한 줄 한 줄 짚어가며 학생들의 설명을 충분히 들었다. 개선 방안들을 함께 고민하고 학생자치규정도 개정했다. 이후에는 더 안정적으로 학생자치활동이 진행되었다. 돌아보니 건의서 사건이 학생들을 가장 크게 성장하게 한 계기가 된 것 같다. 자신들이 겪는 문제의 원인을 성찰하고 목소리 내고 이를 통해 더 나은 방향으로 바꿔 가는 것! 나도 같이 성장했다. '나는 민주적인 교사다'라는 자기 최면에서 벗어나 학생들과 진정으로 민주적인 관계를 맺는 법을 배우게 되었다.

인권 아카데미

인권 아카데미를 만들고 장애, 청소년 노동, 이주민, 생태, 평화, 교육, 혐오표현 등과 관련한 주제로 특강을 열었다. 학교에 부과되는 각종 교육을 통합해서 인권 특강 형태로 신행한 것이다. 창의적 체험활동 시간에 관련 교육 영상을 틀어주고 끝내는 것이 아니라, 해당 분야 전문가를 모셔 와 생생한 사회 이야기, 인권 이야기를 들려주고 싶었다. 인권 아카데미를 통해 자신과 타인이 지닌 소수자성을 발견하고 존중하게 되었다는 학생 후기를 접할 때나, 강의 후 많은 학생이 질문하고 이후에도 자기들끼리 토론하는 모습을 볼 때면 이 기획이 헛되지 않았다고 생각하게 되었다.

2017년		2018년	
주제	강사	주제	강사
장애 인권	배승천·조사랑·허신행 (노들야학)	장애 인권	김원영(변호사)
기후 위기와 인권	박창재(환경운동연합 세종지부)	혐오표현과 인권	홍성수 (숙명여대 교수)
청소년 노동과 인권	하종강 (성공회대 교수)	청소년 아르바이트와 노동권	이기원(청년유니온)
이주민 인권	한가은(한국이주 여성인권센터)	이주민 인권	조영관(변호사, 이주민센터 '친구')
평화와 군 인권	고상만(인권운동가)	시리아 내전과 인권	김재명 (성공회대 교수)
※ 여성인권·성폭력·가정폭력 예방 교육은 별도의 프로그램으로 진행됨.		혁신학교와 인권	김성천 (한국교원대 교수)

〈2017~2018년 인권 아카데미 목록〉

2부 학생과 함께 성장한 우리

혁신학교 학력 논쟁의 중심에 서서

입시에 대한 불안감이 고조되다

개교 2년 차가 되자 학교 분위기가 사뭇 달라졌다. 고2가 된 1기 학생들과 학부모들은 불안을 느끼고 있었다. '우리, 대학엔 갈 수 있을까?'라는 생각이 학생들을 지배했던 것 같다. 대학에 간 선배들도 없고 본인들이 무엇이든 헤쳐나가야 했던 1기 학생들에게 대학은 안개 속에 있는 것이었다. 불안은 학교에 대한 의구심과 불만으로 나타났다.

학생, 학부모 양측에서 모두 불만이 터져 나왔다. 학부모회를 담당하고 있었기에 나는 학부모님들의 비판과 비난, 인근 학교와의 비교를 날것 그대로 받아내게 되었다. '왜 이렇게 아이들을 일찍 보내느냐, 밤 늦게까지 야자 시켜라', 'EBS가 수능에 많이 출제된다는 거 알긴 아냐, EBS로 수업해라', '소담고가 기피 학교 1순위다,' '인서울 한 명도 못 할 거라고 한다', '주민들이 우리 학교를 특성화고라고 한다' 등등…. 특히 학생자치와 3주체 생활협약이 타깃이 되었다. '회의하고 행사 준비할 시간에 공부나 더 하게 해라', '고등학교에서 3주체 이런 거 왜 하느냐, 시간 낭비다', '생활협약 때문에 면학 분위기 조성이 안 된다'…. 여기저기서 날카로운 말들이 칼처럼 날아와 꽂혔다. 얼마 후에는 학부모회로부터 통보가 왔다. 생활협약 개정을 매년 상반기에 하면 보이콧 하겠다는 거였다. 학부모님들께 "이것도 공부예요. 학생들이 학교 의사결정에 참여하면서 시민으로서 배워야 할 진짜 공부를 하는 겁니다."라고 반문했다. 하지만 그 말은 의미를 이뤄 상대에게 가 닿지 못하고 순식간에 공중에 흩어졌다.

학생들의 불만도 나왔다. 학교가 활동에 많이 치중되어 있고 상대적으로 진로·진학 지도에 소홀하다는 것이었다. 학생들이 쓴 학교 자체 평가서에는 이런 말이 있었다. "애들이 지금 뭐가 중요한지 모르고 활동에만 미쳐 있다." 학생들마저 이런 이야기를 하니 혼란스러웠다. 그리고 궁금했다. 도대체 '진로·진학 지도를 어떻게 해 달라는 것일까? 그리고 어떻게 해야 잘하는 것일까?', '수업과 자치 활동을 통해 의미 있는 배움이 일어나면 진로·진학은 자연스럽게 따라오는 것 아닐까?' 의문은 꼬리에 꼬리를 물고 이어졌다.

"제발 소담고 안 보내게 해주세요"

진로·진학 지도에 대한 고민이 깊어지던 때, 고입 배정 사태가 터졌다. 2018년 말, 시스템 오류로 고입 배정 결과가 번복된 것이다. 원하는 학교에 배정되었다가 탈락하게 된 학부모들을 중심으로 분노가 불길처럼 일었다. 특히 우리 학교 같은 '기피 학교'에 새로 배정된 학부모들이 집단 민원을 넣었다. 하루가 멀다 하고 지역 언론과 맘카페 등에 소식이 올라왔다. 학부모들은 집단행동에 돌입했다. 교육청을 점거하고 새벽까지 농성을 했다. 농성장에 가 보았다. 발 디딜 틈 없이 가득 찬 대회의실에서 학부모들이 죄인처럼 고개 숙이고 앉아있는 교육청 담당자들에게 삿대질해 가며 언성을 높이고 있었다. 여기저기서 분노와 조롱의 말이 오갔다.

소담고가 이따금씩 언급되었다. 혁신학교라 공부 안 시킨다는데 거기에 절대로 우리 아이 못 보낸다는 둥, 통화를 한 번 했는데 교사들이 자질이 없다는 둥, 비난과 야유의 말들이 오갔다. 갑자기 한 아버지가 교육청 담당자가 앉아있는 앞쪽으로 성큼성큼 걸어가더니 무릎을 꿇어버린다. "제발 우리 아이 소담고 안 가게 해주세요. 제발요." 큰 목소리로 간청하고 애원하는 그 모습을 보고 있자니 갑자기 배가 아팠다. 그 길로 화장실에 달려갔다. 배탈이 났다. 도대체 우리가 뭘 그렇게 잘못한 거지? 소담고가 지옥이라도 되나? 2년 동안 학생들을 위해 선생님들과 함께 그렇게 노력했는데, 왜 이렇게 된 거지? 한동안 그때 그 농성장 장면만 떠올리면 눈물이 쏟아졌다.

'오기', 준비하기

한 지역 신문사는 소담고의 첫 입시 결과가 세종시교육청 혁신학교 정책의 성패를 가른다는 내용의 기사를 내보냈다. 세종시 유일의 혁신고등학교라는 타이틀은 구성원들에게 자부심을 줄 때도 많았다. 하지만 학력과 진학 문제에서 그것은 족쇄 같은 것이었다.

> ### 세종 교육혁신 판가름, 대입 성적표에 달려있다
> 《충청투데이》 2019. 11. 28.)
>
> 고교 유일 혁신학교 소담高 첫 대입성적 주목
> … 일각선 학력저하 시각도
> 일반고 학력신장 결과도 관심
> … 교육계 "혁신 프로젝트 등 중요한 시점"
>
> 출범 7년을 맞은 세종시교육청의 2020학년도 대입 성적표가 어떻게 펼쳐질지 교육계의 관심이 증폭되고 있다.
> 특히 이번 대입 성적표에는 세종시교육청의 핵심 교육정책인 '혁신학교'에 대한 학력신장 결과도 나와 이목을 집중시키고 있다. 지난 2017년 3월 개교한 혁신학교인 '소담고등학교'가 첫 졸업생을 배출하기 때문.

서울대 등 이른바 'SKY' 입성의 효자역할을 하는 과학예술영재학교와 국제고 등의 대입 결과도 관전 포인트다. 물론 혁신학교와 영재학교 등의 학교설립 목표가 'SKY' 입성은 아니지만, 학력신장을 열망하는 세종 학부모들의 바람을 외면할 수 없는 게 현주소다.

27일 세종시교육청에 따르면 '세종혁신학교'는 지난 4년의 운영 경험을 토대로 14개교에서 20개교로 확대했으며, 그중 4개교는 혁신학교를 심화하는 '자치학교'를 선정해 세종교육혁신을 선도하고 있다.

세종혁신학교 중 유일한 고등학교는 '소담고'이다. 올해 첫 졸업생을 배출하는 소담고의 대입 성적표는 혁신학교의 학력신장을 판가름할 수 있는 중요한 잣대가 될 것으로 보인다.

일각에선 혁신학교가 학생들의 자율성을 보장하는 교육과정을 펼친다는 점에서 학력신장에 한계점을 띠고 있다는 목소리도 제기되고 있다. 타지역 일부에서는 혁신학교가 학력을 저하시킨다는 이유로 부정적인 시각을 보내는 학부모들이 사례가 많이 발생하고 있다.

물론 혁신학교의 최종 목표는 'SKY' 진출이 아니라는 시각도 팽배하다.

하지만 학부모들의 관점은 다르다. 소담고의 한 학부모는 "소담고 학생들을 보면 학력신장보다 자율성에 초점이 맞춰져 대입 과정에서의 노력은 다소 부족하다는 목소리가 제기되고 있어, 내년 대입 성적이 어떻게 나올지 우려가 크다"고 전했다.

만약 소담고의 대입 성적이 초라하게 드러날 경우 혁신학교를 바라보는 학부모들의 부정적인 시각은 더욱 극대화될 것으로 보인다. 그만큼 소담고의 대입 결과가 중요한 시점이다.

농성장에서의 트라우마를 안고 나는 독기를 품었다. '혁신고등학교는 진로·진학에서는 반드시 실패할 것'이라는 고정관념을 깨부수고 싶었다. 2018년 겨울, 진로·진학 지도를 위한 공부에 몰두했다. 기존 학교의 방식이 아닌 혁신고의 방식으로 성공하고 싶었다. 그 방식이란 학교의 자원과 에너지를 일부 학생들에게 몰아주는 것이 아니라 모든 학생의 진로·진학 준비를 차별 없이 돕는 것이었다. '혁신과 입시'라는 이름의 전문적학습공동체를 만들었다. 선생님들이 열 분 가까이 참여하셨다! 혁신고 진로·진학 관련 도서들을 읽고 돌아가며 발제했다. 우리 학교에 적용할 수 있는 것들을 함께 읽고 찾고 토의했다. 저자 선생님들뿐 아니라 충청권 혁신고의 혁신부장님과 고3 부장님, 관내 베테랑 고3 부장님을 모시고 진로·진학 지도에 대한 강의도 들었다. 1월 방학 중 매주 모여 공부했지만 힘든 줄 몰랐다. 선생님들의 자발성과 열정이 빛나고 있었다.

진로·진학 관련 연수가 있으면 닥치는 대로 참여했다. 전국 어디든 찾아다녔다. 뭐가 뭔지도 모르고 교육청 대입지원단 마무리 워크숍에도 참여했다. 그곳에서 관내의 여러 고3 부장님들과 진로진학상담부장님들을 만나며 고민을 토로했다. 첫 고3 배출을 앞두고 어떻게 진로·진학 지도를 해야 하는지 배우고 싶다고 했다. 감사하게도 한 선생님이 내가 있는 테이블에 먼저 찾아오셔서 진학 지도의 노하우를 설명해 주셨다. 3학년 학교생활기록부 기재 시스템을 만드는 법, 창의적 체험활동에서 진행할 수 있는 탐구형 진로 프로그램 등에 대해 하나하나 알려주셨다. 듣는 족족 받아 적고 흡수했다. 다른 선생님들도 경험을 나눠주시고 첫 3학년부를 진심으로 격려해 주셨다.

그날 밤 숙소에서 홀로 밤을 꼬박 새우며 '소담고 진로·진학 로드맵'을 그렸다. 종이들을 붙여 큰 종이에 그동안 공부한 것과 조언 들은 것을 하나의 그림으로 만들었다. 다음 날 아침, 많은 도움을 주셨던 그 선생님께 바로 가져가서 보여드렸다. 추가 조언을 들은 후 초안을 '새 학년 준비 기간'에 선생님들께 공개했다. 워크숍을 진행하며 선생님들의 수정·보완 의견을 받아 로드맵을 완성했다. 초안을 지금 보면 어설프다는 생각이 많이 든다. 그러나 그때의 열망만큼은 여기에 가득 담겨 있다.

'모든' 학생을 위한 진로·진학 지도

2019년, 첫 3학년부가 출항했다. 고3을 지원했다. 학부모 설명회 날이 기억난다. 반별로 이동하여 학부모님들과 이야기 나누는 시간이었다. 동그랗게 둘러앉아 한 분 한 분 자녀 이야기와 고민을 들었다. 눈물 흘리는 학부모님들이 많았다. 우리는 아이들을 향한 공동 조력자라는 연대감이 나와 학부모님들을 따스하게 감쌌다. 학생들과 함께 학급 목표를 만들었다. 올해 우리가 지향하는 가치는 무엇인지 묻고 토의를 거쳐 만든 목표, 그것은 '모든 학생의 꿈이 존중받는 학급'이었다. 그리고 최대한 많은 시간 상담하려고 노력했다. 어떤 학생과도 빠짐없이 대화했고, 꿈을 찾고 나아갈 수 있도록 도왔다. 담임교사가 되고 보니 학생들의 종합적인 삶이 보였다. 성적 고민, 진로 고민, 교우 관계 고민, 부모님과의 갈등, 미래에 대한 불안 등등… 학생들이 표출했던 불안이 깊이 이해되었다. 그리고 나와 함께 학생자치와 생활협약을 꾸려 온 이 학생들의 온전한 삶과 미래를 위해 최선을 다해야겠다고 결심했다.

2019년, 2020년 연속 고3 담임을 하고, 2021년에는 3학년 부장을 했다. 3학년 선생님들을 중심으로 교과 선생님들, 진로진학상담부장님, 행정실 선생님들까지 한 팀이 되어 협력했다. 방향성은 '모든 학생을 위한 진로·진학 지도'였다. 그 내용은 첫째, 차별 없이 기회를 개방하고, 둘째, 모든 학생을 빠짐없이 넓게 지원하며, 셋째, 맞춤형으로 깊이 있게 지원하는 것이었다.

첫째, 일부 성적우수 학생에게 학교의 자원과 에너지를 몰아주지 않고 기회를 누구에게나 열어 두었다. 성적우수자를 위한 특별반을 만들지 않았다. 자율학습 시 사용할 칸막이 독서실 좌석이 수요에 비해 부족했지만 3년 내내 성적이 아닌 다른 기준으로 학생을 선발했다. 얼마나 많은 요일을 사용할 수 있는가를 기준으로 우선순위를 매기고 경합하면 추첨하는 식이었다. 2021학년도에는 진로진학상담부장님의 제안으로 '3학년부-진로진학상담부 연합 학교생활기록부 컨설팅'을 실시했다. 이 또한 일부 우수한 학생들에게만 신청 기회를 주지 않고 모든 학생에게 공지하여 희망자를 받았다. 본인의 학교생활기록부를 꼼꼼히 정리하는 수준의 성실성과 의지만 있으면 컨설팅을 받을 수 있었다. 어떤 학생의 학교생활기록부건 진로진학상담부장님과 담임 선생님들은 며칠을 투자해서 읽고 정리하고 분석했다. 머리를 맞대고 수 시간씩 학생의 학교생활기록부와 진로, 전공, 대학에 대해 고민했다. 면접 지도도 등급에 상관없이 모든 학생을 대상으로 성심성의껏 이뤄졌다. 서울대를 지망하는 학생이든, 전문대를 지망하는 학생이든 선생님들은 각 학생의 면접 실력을 최대한으로 끌어올리기 위해 반복 교육시켰다. 모의 면접 프로그램은 해가 갈수록 진화했다. 학생 희망 계열에 맞는 선생님들을 섭외해 3대 1로 실제 면접장과 유사한 환경에서 모의 면접이 진행되었다. 어떤 학생이든 두 번, 세 번 신청해서 받을 수 있었다. 담당 선생님들은 일정표를 수시로 변경해야 하는 어려움도 마다하고 모든 학생에게 여러 번 기회를 주었다. '면접 두레'도

운영했다. 원하는 학생들은 누구나 팀을 이뤄 지도교사를 섭외하고 자체적으로 면접 연습을 할 수 있도록 했다.

둘째, 모든 학생을 빠짐없이 지원하고자 노력했다. 각 반에서는 전체 학생을 대상으로 1년간 여러 차례 상담을 진행했다. 3월 개학 후, 1회고사 후, 2회고사 이후부터 여름방학까지의 기간, 2학기 개학 후 수시 원서철까지의 기간 등, 중요한 포인트마다 전체 상담을 했다. 우리 학교에서는 소수인 정시 준비 학생, 실기 준비 학생, 나아가 비진학 학생까지 챙기고자 노력했다. 오리엔테이션을 할 때, 공부 방법을 안내할 때, 공지문을 작성할 때, 이 학생들이 모두 언급되고 포괄될 수 있도록 했다. 정시 준비 학생들을 위해 '5주 포인트 수업' 같은 방과후 수업을 열고 여름방학 자율학습과 수능 대비반을 운영했다. 몇몇 선생님들은 자발적으로 저녁에 남아 모의고사 해설 강의를 해 주셨다. 비진학 학생들을 위해서는 지역의 청년 창업가와 청년 공동체 운영자를 초청해 특강을 열고 간담회를 진행했다. 수능 이후 프로그램으로 대학과 관계없이 20대 이후의 삶을 준비할 수 있도록 했다. 실기 준비 학생들을 위해서는 담임선생님들이 체육, 음악, 미술 등 분야별 입시 정보를 조사하고 PPT로 개인 포트폴리오 파일을 만들어주시기도 했다.

셋째, 학생 한 명 한 명을 맞춤형으로, 질적으로 깊이 있게 지원하고자 했다. 2월 '새 학년 준비기간'에 3학년부 선생님들이 학교생활기록부를 읽고 학생들을 미리 파악했다. 수정 사항이 나오면 3학년 진급 전에 교과 선생님들께 수정을 요청드렸다. 학생과 학부모님께 사전 설문조사지를 보내서 진로희망과 대학 진학 희망 여부, 희망 대학 및 전공, 고3을 앞두고 드는 고민 등에 대해 상세히 물었다. 이 기초 자료를 토대로 3월에 담임선생님들이 개인 프로파일 분석에 들어갔다. 모든 학생의 진로희망과 학교생활기록부 주요 내용과 내신 성적, 모의고사 성적 등을 엑셀 파일에 정리했다. 1회고사 이후 3학년부 선생님들이 모여 이 프로파일을 공유하고 함께 분석 작업을 했다. 각 반에서 상담이 쉽지 않은 사례들에 대해 담임선생님의 설명을 듣고 상담 방향에 대한 의견을 나눴다.

학교생활기록부의 질적 향상을 위해 3학년 교과 선생님들과 수업, 평가, 기록에 대해 상의했다. 3학년 수업이지만 문제 풀이에 매몰되는 것이 아니라, 발표, 탐구, 토의토론, 글쓰기, 독서 등 학생이 주도적으로 참여하고 발산적 사고가 가능한 수업과 수행평가들이 진행되었다. 방과후 수업으로 연 '인문사회 독서카페', '자연과학 독서카페'가 학생들의 많은 호응을 받기도 했다. 자기소개서 지도도 깊이 있게 이뤄졌다. 지원 전공과 관련되면서도 학생을 잘 아는 선생님들이 지도교사로 매칭되었다. 선생님들은 학생들과의 상담과 학교생활기록부 분석을 토대로 학생들의 이야기를 충분히 이끌어내고 평균 5~10회 정도 첨삭 지도해 주셨다. 첨삭과 다시 쓰기 과정은 학생, 교사 모두에게 보통 힘든 게 아니다. 하지만 그 과정을 통해 학생은 자기 자신에 대해, 교사는 학생에 대해 더 깊이 이해하게 되고, 이는 성장의 원동력이 된다.

학교자치를 통한 공교육 효과의 극대화

'모든 학생을 위한 진로·진학 지도'의 결과는 어땠을까? 1기 졸업생을 대상으로 한 아래 연구 자료를 보면, 진로·진학 지도의 '공정성, 효과성, 충분성'에 대한 학생들의 이야기를 들을 수 있다.

- "일반학교 애들은 특별반도 있고 오로지 성적, 개인 성적이 중요하다는 식으로 지내는데 저희는 활동 자체를 여러 가지 하니까 혁신학교는 성적만을 중요시하지 않는다고 느낀다."
- "공부 못하는 친구들도 데려가서 선생님이 진로에 대한 상담을 많이 해 준다. 내 친구도 선생님이랑 상담 결과 재수하든가 창업하든가 하는 친구가 있었다."
- "교사들이 학생들에게 먼저 물어봐서 진로에 대해 알아봐 준다."
- "학생들보다 먼저 대입에 신경 쓰고 생기부를 챙겨준다."
- "성적에 비해 대학교를 잘 갔는데 선생님이 자소서를 신경 써주신 덕분인 것 같다."
- "자소서 쓸 때, 인지하지 못한 장점을 엮어주신다."
- "오히려 관심이 없었는데 선생님이 추천해 주셔서 대학을 잘 갔다."
- "선생님이 개개인 신경을 많이 써주신다."
- "선생님이 하고 싶은 걸 하라고 늘 말씀해주신다. 우리 학교 학생들은 성적에 맞춰 여러 대학 지원한 친구보다 하고 싶은 과에 지원하는 경우가 많았다."

세종특별자치시교육청·(주)매화달커뮤니케이션, 〈세종 혁신학교 성과 발굴을 위한 조사 및 컨설팅 용역〉(2020. 2.)의 '학생 포커스 그룹 인터뷰 결과'에서

정량 지표에서는 여전히 성적 중상위권 학생들의 진로·진학 지도 만족도가 하위권보다 높게 나타나지만, 하위권 학생들의 경우 진로·진학 지도의 공정성에 대한 인식이 상대적으로 더 높게 도출된다. 2, 3기 졸업생들이 3학년일 때에는 진로·진학 지도의 방향성은 유지되는 가운데 시스템이 더 체계화되었다.

2부 학생과 함께 성장한 우리

이러한 진로·진학 지도의 바탕에는 선생님들의 헌신과 학교자치가 있었다. 무엇보다도 지난 3년간 고3 담임선생님들과 학년부장님들, 진로진학상담부장님이 헌신적인 노력을 했다. 잘하는 학생들은 더 잘하게, 진로를 찾지 못하고 방황하거나 성적이 좋지 않은 학생들은 스스로 길을 찾을 수 있게 끊임없이 상담하셨다. 1번부터 마지막 번호 학생까지 그야말로 '전체' 학생을 1년간 5~6차례 상담한 선생님, 학생 한 명 한 명에게 필요한 진로 정보와 대입 지원 전략을 조사·분석한 후 PPT로 만들어서 학생들에게 선물한 선생님도 계셨다. 선생님들은 수업 시간에 잠자기 일쑤이던 학생들을 깨워 진로를 찾아주셨고, 유급 위기에 놓인 학생들을 포기하지 않고 상담하여 고등학교 졸업은 물론 대학 진학까지 도전해 보게 하셨다.

면접 훈련도 엄청나게 시키셨다. 말을 더듬던 학생을 수십 번 지도하여 어려움을 극복하게 한 사례, 선도위원회에 들락거리며 방황하던 학생의 장점과 적성을 찾아주고 집중적인 면접 훈련을 시켜 대학에 합격시킨 사례, 면접 때 입을 옷이 없었던 학생에게 가족의 옷을 빌려주어 무사히 면접을 마칠 수 있게 한 사례 등, 미담이 셀 수 없이 많다. 자기소개서 봐 달라고 수 없이 찾아와도 귀찮아하지 않는 선생님들, 태풍이 몰아치던 여름방학에도 나와 수 시간 상담하시던 선생님들, 간이침대 사 놓고 눈 붙여가며 야근하고 주말과 방학도 없이 일하던 선생님들의 모습이 스쳐 지나간다.

학교 공동체의 자발성과 민주성은 진로·진학 분야에서도 힘을 발휘한다. 전문적학습공동체(전학공)를 통해 교사들의 진로·진학 지도 역량이 커졌다. 2019년 1월에 만들어진 '혁신과 입시' 전학공이 시즌 1, 2, 3으로 진화해 가며 2020년까지 운영되었다. 초기에는 직접적인 진학 지도 방법을 학습했다면, 나중에는 학교 전체의 '교육과정-수업-평가-

기록'에 대해 확장된 고민을 했다. 다양한 부서에서 관심 있는 선생님들이 자발적으로 참여하여 밤늦게까지 공부했다. 전국 학교들의 교육과정을 함께 분석하고 진로·진학 정책 자료들을 훑어보며 학년별 맞춤형 진로·진학 방안을 구상했다.

2021년에는 고3 담임교사 역량 강화를 위해 '3학년 진로·진학 동아리'를 운영했다. 개인 프로파일 공동 분석, 진학 지도 특강, 이전 고3 담임교사들과 함께하는 2020~2021 대입 결과 분석, 자기소개서 특강, 정시 상담 방법 특강 등… 숨 가쁜 일정이지만 이 모든 시간에 3학년 담임선생님들이 함께하셨다. 3학년부 자체 회의도 참 많이 했다. 학년 전체에 영향을 미치는 일을 결정해야 할 때, 해결해야 할 문제가 생겼을 때 항상 모였다. 학생들의 의견도 들었다. 가정학습 방침, 면학 분위기 조성, 수능대비반 운영 등, 학생들이 민감하게 생각하는 부분들에 대해 의견을 듣고자 노력했다. 다양한 의견이 오가며 부딪칠 때도 있었으나, 대화를 나누다 보면 우리는 어느새 가장 합리적인 안에 도달해 있었다. 집단 지성의 힘이었다.

이런 노력의 결과인지, 지역사회의 인식이 조금씩 변화하기 시작했다. 성적으로 차별하지 않고 성심성의껏 진로·진학 지도를 해주는 학교라는 입소문이 퍼져 나갔다. 자기 성적으로 갈 수 있는 대학보다 한 단계 더 '좋은 대학'에 간다는 이야기도 들려왔다. 이제 더 이상 '혁신고라서 불안하다'는 말은 들리지 않았다. 진로·진학 지도에 대한 신뢰가 생긴 것이다. 최근 중3 학생들 사이에서 소담고가 선호 학교가 되었다는 이야기를 들었다. 3년 전 농성장 장면이 스쳐지나갔다. 소담고에 가지 않게 해달라고 시위하던 학생들이 졸업하는 시점에 이런 소식을 들으니 기분이 참 이상했다.

그렇다면 혁신고 진로·진학 지도는 어떤 의미가 있을까? 두 가지로 생각을 정리해 보았다. 먼저, '공교육 효과'를 극대화하는 것이다. 가정환경의 격차는 학생들의 진학 격차를 더 심화시킨다. 학원에 다니지 않는 학생들도 학교 선생님들의 도움과 코칭만으로 진학에 필요한 정보를 얻고 준비할 수 있어야 한다고 생각했다. 진학에 영향을 미치는 불평등한 사회·경제적 조건과 가정 효과를 '학교 효과'로 상쇄시키는 것이다.

나아가 명문대 프레임에서 벗어나 모든 학생의 졸업 후 삶을 돕는 것이다. 진로·진학 지도를 하며 시시때때로 마음을 살폈다. 혁신고는 입시에서 실패할 것이라는 주변의 비난에 맞서 싸우다가 나도 어느새 명문대 진학률 높이기만을 목표로 달리는 괴물이 되어버리는 건 아닐까 두려웠다. '혁신고에서도 SKY와 의대 배출했어요!'라며 자랑스러워하고 끝나 버리면 주목받지 못하는 대다수 학생은 여전히 들러리가 되고, 혁신고는 존재 이유를 잃게 된다. 명문대 프레임에 갇히지 않으면서 모든 학생의 진로·진학을 각자에게 알맞게 지원하는 것이 중요하다. 대학을 가든 가지 않든, 어떤 대학을 가든 무슨 일을 하든, 모든 학생의 졸업 이후의 삶을 진정으로 고민하고 도왔는지 자문해야 하는 것이다.

어떤 학생들도 포기하지 않는 학교를 만드는 꿈

얼마 전 교원평가에서 한 학생이 이런 말을 써주었다. "선생님은 포기를 모르신다. 물론 전적으로 좋은 의미에서다." 자는 학생들을 끝까지 깨우고, 수업 중 방해 행동을 하는 학생들을 계속 수업에 끌어들이려 노력했다. "자는 학생 깨우지 마세요. 수업 흐름 끊겨요.", "선생님, 고2쯤 되면 공부하는 아이들, 안 하는 아이들이 갈려요. 그러니까 공부 안 하는 아이들 자꾸 참여시키려고 하지 마세요." 학생들에게 이런 이야기도 이따금 들었기에 교원평가의 저 말이 마음 깊이 와닿았다. 그리고 좀 더 생각해보았다. 나는 무엇을 포기하지 못하는가, 무엇을 포기하지 않아야 할까. 그 내용을 다음과 같이 정리해 보았다.

나는 어떤 학생들도 포기하지 않는 학교를 꿈꾼다.

첫째, 학생 한 명 한 명이 학교에서 자신의 존재감을 확인하고 관심과 지원을 받아 성장하는 꿈
- 오롯이 관심과 존중을 받아 본 학생들은 자존감의 씨앗을 품고 졸업하게 된다. 고등학교 때 학교가 자신을 존중하고 인정해 주었던 경험은 살아가면서 큰 자산이 된다.

둘째, 가정의 경제 자본과 문화 자본의 영향력을 줄이고 공교육의 '학교 효과'를 극대화하는 꿈
- 우리나라에서는 고등학교 졸업 후 사회·경제적 지위를 얻는 과정에서 가정의 사회·경제적 지위(SES)가 여전히 크게 작용한다. 모든 학생을 위한 보편적인 공교육 시스템은 '학교 효과'를 극대화해 이러한 '가정 효과'를 상쇄한다.

셋째, 학교 교육을 통해 학생 한 명 한 명이 더 나은 사회를 만들기 위한 역량을 기르는 꿈
- 학생들이 사회 어느 곳에서 숨 쉬며 살아가든, 세상이 좀 더 평등하고 평화로운 곳이 될 수 있도록 기여하길 바란다. 자기 권리와 타인의 권리를 모두 존중받고 존중하며, 인간의 삶의 질, 나아가 지구의 지속가능성까지 생각하며 연대할 수 있는 역량을 학교에서 기른다.

고등학교 시절, 나는 어른들과 사회로부터 이런 이야기를 듣고 싶었다. "그렇게 죽도록 애쓰지 않아도 괜찮아. 증명하지 않아도 괜찮아. 너는 너 자체로 소중해." 그리고 미래가 암담하게 느껴질 때 이야기 들어주고 같이 고민해 줄 든든한 어른들이 필요했다. 지금까지 내가 에너지를 쏟았던 민주시민교육과 진로·진학 지도의 원동력은 주로 기존 교육에 대한 반감과 오기, 투쟁이었다. 이제는 한발 더 나아가고 싶다. 어떤 학생도 포기하지 않는다는 꿈을 가지고 교육과정과 수업, 평가, 기록의 시스템을 만들고 싶다. 이를 통해 학교에서 '모든' 학생이 꼭 필요한 배움을 즐겁게 경험하도록 하고 싶다. 또한, 진학을 넘어 보다 포괄적인 진로교육을 고민하려고 한다. 학생들이 홀로 거대한 세상 앞에서 무거운 짐 지고 주저앉고 스러져 가지 않게, 그 짐 나눠 짊어지고 오솔길 함께 걸어가고 싶다.

함께 성장했던,
소담고 5년의 이야기

교사 윤정하

들어가며 – 나는 왜 혁신고에?

2014년 세종시 모 고등학교에 첫 발령을 받았다. 나도 교직의 첫 출발이지만 그 학교도 그해에 개교하는 신생 학교였다. 주변에서는 개교 학교라 힘들 거라며 걱정해 주었지만 나는 아무것도 모르는 의욕 충만한 신규 교사였기에 개교 학교라는 점이 오히려 마음에 들었다. 무엇이든 관습에 따르지 않고 내가 하는 만큼 해나갈 수 있을 줄 알았기 때문이다.

하지만 그러한 사기 충만한 생각이 깨지는 데는 불과 한 달도 걸리지 않았다. 당시 세종시는 비평준화로 고입 배정을 하고 있었는데 그 학교는 개교 학교라는 이유로 기존 학교들처럼 학생들이 배정되지 못했다. 그래서 모든 고등학교에서 탈락했거나 급하게 타시도에서 전입 온 학생들 100여 명 정도가 신입생으로 배정되었다. 나는 당시 그 얘기를 전해 듣고도 '그래, 뭐, 힘들어도 열심히 해보면 되겠지. 무슨 일 있겠어?'라며 대수롭지 않게 넘기려고 했다. 그런데 처음 인사하고 통성명한 지 몇 시간밖에 안 된 모 선생님께서 신입생 중 20~30명은 잘

라야 학교가 안정될 수 있을 거라고 하셨다. 아직 아이들 얼굴도 보지 못했고 이야기도 나눠보지 못했는데, 벌써 저런 생각을 하는 분이 있다는 생각에 충격을 받았다. 순간 욱하는 마음에 반대 의견을 낼까 하다가 함께 지내야 할 동료 교사분이기에 겉으로 아무렇지 않은 척 웃어넘겼다.

물론, 당시 나는 '모든 아이를 잘 챙기는 것이 교사의 역할 아냐?'라는 당돌한 생각을 하는 신규 교사였기에 그 선생님의 생각이 옳지 않다고 여겼지만, 이제는 그분이 왜 그런 말을 하셨는지 이해는 된다. 악의 없이 냉정하게 현실을 알려주면서 나를 걱정해주고 학교를 잘 안정시켜보자는 차원에서 한 말이었을 것이다. 그럼에도 그때의 경험이 '학교란 무엇인가?', '학교는 어떤 곳이어야 하는가?'에 대해 고민하는 중요한 계기가 된 것은 분명하다.

이후 그 학교는 그 선생님의 예상대로 수많은 사건 사고가 발생했고, 나는 첫해에 내가 맡은 반에서 4명의 자퇴원를 처리해야 했다(자퇴라고 쓰고 사실상 퇴학이라고 읽는다). 더군다나 나는 학생들의 생활을 담당하는 학생부 소속이기도 했기에 온갖 사건 사고 속에 학생들이 어려움을 겪는 부분이 무엇이고, 이것을 어떻게 해결해야 할지 더 많은 고민을 해야 했다.

그 학교는 학교 건물이 새것인 것 외에는 학교를 운영하는 철학이나 비전, 학교 민주주의, 수업 혁신, 교사들의 협력, 학생 중심의 학교 문화 등 많은 것이 과거에 머물러 있었다. 내가 학창시절에 겪었던 학교문화가 여전히 잔존하고 있었고, 그 속에서 아이들은 학교를 그저 버텨내야 하는 곳으로 살아가고 있었다. 물론 나도 그 학교의 한 명의 교사로서 그런 문화가 형성되는 데 책임이 있었다. 나도 일정 부분은 해오던 대로 아이들을 대하고 있었고, 그 과정에서 여러 번 파열음

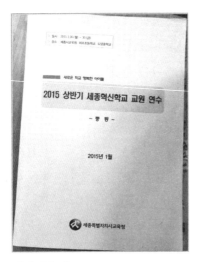
혁신 연수 자료

이 발생하기도 했다. 물론 그 학교에 있는 동안 부정적인 일들만 있었던 것은 아니다. 좋은 동료들을 만나 의미 있는 교육활동들을 함께 시도해보기도 했고, 자청하여 하게 된 학생자치 업무를 진행하면서 학생들과 함께 학생자치의 뼈대를 만들어가며 보람도 많았다. 하지만 그럼에도 새로운 학교문화에 대한 갈망은 커져 갔고, 그러던 차에 의미 있는 혁신학교 연수를 만나게 되었다.

2015년에 만난 혁신학교 연수는 교육청에서 기획한 연수로, 초급 과정과 심화 과정이 있었다. 나는 조금 더 길게 혁신학교 선생님들을 만날 수 있었던 심화 과정을 선택하여 참여했다. 연수 후 6년이 지나서 어떤 내용이 있었는지 지금은 기억나지 않지만, 그때까지 막연하게 알고 있었던 혁신학교 또는 학교혁신의 모습을 다양한 분야에 걸쳐 구체적으로 접할 수 있었다. 학교 현장에서 학교혁신을 몸으로 부딪쳐 실천하고 계신 선배 교사들의 눈빛은 살아있었고, 그들의 입에서 나오는 이야기는 가슴을 설레게 했다. 언젠가 꼭 그런 학교를 만들어가는 데 나의 에너지를 쏟고 싶다는 생각을 굳혀준 연수였다.

물은 한꺼번에 밀려드는 법이라고, 연수가 끝나고 얼마 지나지 않아 세종시 첫 혁신고의 개교팀을 모집한다는 공문을 접수하게 되었다. 기회를 놓치고 싶지 않았고, 그동안 학교 간 연구회를 통해 알게 된 열정 가득한 선생님들을 모아 팀을 조직하고 개교 작업에 응모했

　　　　　　　　　　　　2부 학생과 함께 성장한 우리

다. 몇 차례의 발표와 심사 과정을 통해 우리 팀은 혁신고 정식 개교팀이 되었고, 2017년 1월부터 2월까지 2개월간 숨 가쁜 개교 업무를 마치고 드디어 2017년 3월에 새로 오신 선생님들, 신입생과 학부모님들과 함께 소담고의 첫 시작을 할 수 있게 되었다. 돌아보면 만만치 않은 과정들이었지만, 내가 이런 기회를 얻을 수 있었다는 것이 참으로 행운이라는 생각이 든다. 결국, 이렇게 해서 나는 혁신고 소담고에 오게 되었다.

개교, '단짠'의 맛

소담고에 오기 전 학교도, 소담고도 개교 학교인 것은 마찬가지지만 이전 학교는 내가 개교 작업의 실무를 담당하지는 않았다. 그러나 소담고의 경우는 3월 이전부터 별도로 차려진 사무실에 2개월간 출근하며 개교 업무를 했고, 3월 이후로는 적어도 2년 동안은 교무학사 부분의 중요한 개교 업무를 맡아 처리했다. 개교 당시 나는 교직 경력이 만 3년밖에 되지 않는 저경력 교사였고 그 3년마저도 담임 경력뿐이었다. 물론, 이전 학교가 개교 학교라 담임 외 업무도 적지않게 배정되어 있어서 학교 일을 어느 정도 처리한 경험이 있었지만, 아예 개교 학교의 처음부터 학교의 중추적인 업무를 능수능란하게 처리하기에는 너무나 역량이 부족한 상태였다. 하지만 어쨌든 학교는 개교해야 했고, 그 일을 누군가는 해야 했다. 개교팀의 교사는 총 4명이었는데 한 명은 고경력 교사, 나머지 세 명은 나와 비슷한 경력교사들이었다. 아쉽게도 고경력 교사분은 개인 사정으로 개교 첫 학기에 바로 합류하시지 못했고, 나머지 세 명이 각기 저마다 그래도 잘할 수 있는 분야를 맡아 시작해보기로 했다.

나는 개교 업무가 한창 많았던 2017, 2018년에 4개의 부장을 자의 반 타의 반으로 겸직하며(교무, 과정, 혁신, 정보) 수많은 일을 처리해야 했다. 야근이 거의 일상이 되었고, 자정이 되어 퇴근한 적도 부지기수였다. 일반적인 학교였다면 상상도 할 수 없고, 진작 번아웃되어 모든 것을 놓아버렸겠지만, 내가 선택한 길이고 일한 만큼 학생들의 성장이 기대되었기에 일이 많다는 것이 충분히 견딜 만했다. 희망을 가질 수 있다는 것이 이렇게 큰 에너지가 된다는 것이 새삼 놀라웠다.

새로운 관점으로 학교 업무하기

앞에서 언급했듯이 나는 소담고 첫 1, 2년 동안 학교 운영의 가장 핵심적인 업무들이 중첩되어 있는 부서에서 일했다. 개교 상황에서 처리해야 할 업무들의 절대적인 양이 상당했지만, 새로운 학교를 만들어 보자고 왔으니 업무 처리 방식에서도 일반학고와는 다른 관점에서 접근해보려고 했다.

첫 번째는 학생을 최우선으로 생각한 교무 업무분장이었다. 소담고의 정식 개교는 3월 2일이고, 교장 선생님을 비롯한 새로운 선생님들의 발령은 3월 1일이었기 때문에 학교 운영에 기본적인 사항들은 개교팀의 주도하에 미리 준비되어야 했다. 특히, 교사들의 업무분장이 가장 중요한 사항 중 하나였는데, 개교 학교들이 으레 하는 방식에서 벗어나 새로운 관점에서 업무를 조직해보기로 했다. 개교 학교의 경우에는 통상적인 학교 업무에 개교 업무까지 더해지기 때문에 업무량이 상당한데, 개교 학교는 완성 학급이 아니기 때문에 교사 수도 적어서 교사 1인당 맡아야 하는 일이 상상을 초월한다. 그래서 개교 학교들은 일반적으로 담임교사에게도 학교 업무의 상당 부분을 배정한다.

하지만 소담고는 이런 방식을 택하지 않기로 했다. 학생들에게 매일 직접 영향을 주는 담임교사에게 학교 업무를 배정하지 않기로 하고, 비담임들이 모든 것을 전담하는 방향으로 큰 원칙을 세운 것이다. 다만, 워낙 교사가 적어서 담임교사의 학교 업무를 완전히 없애지는 못했고, 상대적으로 담임 업무와 근접성이 높은 학생부 업무까지는 담임교사가 소속된 학년부에서 맡는 방향으로 업무분장을 설계했다. 이를 통해 개교의 어려운 상황에서도 담임교사들이 중심을 잃지 않고 학생들에게 초점을 맞출 수 있는 충분한 시간을 마련할 수 있었다. 그리고 이후에는 학급과 교사 수가 늘어남에 따라 자연스럽게 학생부 업무마저 업무팀에 이관되면서 개교 초창기의 업무 분담 원리가 자리 잡게 되었다.

두 번째는 충분한 회의 시간 마련이었다. 나는 학교의 교육력을 보여주는 중요한 기준의 하나가 그 학교 교사들의 회의 문화 또는 의사결정 문화라고 생각한다. 이것은 학교 민주주의의 하위 항목이기도 할 텐데, 적절한 회의 빈도, 안건 중심 회의, 회의 결정사항의 투명한 공유와 분명한 집행 등이 이루어질 때 교사들의 학교 효능감은 높아지고 교육활동의 높은 질도 담보될 것이다. 하지만 이러한 이상적인 회의 문화를 갖추기에 대한민국 고등학교의 현실은 녹록지 않다. 크게 두 가지 원인이 있다고 보는데, 첫째는 빡빡한 일과 진행으로 인한 턱없이 부족한 회의 시간이고, 둘째는 회의 문화에 대한 부정적인 인식 내지는 낮은 효능감이다. 여기서 후자는 전자가 해결되지 않으면 근본적으로 해결될 수 없기 때문에 우선 급하게 해결해야 하는 것은 충분한 회의 시간의 마련이라고 생각했다.

요일 교시	월	화	수	목	금
1	정규수업	정규수업	정규수업	정규수업	정규수업
2					
3					
4					
5			학생 자치		
6			학생 교과 동아리 및 교사 성장 프로그램		
7					

소담고 초기 수업 시간 운영

나는 학사일정을 기획하고 조율할 수 있는 교무부에 있었기 때문에 이 문제를 개선하기 위한 하나의 안을 제시했다. 대단한 것은 아니고 과다하게 배정된 수업시수를 줄이고 그 줄인 시수만큼 회의 시간을 마련한 것이다. 즉, 창의적 체험활동 시간을 국가 교육과정에서 제시하는 최소 기준으로 배정하되 활동 내용은 최대한 밀도 있게 진행하고, 그렇게 해서 만들어진 시간을 교사들의 회의 시간으로 확보하는 방안이었다. 당시 소담고는 수요일에 정규 수업을 4교시까지만 하고 5, 6, 7교시에 창의적 체험활동을 배정해야 했는데, 이 창의적 체험활동 시간을 학기별 최소 시수로 잡으면 격주로 5교시까지만 해도 학기말 시수에 문제가 없다는 결론이 나왔다. 그래서 격주로 5교시까지만 수업을 한 후 하교시키고 나머지 6, 7교시 동안 교사들끼리 온전한 회의 시간을 갖기로 했다. 그리고 이 시간을 체계적으로 운영하기 위하여 이 날들을 이른바 '전문적학습공동체의 날'로 정하고(초기에는 교사 성장 프로그램으로 칭했다) 수업이나 그 밖의 교육활동에 대해 다양하게 협의를 진행했다. 물론, 실제로 운영하다 보니 의도치 않게 이 귀중한 시간이 일방적인 연수 시간이 되어버리거나 각자 밀린 업무를 처리하는 시간이

2부 학생과 함께 성장한 우리

되어버리기도 했지만, 그럼에도 개교 초창기에 협의가 필요했던 많은 사안을 충분히 숙의할 수 있는 시간이 되었다는 점에서 큰 의미가 있었다고 생각한다.

세 번째는 전입생에 대한 더 친절한 안내였다. 개교 초창기에는 소담고에 꽤 많은 전입생이 들어왔다. 전입생이 새로운 학교로 오게 되면 대부분 바짝 긴장한 상태로 학교에 들어와 학적 선생님으로부터 기본적인 사항들(학급 및 담임 배정, 교과서 및 교복 구매 등)을 안내받고 곧바로 담임교사에게 인계되는 과정을 거치는 것이 일반적이다. 그런데 이런 과정이 과연 전입생에게 충분할까 의문이 들었다. 낯선 건물, 낯선 사람들, 낯선 급식… 모든 것이 낯선 것들로 가득한 학교로 온다는 것이 전입생을 얼마나 불안하게 할까. 학교가 조금 더 친절해져야 한다고 생각했다.

그래서 개선책으로 하나의 중간 과정을 추가했다. 학적 파트에서 담임교사에게 인계하는 과정 중간에 교무혁신부가 학교에 대한 추가 안내를 하게 했다. 담당자였던 나는 전입생 본인뿐만 아니라 학부모님까지 반드시 같이 학교에 오시게 해서 학교생활에 필요한 정보들을 알려드렸다. 혁신학교가 일반학교와 무엇이 다른지, 교육과정은 어떻게 운영되고 생활규정은 어떻게 되는지, 가입 가능한 교과동아리와 자율동아리는 어떻게 되는지, 학교의 문화는 어떠한지 등 모든 전입생에게 같은 방식으로 추가 안내를 드렸다. 그리고 이런 과정이 학교 시스템으로 자리 잡았으면 좋겠다는 생각으로 학적-교무부-담임-행정실이 4단계로 이어지는 전입생 안내 매뉴얼(제목이 '소담고 전입생 안전하고 빠르게 뿌리 내리기'였다)을 만들어 전체 선생님들과 공유했다. 학적과 담임교사 선에서 안내되어야 할 목록도 추가하고 전체적으로 재정리했는데, 이렇게 하고 나니 전입 과정이 한결 체계적으로 변화되었다는 생각이 들었다. 전입생들에게 직접 물어보지는 못했지만, 그 학생들도 소담고가 '조금은 더 친절한' 학교라고 생각하지 않았을까 조심스럽게 추측해본다. 학기말에 전입생이 한꺼번에 많이 들어와서 업무에 과부하가걸렸을 때는 학생회와 협조하는 방식으로도 일을 진행했는데, 학생회가 전입생들을 대상으로 생활규정을 안내하고 학교에 대해 궁금한 것들을 답해주는 시간을 갖기도 했다.

위에서 말한 세 가지 외에도 새로운 접근을 시도한 것들이 꽤 있었는데, 예를 들어 학교 공간을 가능한 범위에서 최대한 교육적인 것들로 구성해보려고 했다. 그래서 완전하지는 않지만 학생 휴게실 공간을 조성하고, 좀더 아늑한 분위기에서 회의가 진행될 수 있도록 교사들의 회의 공간을 조성하기도 했다. 학생회의 활성화를 위해 학생회실을 최대한 학생들의 편의에 맞도록 구성하려 했고, 학생들에게 직접적인 영향을 주는 생활규정은 당사자인 학생의 의견을 최대한 수렴하여 정하려 했다. 또한 교가를 만드는 데 외부 업체에 맡기지 않고 작곡은 음악 교사가, 작사는 전교생이 함께 만들어갔다. 특히, 수업과 연계하여 각 반에서 만든 가사를 서로 연결하여 만든 가사여서 더 의미 있는 교가가 되지 않았나 싶다. 교복도 마찬가지였는데, 교복 디자인 교내 대회를 개최하여 학생들이 출품한 작품 중 최우수작을 교복으로 지정했다. 한편, 연말에 이루어지는 업무분장의 경우에는 인사자문위원회를 기본으로 하고 추가 지원자를 받아 업무 재구조화 TF를 구성하여 가장 합리적인 업무분장안을 만들고자 노력했다. 이는 시간이 조금 더 걸리더라도 최대한 모두에게 합리적이고 공평한 업무분장이 이루어지는 것이 더 중요하다는 판단을 전제로 한 일이다.

지금까지 말한 것은 나의 제안으로 시작된 것도 있고, 다른 선생님들의 의견에 따라 함께 일을 추진한 것도 있다. 하지만 누가 그것을 처음 제안하고 추진했는지가 중요한 게 아니라 관성적인 기존 업무 처리 방식을 새로운 관점에서 접근해보는 것 자체가 중요하다는 점을 말하고 싶다.

학교 비전과 목표 세우기

어느 학교나 학년초가 되면 '학교 교육과정 계획서(또는 학교 교육계획)'를 만드는데, 일반적으로 앞 장에는 그 학교의 교육 비전과 교육 목표가 잘 정리된 그림 안에 제시된다. 짐작건대 많은 학교의 비전과 목표는 그 학교의 초대 또는 역대 교장 선생님의 경영 철학에 따르거나 교육과정 계획서를 만드는 부서의 생각에 따라 만들어질 것이다. 하지만 이런 과정 때문에 학교의 비전과 목표는 일부 누군가의 비전과 목표로만 남게 되고 전체적인 교육활동에 유기적인 영향을 주지 못하는, 그야말로 목표를 위한 목표로 기능하게 된다. 물론 '성공적인 진학'이라는 대한민국 일반고의 전국적 목표가 공공연한 상황에서 이와 다른 목표를 정한다 한들 과연 그것이 유효하게 학교 구성원들에게 힘을 지닐까 싶을 수도 있다. 하지만 그럼에도 혁신학교는 기존 목표에 더하여 학교 공동체성을 통해 더 나은 학생들의 성장을 지향하는 학교이기 때문에 비전과 목표도 그런 가치 속에서 만들어져야 한다고 생각했다. 물론 나만의 생각은 아니었고, 개교 당시 교장 선생님 이하 많은 선생님이 이에 동의해 주셔서 우리가 직접 만드는 소담고의 비전과 목표가 탄생할 수 있었다.

우리는 자체적으로 비전과 목표를 도출해낼 기술이 아직은 부족했기 때문에 경기도에서 혁신학교를 경험하신 선생님의 연수를 듣고 그 자리에서 교원들이 함께 비전과 목표를 만들었다. 각자가 가장 중요

함께 학교 교육목표 세우기

하게 생각하는 교육적 가치들에 대해 개념 중심으로 의견을 내고, 서로 공통적으로 추구하는 가치를 추려갔다. '존중', '배려', '더불어', '성장', '행복'이라는 가치들이 합의되었고, 이것을 하나의 문장으로 만든 것이 '존중과 배려로 더불어 성장하는 행복한 학교'라는 소담고만의 교육 비전이 만들어졌다. 그리고 다음 시간에는 자체적인 협의를 통하여 '창의성과 인성을 겸비한 민주시민 육성'을 학교의 교육 목표로 합의하고 국가 교육과정의 핵심역량과 4대 학교혁신 과제를 접목시켜 소담고만의 교육 목표 체계를 구성했다. 그리고 여기에 3주체로부터 의견을 수렴한 바람직한 학생상, 교사상, 학부모상을 추가했다. 만들어가는 과정이 간단하지 않았지만, 함께 만들었기 때문에 모두가 공유할 수 있었고 여기서부터 다양한 교육활동을 유기적으로 연결시킬 수 있었다.

역동적인 학생자치를 만들어가다

이전 학교에서 내가 가장 즐겁게 했던 업무는 학생자치였고, 소담고에 와서도 가장 열심히 해보고 싶었던 것이 학생자치였다. 학생회를 중심으로 학생들의 무한한 창의성과 역동성을 보는 것이 이 일을 하는 가장 큰 보람일 것인데, 소담고에 와서는 이 일을 더 제대로 해보고 싶었다. 나는 2017, 2018년에는 학생자치를 업무로 두고 있는 부서의 장으로서 학생자치 업무를 뒤에서 조력했고, 2020년에는 부서장이자 실무를 겸하면서 학생자치에 많은 에너지를 쏟았다.

초기의 학생자치는 생활규정을 만들어가는 과정에서 성장했다. 이전 학교에서 내가 가장 크게 느낀 문제의식은 '학생들이 생활규정을 잘 따르지 않고 오히려 저항하기까지 한다고 많은 선생님들의 불만이 많은데, 그것을 학생들과 함께 만들면 그런 불만이 줄어들지 않을까? 왜 저렇게 굳이 어려운 길을 고집하는 거지?'였다. 물론, 생각은 이렇게 했지만 그분들이 왜 그렇게 생각하셨는지 그때도 알고 있었고 지금도 잘 알고 있다. 중요한 것은 인식의 전환과 실천 의지가 아닐까. 나는 학생들에게도 좋지만 교사들이 편해지기 위해서라도 생활규정은 학생들과 함께 만들어가야 모두에게 유익한 결과가 있고, 이 과정은 학생자치와 함께 이루어질 때 더 큰 교육적 효과가 나오리라 생각했다.

소담고의 학생생활규정은 다른 학교와 달리 네 가지로 나누어 제정되었다. 우선, 학생자치를 독립적인 영역으로 자리매김하고 성장시키기 위해 학생자치 영역을 분리 독립하여 하나의 완결적인 '학생자치규정'으로 제정했다. 그리고 학생이 지키지 않으면 징계가 따르는 타율규정인 '공동체 저해행위에 관한 규정'(이하 '저해규정')과 학생, 학부모, 교사(이후에는 교직원으로 확대) 3주체가 서로 합의한 생활약속을 자율적으

협약 개정을 위한 학생다모임

로 지켜보자는 '3주체 생활협약'(이하 '협약')으로 나누어 제정했다. 마지막으로 학생 포상과 관련한 규정을 별도로 만들었다.

당시 내가 속했던 부서의 업무에 학생자치와 학교 규정 제·개정이 모두 있었기 때문에 학생자치를 통한 학생생활규정 제정을 통합적·유기적으로 수월하게 할 수 있었던 것은 참으로 다행스런 일이었다. 여러 규정 중에서 특히 공을 많이 들인 것은 '협약' 제정이다. 담당 주무 선생님과 학생회 임원들의 헌신, 그리고 여러 선생님과 학부모님의 협조로 최초 의견 수렴, 수업 내 토론, 공청회, 3주체 모임, 각종 대회 연계, 학교운영위원회, 선포식까지 많은 과정을 거쳐 '협약'이 완성되었고, 학생 중심 학교문화의 큰 토대를 형성하게 되었다. '협약' 내용 자체도 중요하지만, 그것을 만들고 지켜가는 과정이 곧 학생자치의 성장이었고, 수업과 생활교육의 연계였으며, 민주시민교육이었다.

이 경험을 통해 학생들은 학교에서 주인공이 되었고, 학교 효능감을 맛보게 되었다. 이후 매년 '협약'이나 '저해규정'을 개정할 때는 학

2부 학생과 함께 성장한 우리

생 대표들이 참여하는 공식적인 개정위원회의 협의를 거치는데, 이 과정을 통해 학생들은 '우리가 만든 규정이니 우리가 지켜야 한다'는 의식을 더욱 강화할 수 있었다.

'협약' 제정을 통해 학생자치의 기초 체력을 기른 뒤 2018년부터 학생자치는 조직 구조조정을 통해 새로운 모습으로 거듭났다. 국가의 민주적인 운영 원리에 따라 삼권분립 구조로 학생회를 재편한 것인데, 대의원회-입법부, 집행위원회-행정부, 자치법원-사법부로 학생회 조직을 삼분화하여 상호 협력과 견제를 도모하게 했다. 비록 내가 제안하고 학생회가 반신반의로 받아들여 시작된 것이지만, 오래지 않아 학생회는 자체적인 운영 동력을 마련하고 창의성을 가미하여 현재까지 소담고 학생자치의 상징으로 잘 가꿔오고 있다. 특히, 학생회장단과 집행위원회를 중심으로 학생회의 꽃이라 할 수 있는 많은 프로젝트를 기획하고 실행하면서 매년 이루어지는 학교 자체평가에서 가장 잘 운영되는 교육활동으로 평가받고 있고, 몇 차례 대외 수상을 하기도 했다. 이러한 결과는 연구 결과로도 증명되었는데, 2019년도말 1기 학생들(당시 3학년) 전체를 대상으로 한 혁신학교 효과성 연구에서 학생회 활동에 참여한 학생인 경우 여러 정의적 영역에서 두드러진 결과값을 보여주기도 했다.

물론, 소담고 학생자치가 해결해야 할 과제들도 있다. 학생회에 속한 학생들만의 학생자치가 아니라 모두의 학생자치가 되는 방향은 무엇인가, 고교학점제 시행에 발맞추어 학교 교육과정 운영과 학생자치의 관계를 어떻게 맺어야 할 것인가, 삼권분립의 한 축인 자치법정의 존재와 역할은 어떻게 규정해야 할 것인가 등, 학생자치 운영의 근본을 성찰하고 변화를 모색할 필요가 있다.

질문 있습니다! 토론합시다!

나는 한국사, 세계사, 동아시아사를 가르치는 역사교사다. 교사들은 저마다 자기가 꿈꾸는 수업의 모습이 있을 텐데, 내가 추구하는 내 역사 수업의 가장 이상적인 모습은 학생들이 역사를 암기의 대상으로 여기지 않고, 역사를 통해 많은 생각을 하게 되는 수업이다. 생각을 많이 한다는 것은 자신의 주관을 지닐 수 있게 된다는 뜻이며, 그것을 가능하게 하는 수업의 형태는 다양할 것이다. 내 수업에서 강의가 많은 비중을 차지하긴 하지만 그 속에서도 교사가 일방적으로 내용을 전달하기만 해서는 안 된다는 생각에 나는 꼭 내 수업에 질문 수행평가를 넣는다. 나는 늘 학생들에게 말한다.

"선생님도 모든 역사를 다 아는 것이 아니기 때문에 틀릴 수 있습니다. 여러분이 질문을 많이 해서 의문을 해결해 가고 종종 제가 답을 못 하는 것들은 저도 공부해서 여러분에게 다시 알려주겠습니다. 서로 같이 배워 갑시다."

학생들은 대단히 창의적이어서 생각지도 못한 질문들을 여기저기서 쏟아내고, 나는 답을 제대로 하지 못해 쩔쩔매는 경우가 많았다.

"고려 시대 때 스님들은 머리를 어떻게 깎았나요?"

"세종대왕이 실패했던 정책은 없나요?"

"친일파였다가 독립운동으로 전향한 사람은 없나요?"

1학기 때 말문을 열지 못하고 쭈뼛거리던 학생들은 주변 친구들이 거리낌 없이 질문하는 모습을 관찰하다가 '질문하는 것이 큰 일이 아니구나, 나도 해볼 수 있겠다'라고 마음먹고 2학기 때부터는 질문하기 위해 조심스럽게 손을 들기 시작한다. 전체로 보면 아무 일도 아니지만 그 학생에게는 아주 큰 변화다.

한국사 토론 수업

　역사를 소재로 활발하게 사고하고 치열하게 소통하는 데는 토론이
제격이라는 생각이 들었다. 매 학기 두 차례 정도 토론 수업을 하는데,
학생들이 치열하게 의견을 주고받는 모습을 보고 있으면 '역사가 암기
만은 아니란다'라는 인식을 심어주는 것 같아서 뿌듯해지기도 했다.
'광해군의 폐위는 타당한가?'라는 주제로 토론할 때 왕의 업적과 악행
을 서로의 주장과 반론 속에 제시하게 하고 토론 후에는 모든 근거를
종합하여 논술로 자기 생각을 정리하게 했다. 학생들에게 학기말 수업
평가를 받아보면 여러 활동 중에 토론이 가장 재밌고 유익했다고 하는
데, 교사가 일방적으로 내용을 전달하는 것보다 자기들끼리 생각을 치
열하게 주고받는 것에 흥미를 느낀 게 아닐까 한다.

　잘 되는 활동 위주로 거창하게 적어놓긴 했지만, 아직도 나는 수업
에서 강의를 많이 하는 편이고 그럴 때마다 학생들이 많은 지식을 수
동적으로 받아들일 수밖에 없는 것에 늘 미안한 마음이 크다. 전적으
로 내가 부족한 탓이고, 더 공부해야겠다는 생각을 많이 하게 된다. 더
군다나 혁신학교에서 가장 큰 혁신이 일어나야 하는 부분은 역시 수
업이고, 그 혁신의 방향은 학생들이 자신의 세계를 만들어가고 타인과

함께 살아가는 법을 배울 수 있게 도와주어야 하는 것이 아닐까? 내 역사 수업은 이 방향에 맞게 가고 있는지 여전히 불분명하지만, 혁신학교답게 학생들과 소통해가다 보면 언젠가 그 방향 언저리에나마 도달할 수 있으리라는 희망을 갖고 있다.

배움이 있는 수학여행을 그려보다

소담고는 개교 이래 두 번 수학여행을 갔다. 장소는 모두 제주도다. 아름다운 제주도의 자연 속에서 친구들과 뛰노는 것도 물론 좋지만, 그래도 한 가지 정도는 색다르게 의미를 남기는 여행이었으면 했다.

첫 수학여행은 2018년인데, 마침 이 해는 제주 4·3 사건이 발생한 지 70주년이 되는 해였다. 소담고의 첫 수학여행이자, 나의 고향이고, 70주년이라는 3박자가 이 수학여행을 그냥 흘러보낼 수 없는 이유를 만들기에 충분했다. 나는 2학년 수업을 맡고 있는 여러 선생님께 수업 연계 제안을 했고, 대부분 흔쾌히 응하여 학생들에게 의미 있는 수학여행 프로젝트가 성사될 수 있었다. 인문 분야로는 제주 4·3 사건, 자연과학 분야로는 제주의 자연환경을 주제로 교과 연계 프로젝트를 구성했고, 일주일 남짓한 동안 다채로운 수업이 이루어졌다.

나는 2학년에 한국사 수업이 없었기 때문에 다른 수업 시간을 빌려 제주 4·3 사건에 대해 학생들에게 알려주고, 사건 피해자, 가해자, 의인들의 이야기를 공유하는 시간을 가졌다. 마지막에는 4·3 사건을 상징하는 동백꽃 배지를 학생들에게 나눠주었는데, 나중에 학생들 가방 군데군데 동백꽃이 피어있는 모습을 발견하고는 뭉클해지기도 했다. 맑은 가을날의 수학여행이 끝난 후 한 학생이 교지에 글을 남긴 것을 보았는데, "기억이 없는 곳에 역사가 없다.", "그들의 비통한 죽음을 결

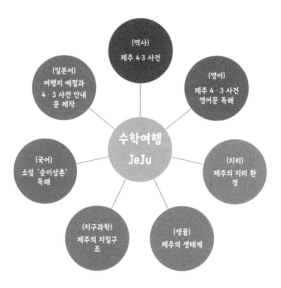

수학여행 교과 연계 학습 내용

코 잊지 않을 것이다."라는 말 속에 이 학생에게 제주 수학여행이 어떤 의미로 남았을지 상상해보기도 했다. 어떤 학생은 졸업 후 돌아보니 이 수학여행이 가장 기억에 남았다는 소회를 밝히기도 했다.

2019년에도 제주도로 수학여행을 갔기 때문에 비슷한 형식의 프로젝트를 진행했다. 다만, 한 가지 특별 수업을 추가했다. 국어 시간에 배운 〈순이 삼촌〉의 저자 현기영 작가님과의 시간을 가진 것이다. 작가님이 세종시에서 강연을 한다는 소식을 우연히 듣게 된 나는 작가님을 섭외하겠다는 일념으로 강연에 참석하고 원하던 바를 이룰 수 있었다. 작가님이 오시기 전 소설을 읽고 질문까지 준비한 학생들은 작가와의 만남 시간을 통해 소설과 제주 4·3 사건을 더 깊게 이해할 수 있었고, 더 의미 있는 수학여행을 할 수 있었다. 안타깝게도 2020년 이후로는 코로나19 감염병이 확산하여 계속 수학여행을 가지 못하고 있지만, 언젠가 이 상황이 종결되면 이 두 번의 추억을 바탕으로 의미 있는 수학여행 프로젝트가 지속되었으면 하는 바람이다.

학기말도 알차게!: 수업량 유연화에 의한 학교 자율적 교육활동

요즘 입시에서 가장 중요한 문서는 학교생활기록부다. 학생들은 3년 동안 자신의 학교생활기록부가 알차게 채워지도록 다양한 학교 활동에 참여해야 하는데, 교사들은 이러한 학생들의 활동 사실과 그에 대한 역량 평가를 정성적으로 담아 학교생활기록부를 작성한다. 학교생활기록부는 학생의 인적사항, 성적, 과목별 세부 특기사항, 동아리활동, 종합 발달상황 등 다양한 영역에 걸쳐 기록하는데, 여러 영역 중에 가장 잘 쓰이지 않던 부분 중의 하나가 담임교사가 입력하는 '개인별 세부능력 특기사항'이다.

이 항목은 기재 내용이 대단히 제한되어 있었는데 2020년 '학교생활기록부 기재요령'부터 이 부분이 일부 수정되면서 학교에서 새로운 교육활동을 수행하고 이를 기록할 수 있는 길이 열리게 되었다. 이른바 '수업량 유연화에 의한 학교 자율적 교육활동'이란 것인데, 그 핵심은 과목들의 일부 수업 시간을 할애하고(1단위 17시간 중 1시간) 그 시간들을 모아 과목 간 융합 수업을 하는 것이다. 즉, 학년에 없는 일종의 새로운 융합 과목 하나를 만들고 그 수업 시간에 학생들이 활동한 내용을 '개인별 세부능력 특기사항'에 기재하는 것이다. 그리고 이 융합 수업은 대체로 모든 수업과 평가가 종료되는 학기말에 집중적으로 하게 되는 구조적 특징이 있기 때문에 그동안 방치되다시피 했던 학기말의 교실이 새로운 배움으로 채워질 기회가 마련될 수 있었다.

2020년 새 학년 준비기간 중 이런 수업 활동을 할 수 있다고 알게 된 소담고 교사들은 머리를 맞대고 학생들을 위한 새로운 교육 프로젝

2부 학생과 함께 성장한 우리

트를 고안해 냈다. 당시 나는 이 프로젝트의 실무를 맡아 여러 선생님의 의견을 모으고 교육청과 소통도 하면서 계획을 점차 완성해 갔다. 모든 학년이 공통적으로 하게 된 주제는 '코로나19와 미래사회'였다.

과목명	시간	세부 주제	교수·학습 방법	시기
화법과작문	4시간	•코로나19로 보는 언론 보도 윤리	•주제에 대한 모둠별 자료 탐색, 토의, 분석, 발표	8월말
동아시아사	3시간	•동아시아 각국의 정치 형태와 코로나19	•주제에 대한 모둠별 자료 탐색, 토의, 분석, 발표	7월말
지구과학I	3시간	•코로나19와 미세먼지의 관계성 탐구	•주제 탐구 후 보고서 작성, 발제 및 토론	7월말
생명과학II	3시간	•코로나와 4차 산업혁명	•코로나 19가 4차 산업혁명을 어떻게 촉발시켰는지, 조사해서 발표 •과학기술적 관점에서 혁신을 어떻게 받아들이고 준비할 것인지 조사하여 연구보고서 작성 후 발표	7월말
융합과학	3시간	•코로나19 과학 학술 심화활동	•코로나와 관심 분야 관련 소주제 선정 및 학술적 탐구, 연계활동 기획 및 실천	7월말
미술창작	2시간	•자연 재해(코로나 19)의 피해를 막기 위한 재난 구조 시설 디자인하기	•주제에 대한 정보 수집, 재료 탐색, 스케치, 모형 제작	8월말
일본어II	1시간	•감염병 예방에 관한 매뉴얼 일본어로 읽기 •한일 방재 시스템 비교 분석 발표	•우리나라와 일본의 감염병 예방 및 방재 시스템에 관하여 미디어 자료를 통해 자료 수집하고 비교 분석 발표, 교과 캠프 부스 운영 연계	7월말

2021학년도 학교 자율적 교육활동('코로나19와 미래사회') 중 일부(3학년)

펜데믹이 점차 확산하던 때에 가장 시급한 문제에 대해 학생들과 함께 학습하고 고민해보자는 의도였다. 결과는 성공적이었으며, 나중에야 알게 된 사실이지만 그 해에 전국적으로 이러한 융합 프로젝트를 시도한 학교가 몇 개 되지 않았다고 한다. 반드시 해야 하는 프로젝트가 아니었음에도 학생들을 위해 협력하고 수업을 구상하고 학교생활기록부까지 적어준 동료 교사들이 정말 고맙고 존경스러웠다. 그 해에 전입 오신 한 선생님은 이런 광경을 보면서 "이 학교 교사들 왜 이렇게 열심히 하냐"며 기분 좋은 반문을 던지기도 했다. 2021년에는 '환경과 미래사회', '기업 분석과 기술 가치 평가'라는 대주제로 융합 프로젝트가 이어졌는데, 전년보다 훨씬 깊이 있게 다뤄지고 참여도가 높아진 것 같아서 앞으로도 이 교육활동이 지속되지 않을까 한다.

'서울에 한 명이라도 보낼 수 있을까요?'

소담고가 초창기에 안정화되지 않고 '협약'이나 학생자치 쪽에 무게중심을 두고 있었을 때, 더 결정적으로는 졸업생을 배출하지 않았을 때 학생과 학부모, 심지어는 교사들마저도 소담고의 '최종 결과'에 엄청난 의구심과 회의가 있었다. 어떤 학부모는 '소담고에서 인서울은 커녕 근처 국립대라도 보낼 수 있겠어요?'라는 핀잔을 넘어선 비난을 하기도 했다. 지금 생각해 보면 왜 그런 말씀을 했는지 충분히 이해되지만, 그때는 그런 말들이 학교를 향한 일방적인 공격이라고 여겨졌다. 나부터 준비가 되어있지 않았기에 학교를 향한 비판의 맥락을 제대로 읽지 못하고, '그건 학부모님께서 소담고를 잘 모르고 하시는 말씀이세요'라는 취지로 무조건 맞받아치려 했기 때문이 아닐까. 더 솔직하게 말하자면 '우리가 이렇게 열심히 하고 있는데 왜 몰라주세요.'

라는 서운함이 더 컸던 것이 아닐까 싶다.

당시는 졸업생을 배출하지 않은 상황이어서 일단 1기 학생들이 졸업하고 나야 가타부타 무엇이든 더 얘기해볼 수 있는 것은 분명했다. 그런 위기 속에서 고3 담임을 한 번도 해보지 않은 내가 고3 부장이라는 막중한 자리를 맡게 되었다. 내가 원한 게 아니고 타의에 의해 불쑥 맡게 된 자리지만 일단 맡게 되었으니 어떡하나. 달려가 보는 수밖에 방법이 없었다.

소담고 개교 이래 처음 구성된 3학년부는 지금 보면 놀라울 수밖에 없는 구성이었다. 고3 담임 경험이 전무한 내가 부장을 맡았고, 담임교사 4명 중에서 고3 경험이 있는 교사는 한 명뿐이었다. 그분도 경험이 그리 많지 않았다. 이런 상황이라면 사실상 고3 경험이 없는 학년부가 구성된 것인데, 내부든 외부든 우리를 바라봤을 때 걱정하지 않는 것이 오히려 비정상이었다. 학년부를 잘 이끌고 가야 했던 나로서도 어떻게 해야 할지 모르던 상황에서 함께 3학년부를 하기로 한 동료 선생님의 적극적인 노력에 힘입어 다른 학교의 3학년부 운영과 진학지도 노하우를 배우기 위한 작업에 들어갔다. 3월 개학 전에 기본적인 준비는 되어 있어야 불안해하지 않고 1기 100명의 학생들을 더 나은 길로 인도할 수 있다는 생각이 들었다. 여러 연수를 듣기도 하고, 3학년으로 올라오는 학생들의 학교생활기록부를 꼼꼼히 검토하여 학생들을 파악했으며, 3학년부 1년 치 운영 로드맵을 구체적으로 구상하기도 했다.

지금 생각하면 부장으로서 너무 부끄러운 이야기지만, 4명의 담임 선생님들이 똘똘 뭉쳐서 아이들 한번 잘 졸업시켜보겠다고 각자 자리에서 최선 그 이상의 노력을 했던 모습이 정말 감동적이었다. 여러 번의 위기와 고비가 있었지만 서로 탓하지 않고, 업무를 떠넘기지 않으며 원팀으로 단합하여 모든 문제를 잘 해결해 간 순간들이 우리를 더욱 견고하게 만들었다. 이러한 노력에 하늘도 감동했던지, 그 해에 고3 아이들은 기대 이상으로 좋은 결과를 내주었고, 그때를 기점으로 소담고에 대한 내외부의 우려와 걱정은 빠른 속도로 불식되어 갔다.

물론, 이른바 '인서울', '지거국(지방거점국립대)' 진학을 많이 시킨 것이 혁신고의 성공 잣대냐는 반문이 있을 수 있다. 5년 동안 혁신고에서 지낸 경험으로 볼 때 사회의 세속적인 욕구와 혁신학교가 추구하는 가치는 분명 충돌하는 지점이 있다. (둘이 상충되지 않는다고 억지 주장을 하고 싶지는 않다.) 혁신학교가 근본적으로 경쟁 체제에서의 승리, 일류대학 진학을 최고의 목표로 설정하기보다 모든 학생의 성장과 배움을 더 중요하게 생각하는 것은 맞다. 따라서 이분법적으로 어느 것을 더 중요시할 것이냐를 놓고 볼 때 혁신학교, 특히 혁신고는 어느 한 쪽도 포기하기 힘든, 그래서 둘 다 취하고 싶은, 그런 어려운 과제를 안고 가야 하는 학교로서 존재할 수밖에 없다.

그런 차원에서 소담고는 둘 다를 위해 좌충우돌했던 것이고, 다행히도 1기 졸업생이었지만 둘 다에 대해 어느 정도 결과를 얻을 수 있었다고 조심스럽게 말하고 싶다. '단 한 명의 학생도 포기하지 않고, 모든 학생이 저마다의 꿈을 실현할 수 있는 학교.' 너무 이상적인 구호일 수도 있지만, 한편으로는 학교가 추구해야 하는 당연한 것이 아닐까. 1기 학생들이 진학에서도 나름 성공적인 결과들을 냈지만, 소담고 3년의 경험을 통해 주체적이고 협력적으로 살아갈 힘이 분명 길러졌을 것이라고 믿는다. 이것이야말로 진짜 '소담고다운' 결과이고 진정한 성공이라고 말하고 싶다.

'교육의 질은 교사들의 관계의 질을 넘지 못한다'

　교사들의 연수에 종종 등장하는 교육적 금언이 있는데, '교육의 질은 교사 개인의 질을 넘지 못한다.'라는 말이 있다. 교사 개인 역량의 중요성을 강조한 말일 텐데 일견 타당성이 있다. 그래서 개개인의 능력이 탁월한 교사들로만 구성된 학교가 있다면 그 학교는 분명 기본 이상의 교육의 질을 보여줄 것이다. 하지만, 기본 이상을 넘어서 가장 좋은 교육의 질을 최종적으로 담보해주는 것은 능력이 뛰어난 교사들 간의 유기적인 협력 관계가 아닐까 한다.

　1 더하기 1은 2가 아니라 3 혹은 4 이상이 되는 것이다. 두 가지로 나누어 가정해보면 답은 더 쉽게 나올 것 같다. 개개인의 능력은 뛰어난데 협력이 잘 안 되는 학교와 개개인은 좀 부족하지만 협력이 잘 되는 학교가 있다면 어디가 더 나은 교육의 질을 보여줄까. 주관적 판단의 영역이긴 하지만 난 후자라고 생각한다. 유발 하라리는 『사피엔스』라는 책에서 인간이 동물보다 우월한 위치에 서게 된 이유는 직립 보행이나 도구의 사용이 아니라 서로 협력하여 일을 처리할 수 있는 데서 기인한다고 보았다. 학교도 인간들이 만든 조직이니 예외가 아니다. 그럼 5년간의 소담고는 어떠했을까?

　소담고는 초반 1, 2년 차까지는 학생 생활교육 방식을 둘러싸고 강온의 의견 교환이 활발하게 이루어졌다. 전통적인 관점, 새로운 관점, 중도적인 관점인 교사들의 소통이 활발하게 전개되었는데, 결과적으로는 학생 중심의 방향으로 가되 전통적인 관점도 일부 받아들이는 방향으로 정리되었다. 일반학교에서 교사들은 회의나 토론을 달갑게 여기지 않는 경우가 많은데, 소담고는 각자의 생각을 가감 없이 드러내고 토의하는 과정을 거치면서 서로 합의할 수 있는 부분은 합의하고,

아닌 부분은 아닌 대로 가면서 최대한 합일점을 찾으려고 노력했다. 그리고 초창기에는 학교 규모가 작아서 교사들은 서로에 대해 더 잘 알 수 있었으며, 다양한 교육활동에 대해 서로의 의견을 충분히 교환할 수 있었다.

3년 차부터는 학교 규모가 제법 커지고, 시간표상으로도 전 교사가 모일 수 있는 시간 확보가 어려워지면서 학교의 중요한 결정은 부장회의(기획회의)를 통해 이루어지는 것으로 변화되었다. 부장교사들은 각자 위치에서 최선을 다해 업무를 처리했으며, 필요한 경우 부서 간에 적극적으로 협력하는 모습을 보였다. 물론, 업무 처리 과정에서 갈등이 발생하기도 했지만, 학교 전체적인 협력 분위기를 해칠 만큼 중대하지는 않았다.

교육과정이나 수업 차원에서도 교사들의 좋은 협력 관계가 두드러지게 나타났는데, 앞서 얘기한 제주 수학여행 프로젝트나 학교 자율적 교육활동은 교사들의 자발적인 참여와 협력 없이는 이루어질 수 없는 것이었다. '내가 조금 귀찮고 힘들지만 동료 교사들과 함께할 수 있다면 그 힘듦이 그렇게 크지 않아'라고 생각할 때 교사들은 부담 없이 협력할 수 있는 것이기 때문에 소담고는 적어도 그런 면에서 매우 바람직한 모범 사례였다고 생각한다.

나가며 – 나에게 혁신고 소담고란

나는 5년 차인 현재 학교 1층 교무센터에 자리 잡고 있다. 공강 시간에 일하다 보면 가끔 학적 담당 선생님으로부터 업무 협조 요청을 받는데, 내용인즉 전입생 학부모가 혁신학교가 무엇인지 궁금해하니 이것을 좀 얘기해 주었으면 하는 것이다. 아무래도 내가 개교팀이기도 하고, 맡고 있는 업무상(학교 교육과정) 관련 있다고 생각하여 그런 요청을 하셨을 것이다. 여하튼, 흔쾌히 요청을 받아들이고 학부모님과 통화하는데, 대부분 이런 대화들이 오가게 된다.

"선생님, 거기가 혁신고라고 하는데, 대학 진학에는 문제가 없을까요?"

"네, 작년 결과가 이러이러한데, 혁신학교라고 해서 더 불리한 것은 없습니다. 오히려 요즘 학종(학생부종합전형)이 대세인데, 그런 부분에서 더 괜찮으실 거예요. 저희 학교 선생님들이 신경을 많이 써주시거든요."

"선생님, 혁신학교는 발표나 토론 수업을 많이 하는데 제 아이는 그것을 어려워해서요."

"네, 모든 수업이 그렇지는 않은데요, 약간 더 많이 하는 것은 사실이에요. 다만, 학생회 활동도 참여해보고, 선생님들의 도움도 받고 하다 보면 조금씩 괜찮아질 겁니다. 너무 걱정하지 마세요."

학부모님들께 내가 얼만큼 신뢰를 드렸는지 알 길은 없지만, 1년차 때 학교를 소개하던 내 모습과 지금의 내 모습이 달라져 있다는 것을 느낀다. 뭐랄까? 조금은 더 여유를 갖고 학교를 소개할 수 있다는 점? 이 학교에서 학생들이 성장한 만큼 나도 많이 성장했다는 느낌이 들고, 학생들 앞에 서는 데 조금 더 자신감이 생긴 것 같다. 아직도 갈 길은 멀고 배워야 할 것도 많지만 교육의 기본을 지킨다는 것이 어떤 것인지, 이상과 현실을 조화시키는 방법을 어떻게 해야 하는지 최소한의 감을 찾을 수 있게 해준 소담고가 정말 고맙다. 학생들과 함께 커갈 수 있는 짜릿한 경험을 맛볼 수 있게 해준 것도 감사하다. 내가 앞으로 이런 학교를 또 경험할 수 있을까 생각하면 조금 막막해지기도 하지만, 그만큼 이 학교에서 남은 시간을 더 소중히 보내야 한다는 내 마음의 신호로도 받아들여진다. 계속 최선을 다하겠다고 다짐하면서, 앞으로도 소담고가 오래도록 '소담고다운' 모습으로 끊임없이 변화하길 소망한다.

소담고에서의 4년,
혁신학교란 무엇일까?

학생 생활 규정과 혁신학교

교사 이 광

신규 발령 후 2년 만에 소담고에 지원하다

보통 교사는 한 학교에서 5년까지 근무할 수 있다. 우리 교육청은 최소 2년은 근무해야 전보를 신청할 자격이 주어진다. 2016년 3월에 중학교에서 교사로서의 삶을 시작한 나는 자격이 주어지자마자 고등학교 전보를 마음먹었다. 별다른 이유는 없었다. 내가 꿈꿨던 교사라는 직업의 형상은 고등학교 교사뿐이었기 때문이다. 중학교에 첫 발령을 받고 나서 고등학교로 발령 나지 않아 내심 실망한 기억이 난다. 중학교에서 근무하는 2년 동안 빨리 고등학교에 갈 거라는 이야기를 공공연하게 하고 다녔다. 나 스스로 생활지도, 상담, 수업 등 모두 충분히 잘하고 있다고 생각했다. 중학교에 있기에는 너무 아깝다고 생각했다. 지금 생각하면 창피할 정도로 어리석고 오만한 생각이다. 그때의 나는 대학을 졸업하자마자 바로 교사라는 직업을 시작해서인지 오만함이 하늘을 찌르고 있었다.

2년 차 점수를 가지고 중학교 교사가 고등학교에 전보를 신청하려니 자리가 영 마땅치 않았다. 합격 동기들도 2년 차를 맞이하여 다들 고등학교로 옮기려다 보니 눈치싸움이 살벌했다. 교사들끼리도 전보 내신서를 작성할 때가 되면 정보를 공유하는데, 아무도 가지 않는다는 고등학교가 하나 남아있었다. 그곳이 지금 내가 4년 동안 근무한, 그리고 이제 5년째 근무하게 될 소담고다.

왜 소담고는 교사들에게 비인기 학교였을까? 지금에야 혁신학교가 거부감 없이 다가오지만, 그때만 해도 학부모와 학생들은 물론이고 교사들에게도 '혁신학교'에 대해서는 부정적인 인식이 강했다. 혁신학교가 정확하게 무엇이 다르고 무엇을 더 하는 학교인지는 몰랐지만, 일반적인 학교 업무는 당연히 해야 하고 거기에 혁신학교 업무를 더 해야 한다는 인식이 있었다. 가장 마음에 걸렸던 것은 혁신학교의 수업은 매번 활동식으로 구성해야 하며 강의식 수업은 지양해야 한다는 것이었다. 그때의 나는 강의식 수업이 가장 편하고 효과적인 수업이라고 생각했다. 활동식 수업을 계획하는 것은 번거로웠고, 아이 중 일부가 참여하지 않을 거라는 의심도 있었다. 또 다른 부정적인 인식 중 하나는 학생 편의 중심적인 생활규정으로 지도한다는 소문이었다. 학생의 자율성, 편의 등을 중시하는 생활규정이다 보니 학생을 통제할 수 없어 막말로 학교가 '개판'이라는 것이다. 당시 3학년 생활지도를 담당했던 나로서는 매일 매일 화장한 아이들을 지도하느라 옥신각신하고 있었다. 경험으로 미루어 볼 때, 혁신학교는 교사가 근무하기에는 지옥 같은 곳이었다.

'혁신학교에 가서 굳이 고생할 필요가 있을까? 어차피 월급은 똑같을 텐데….'

기왕이면 편하게 근무하고 싶다는 생각이 들었다. 하지만 고등학교는 꼭 가고 싶었다. 명분을 찾아야 했다. 존경하는 부장 선생님과 이야기를 나눴다. 지금은 퇴직하셨지만, 신규 발령 때부터 많은 것을 알려주신 선생님이다.

　　"부장님, 고등학교에 가고 싶은데, 소담고밖에 자리가 없어요. 혁신학교는 일도 많고 애들 생활지도도 어려울 것 같아서 고민이에요."

　　"선생님, 저도 이 학교 오기 전에 혁신학교에 있었어요. 물론 주변에서 말하는 것처럼 일이 많은 것도 사실이에요. 그런데 그 일들이 다 아이들을 위한 일들이었어요. 누군가 시켜서 하는 일이 아니라, 학생들에게 의미 있는 배움이 일어나게 하기 위해 선생님들끼리 머리를 맞대고 고민했어요. 선생님, 혁신학교는 앞으로 우리 교육이 나아가야 할 방향이라고 생각해요. 앞으로 모든 학교가 혁신학교처럼 바뀔 것이고, 그때는 혁신학교라는 말이 없어지겠죠? 아직 선생님은 젊으니까 남들보다 일찍 가서 경험해 보는 것도 나쁘지 않을 거라고 생각해요."

　　지금 생각해 보면 부장 선생님은 교육의 본질을 이야기하신 것 같다. 무슨 이야기인지는 잘 몰랐지만, 조금 일찍 가서 경험해 보는 것이 나쁘지 않을 거라고 하셨으니, 내가 갈 수 있는 명분은 생긴 것 같았다. 고등학교에 가고 싶다는 생각이 컸기에 그 정도 이유면 갈 이유가 충분했다. 그렇게 소담고에 전보내신서를 작성했다.

2018학년도, 혁신고등학교 소담고는…

　　"이광 선생님이시죠? 소담고 교무부장 윤정하입니다. 소담고 발령을 축하드립니다. 혹시 부장 경험이 있으신가요?"

　　여행지에서 모르는 번호로 전화가 와서 받았더니 대뜸 부장을 해봤냐고 한다.

"아니요. 저 이제 3년 차 넘어가는 교사입니다."

상대편에서 실망한 기색이 역력하다. 적지 않게 당황했다. 첫째로 교무부장이라는 분의 목소리가 너무 젊었다. 나에게 교무부장은 학교에서 교장, 교감 선생님 다음으로 학교의 어른이었다. 내 또래쯤 되는 젊은 목소리인 분이 교무부장이라니 이상하다는 생각이 들었다. 둘째로 부장교사를 해봤냐는 것이었다. 학교라는 것이 어떤 것인지 아직 파악도 하지 못한 나에게, 부장교사를 해본 적이 있냐고 물으니 너무 당황스러웠다. 3년 차 교사가 받으리라고는 생각지도 못한 질문이었기 때문이다. 내가 봐온 부장 선생님들은 대부분 20년 차 이상의 베테랑 교사들이었다.

이런 의문들은 새 학기 준비 기간에 출근하고 나서 해소되었다. 개교 2년 차에 접어든 소담고는 1학년 4학급, 2학년 4학급의 아주 작은 학교였다. 전체 교사 수는 20명도 채 되지 않았다. 그것도 내가 전입했을 때 함께 발령 난 교사가 절반을 채웠다. 혁신고등학교를 개교한다고 할 때, 혁신고등학교에 대한 의지가 있는 교사들이 모였고 그들이 학교의 개교 업무를 맡았다고 한다. 열정 많고 뜻있는 젊은 교사들로 시작했고, 나에게 전화를 걸었던 젊은 교무부장님은 개교팀 멤버라고 했다. 작은 학교이다 보니 선생님이 부족했고, 혁신학교에 대한 부정적인 인식 때문에 경력이 많은 선생님이 많지 않았다. 그래서 나에게 부장 경력이 있는지 물었다는 것이다.

관내에서는 막 개교한 소담고가 유일했다. 당시 전국적으로 혁신학교가 많이 만들어지고 있었지만, 고등학교는 많지 않았다. 아무래도 대입이라는 커다란 벽 때문이었다. 혁신학교와 입시는 공존할 수 없는 물과 기름 같은 존재라고들 했다. 따라서 혁신고등학교인 소담고는 보고 배울 학교가 많지 않은 상태였다. 혁신학교, 그중에서 고등학교 소담고는 기존 학교들과 '어떻게, 무엇이, 왜' 다른지 스스로 만들어 가야 하는 상태였다. 그것도 경력이 많은 교사들 없이.

학교혁신이란 무엇일까?

'혁신'의 사전적 정의는 다음과 같다.

"묵은 풍속, 관습, 조직, 방법 따위를 완전히 바꾸어서 새롭게 함."

혁신학교는 얼마나 혁신적이기에 학교를 혁신했다고 할까? 가장 궁금한 점이 그것이었다. 내가 알던 학교와 많이 다르다 하니 교사로서 학교생활에 잘 적응할 수 있을지 두려움이 앞섰다.

> "'혁신학교는 어떠한 것이다'라는 정의는 따로 없습니다. 다만, 제가 생각하는 학교의 혁신은 수업에서의 혁신, 교육 주체 간 의사결정 과정의 혁신입니다."

당시 개교팀이면서 교무부장을 맡고 있던 선생님의 첫 마디였다. 교사 중심 수업이 아니라 학생에게 의미 있는 배움이 일어날 수 있도록 수업 방법을 혁신하는 것. 그리고 학교에서의 모든 의사결정을 교사들이 하는 것이 아니라, 학생, 학부모, 교사가 동등한 교육 주체로서 학교의 의사결정 과정에 참여하는 것. 이것이 소담고의 혁신학교로서의 정체성이라고 했다.

생각해 보니 그렇게 대단한 것도 아닌 내용이었다. 학생 중심 수업, 배움이 일어나는 교실, 과정 중심 평가, 전문적학습공동체 같은 것들은 임용 준비할 때도 중요하다는 얘기를 수없이 들었고, 직전 학교에서도, 어떤 연수 때도 들은 내용이기 때문이다. 그렇다면 왜 이렇게 당연한 내용들을 혁신 과제로 두고 있었을까 궁금했다. 중요하고 당연한 것들이 일선 학교에서 이루어지고 있었다면 연수에서도, 전공 책에서도 그렇게나 많이 다뤄지지 않았을 것이다. 마찬가지로 민주주의 사회에서 구성원이 모두 참여하여 의사결정을 하는 것은 당연한 일이다. 그런데 학교에서는 이상하리만큼 교사 중심의 결정들이 참 많이 일어난다는 것을 떠올리게 되었다.

"학교를 아이들에게 돌려줄 때다."

어떤 연수에서 하신 수석 교사님의 말이 떠올랐다. 그런데 왜 이런 당연한 것들이 혁신의 과제가 되었을까? 학교가 예전의 학교 중심, 교사 중심의 관습에 젖어있었기 때문이다. 혁신의 뜻을 다시 떠올려보자.

"묵은 풍속, 관습, 조직, 방법 따위를 완전히 바꾸어서 새롭게 함."

어떻게 보면 기존 관습에서 득을 보고 있는 나도 그것을 쉽게 포기하면서까지 혁신할 수 있을지 걱정되었다. 익숙함, 관습, 효율성 따위의 것들을 버려가면서까지 혁신이란 필요한 걸까? 두 번째 학교인 소담고에서 교직 생활을 시작하면서 해결해 가야 할 과제를 부여받은 느낌이 들었다.

파격적이었던 소담고의 생활규정

혁신이라는 말의 뉘앙스를 생각해 본 적이 있는가? 지극히 진보적이면서 개혁적이다. 우리 역사에서 혁신을 부르짖었던 인물들은 다 형장의 이슬이 되어 사라졌다. 그런 인물들을 혹자는 '시대를 너무 이르게 타고난 사람'이라고 한다. 그때 부르짖은 혁신의 내용들이 당시에는 받아들여지지 못하는 파격적인 내용이지만, 세월이 흐르고 나서는 그 내용이 당연해졌다는 의미일 것이다.

학생들에게 학교를 돌려주는 것은 당연한 이야기지만 기존 학교에서 받아들이기에는 아주 파격적인 내용이었다. 소담고는 혁신학교 근무를 희망하는 교사들만으로 이루어진 것이 아니었고, 막 모든 것을 새롭게 시작하고 있었기 때문에 혁신학교에 대한 생각도 모두 달랐다. 당연하게도 많은 부분에서 갈등이 뒤따랐다.

가장 민감한 문제는 생활규정과 관련된 것이었다. 소담고의 학생 관련 규정은 크게 두 가지로 되어 있었다. 학생, 학부모, 교사들이 자율적으로 약속한 자율규정(3주체 생활협약), 학생이라면 무조건 지켜야 하며 지키지 않을 경우 징계가 따르는 타율규정(공동체 저해행위에 관한 규정)이었다. (일반적으로 학교는 후자의 타율규정, 즉 선도 규정만 있는 경우가 많다.) 교사들 간의 가치 충돌은 자율규정과 타율규정의 접점에서 일어났다. 무엇을 약속으로 두고, 무엇을 징계 대상으로 봐야 할 것인가에 대한 설전이 끊임없이 이어졌다.

대표적인 사례는 학생들의 교복과 용모에 관한 규정이었다. 전에 근무하던 학교에서는 그린마일리지 생활평점제(상벌점제)를 활용하여 교복을 제대로 입지 않은 학생들, 화장을 하는 학생들은 벌점을 주고 많이 위반한 학생은 선도위원회에 회부한다. 반면 우리 학교는 당시 교복과 학생 용모에 관한 규정이 자율규정에 있었다.

'학생의 약속: 교복을 단정히 입는다.'

원칙적으로 자율규정에 있는 것은 교사가 강제로 지도할 수 없고, 약속을 지키자는 차원에서 지도해야 한다고 했다. 교사 입장에서 학생들이 교복을 갖추어 입는 것은 당연한 것이어서, 학생들의 자율에 맡긴다는 것은 너무도 파격적인 이야기였다. 내 경험으로 미루어 볼 때, 선도 규정일 때도 학생들이 교복을 너무 안 입어서 항상 지도의 대상이었는데, 약속으로 정해놓는다면 학생들이 과연 잘 지킬 것인지 우려가 상당했다.

화장 관련 규정도 마찬가지였다. 이전 학교에서 나는 남교사임에도 늘 클렌징 티슈를 들고 다녔다. 학생들의 화장을 볼 때마다 벌점을 주며 지우게 했지만, 다음 시간이면 또 입술과 눈엔 진한 화장품이 발라져 있었다. 매시간 아이들에게 소리 지르며 쫓아다녔다. 지우고 그리고 다시 지우고 다시 그리고⋯ 무한 반복이었다. 이런데도 화장도 자율 영역에 있다니, 교육을 관장하는 신이 있다면 천인공노할 일이었다. 기존 학교가 익숙한 선생님들은 나와 똑같은 생각을 했을 것이다.

꽤 많은 선생님이 기존 학교들과 마찬가지로 학생을 통제하는 쪽으로 규정을 만들자고 주장했다. 가치관이 다른 선생님들은 반대 의견을 냈다. '이쯤 되는 것은 우리 아이들 정도 되면 알아서 지킬 수 있는 자율적인 영역'이라고 생각하는 선생님과 '규정으로 제재하지 않으면 학생들이 모두 지키지 않을 것'이라고 주장하는 선생님들로 나뉘어 치열하게 이야기를 나눠야 했다.

생동하는 소담고 규정

소담고 개교 첫해를 겪지 않았기 때문에 나는 첫해에 어떻게 규정들이 만들어졌는지 잘 모른다. 하지만 내가 부임한 소담고 2년 차부터 규정 개정 절차를 수도 없이 많이 거쳐서 그 과정을 잘 알고 있다. 특히 공동체저해행위규정이 많이 개정되었다. 2018년(2년 차)에만 네 번, 2019년(3년 차)에만 두 번 개정이 이루어졌다. 이후 2020년, 2021년에는 관습적으로 한 번씩만 개정된 것에 비하면, 2, 3년 차는 그야말로 '공동체저해행위규정 격동의 시기'였다.

그도 그럴 것이, 2년 차부터 인근 아파트들이 우후죽순 입주를 시작함에 따라 입학생들과 전입생들이 많아져 학생 수가 폭발적으로 늘었다. 또 우리 학교가 청주와 대전에서 가까운 곳에 있고 정원이 다 차지 않았기 때문에 타지역에서 이사뿐만 아니라 여러 사정으로 전학 오는 학생들이 참 많았다. 때문에 다양한 지역, 나아가서는 다양한 학교의 문화를 접한 학생들이 학교에 모여들게 되었다. 학생들이 늘어남에 따라 교사도 점점 늘어나게 되었다. 마찬가지로 교사들도 다양한 가치관을 지닌 사람들이 늘어났고 기존 규정과 소담고 규정의 괴리 사이에서 각자 다른 방법으로 반응하기 시작했다.

학생들이 늘어나면서 기존 규정의 문제점이 드러나기 시작했다. 흡연하는 학생들이 많이 늘어나서 기존 규정으로 잘 대처되지 않는다는 지적이 있었다. 학생들 사이에서 흡연하는 학생들에 대한 처벌이 너무 약하다는 여론이 생겼고, 이에 대응했어야 했다. 교복을 자율규정으로 지도하기에는 학생 수가 너무 많았다. 등교할 때도 사복을 입고 오니 학교 밖 시선이 안 좋아지기도 했다. 휴대폰을 수거해야 하는가, 오토바이 등교의 경우 면허증이 있는 학생들을 제재할 수 있는가도 논의 대상이었다.

다양한 이유로 공동체저해행위규정 개정 작업을 시작했다. 학생들이 교복을 너무 안 입는다는 이유로 약속이었던 교복 관련 규정이 타율규정으로 넘어오게 되었지만, 등·하교 시간에만 입는 것으로 개정되었고, 체육복, 생활복, 교복 모두를 '교복'의 범주로 두게 되었다. 슬리퍼를 신고 등교하는 학생도 징계 대상이 되었다. 3년 차에 접어들어서는 공동체저해행위규정에 회복적 생활교육의 관점이 반영되기도 했다. 교복 착용, 슬리퍼 등교, 월담, 교내 소란, 무단외출 등 흡연, 음주에 비해 심각하지 않은 영역들은 발생 빈도가 적을 경우에는 공식적인 징계를 주지 않고 학생자치법정을 활용하여 학생들이 자신의 행동을 개선할 수 있도록 개정되었다. 흡연, 음주의 경우 학생들의 의견을 받아들여 처벌 정도를 매우 강화하기도 했다. 단순히 자율규정과 타율규정으로 나뉘어 시작되었던 규정들이 자율규정과 타율규정을 넘나들며 4년 동안 생동하는 학교에 맞추어 상당히 구체적으로 개정되었다.

학교 규정의 개정 과정

규정을 개정할 때마다 제·개정위원회를 열었다. 일반적인 학교의 제·개정위원회는 교사 측, 즉 학교에서 학생 생활지도의 편의나 통제 강화를 위해 일방적으로 여는 경우가 많았다. 하지만 소담고는 제·개정위원회는 3주체 모두가 의견을 내서 반영하는 방향으로 이루어졌다. 초창기에는 규정 개정을 위해 거의 한 학기에 버금가는 시간을 가졌다.

규정 제·개정 절차는 크게 세 단계를 거쳤다. (명확하게 명명된 절차는 아니고, 글쓴이가 정리한 것이다.)

1. 의견 수렴 단계
2. 주체 간 토의 단계
3. 확정 및 실시 단계

의견 수렴 단계에서는 '학생, 교사, 학부모'의 각 주체가 다음과 같

　　　　　　　　2부 학생과 함께 성장한 우리

은 방식들로 의견을 모았다.

먼저 학생들은 각 반 학급자치 시간을 활용하여 규정 개정에 대한 모든 학생의 의견을 모은다. 이렇게 모인 각 반의 의견들은 대의원회에서 대표 의견으로 갈무리한다. 학생회장단 차원에서도 학생들의 의견을 종합하기도 하고, 회장단 회의를 통해 의견을 수렴한다. 학부모들은 학부모회가 중심이 되어 의견을 모으기도 한다. 학부모들의 경우 학생들이나 교사들처럼 학교에 상주하지 않기 때문에 업무 담당 교사가 전교 학부모들에게 규정 개정에 대한 의견을 묻는 방식으로도 진행된다. 교사들의 경우 업무 메신저를 활용하여 일차적으로 의견을 모으고, 개정 의견은 교직원 회의에서 논의했다. 이런 과정을 거쳐 각 주체별로 다모임 시간을 정기적으로 갖고, 규정 개정에 대한 대표 의견을 정리하여 각각의 개정안을 준비한다.

이렇게 수렴된 각 주체별 개정 의견이 주체 간 토의 단계로 넘어온다. 자율규정의 경우 코로나 전에는 창체 시간을 활용하여 규정 개정 공청회를 열기도 했다.(코로나19 이후에는 이런 과정이 생략되었다.) 교사 대표, 학부모 대표, 학생 대표는 전교생, 전 교직원, 원하는 학부모들 앞에서 치열하게 토의한다. 이때 공청회를 방청하는 주체들의 의견을 받기도 한다.

이후 학교규정제·개정위원회에서 규정안을 만드는 작업에 들어간다. 학교규정제·개정위원회 또한 교사 대표, 학생 대표, 학부모 대표로 이루어져 있다. 여기서 특이한 점은 학생 대표 수가 교사, 학부모 대표 수보다 많다는 것이다. 그 이유는 첫째, 규정의 정도를 강화함에 일반적으로 학부모와 교사가 한 편이 될 가능성이 높고, 둘째, 학교 규정이라는 것은 학생과 가장 밀접하게 관련되어있기 때문이다. 학교규정제·개정위원회에서 각자 준비한 안을 제시한다. 각자 주장하는 개정

학교규정제·개정심의위원회

안에 대해 의견을 나누고 찬성하기도 하며 반대하기도 하며, 다른 주체가 제시한 규정이 개정의 필요성은 인정하나 개정안이 과하다하는 경우 논의를 통해 개정안을 적당히 수정하기도 한다. 이렇게 제·개정위원회를 통해 개정안이 확정된다.

　이제 확정 및 실시 단계다. 위와 같은 과정을 거쳐 마련된 개정안은 학교운영위원회의 심의를 받아 결정된다. 물론 안건 발의자는 학교 업무 담당 교사이지만 학생들과 밀접하게 관련된 안건이기 때문에 학생들이 학교운영위원회에 들어와 함께 그 과정을 지켜보는 것이 특징이다. 규정이 확정되면 학생들은 자신들의 의견이 반영된 개정된 규정을 자기들 나름의 방식으로 홍보한다. 공동체생활자치부 학생들이 각 반을 돌아다니며 홍보하기도 하고, 여러모로 이해하기 쉽도록 홍보하기도 한다. 업무 담당 교사가 창의적 체험활동 시간을 활용하여 바뀐 규정에 대해 안내하거나, 여의치 않으면 담임들에게 안내하여 조·종례 시간을 활용하여 변경된 학교 규정을 안내한다.

학교 규정 개정과 우리 학교

앞서 말한 것처럼 소담고 초창기에는 자율규정과 타율규정 사이에서 많은 갈등이 있었다. 교사들 사이에도 지도 대상이나 방법에 따라 가치관이 다들 많이 달라 부딪히는 부분이 많았고, 학생들도 마찬가지였다.

하지만 위와 같은 과정들을 매년 거치면서 3주체가 대부분 납득할만한 규정으로 거듭났다. 규정 대상과 처벌 정도가 약하다는 학교 밖 인식과 달리 우리 학교 규정은 매우 촘촘하고, 학생의 의무를 벗어나는 행동에 대해 쉽게 넘어가는 것이 없다. 규정 개정 과정 업무를 위해 인근 학교의 생활규정들을 검토해 봤을 때도 그렇게 생각된다. 다만 같은 규정이라도 만들어지는 과정에서 3주체 모두의 의견을 반영하는 과정이 있다는 것이 매우 의미가 있다. 학생들은 자신이 의견을 개진하여 결정된 규정에 대해 나름의 자부심을 갖는 것 같다. 자신들의 의견이 완전하게 반영되지 않더라도 충분한 토론, 토의, 협의, 설득 과정을 거쳤기에 왜 그렇게 결정되었는지 충분히 이해한다.

교사들 또한 가치가 부딪혔던 부분들에서 타협점을 찾았다. 초창기에 화두가 되었던 교복 착용에 관해서도 학생들 자율 약속에 맡겼을 때 잘 지켜지지 않았기 때문에 타율규정화 되었다. 그 과정에서 학생들이 불편한 점, 편의 등을 반영하기도 했고, 회복적 생활교육의 관점을 반영하기도 했다. 규정이 학생들을 통제하는 수단만이 아니라는 것이 교사들 사이에서 은연중에 공유되었다. 개정된 규정을 적용해보고 문제점이나 불만이 발생하면 다음 개정 작업에서 다시 논의되었다. 실제적으로 학생들의 생활과 관련되어있는 것들이다 보니 매번 피드백이 되었다.

2020, 2021년에 학생안전부장을 맡아 학생 생활지도를 하며 느낀 것이 많다. 앞서 규정 제·개정 관련 이야기를 많이 했지만, 그 외에도 다양한 부분에서 학생들과 학부모의 의견이 많이 반영된다. 우리 학교는 교사 중심의 폐쇄적인 공간이 아니다. 모든 교육 공동체가 동등한 입장에서 의견을 이야기할 수 있도록 활짝 개방되어 있다. 어느 주체의 의견이 반영되지 않더라도 왜 그렇게는 안 되는지 충분히 설명하고 납득시키려고 한다. 특히 학생들의 의견에 귀 기울이며 그들의 생각을 이해하려고 노력한다.

이렇다 보니 학생들을 바라보는 시선도 달라졌다. 특히 제·개정위원회를 진행할 때 느낀 것이 크다. '아이들은 자신들이 편하려고만 한다'라는 편견이 있었다. 하지만 아이들은 교사들이 납득할 수 있을 합리적인 의견을 개진하기도 했으며, 오히려 교사나 학부모보다 규정을 더 강화해야 한다고 주장하기도 했다. 무분별하게 모든 아이의 의견을 전부 받는 것이 아니라 학급회의, 대의원회 등에서 의견을 갈무리한 결과다. 아이들은 자신들의 의견이 반영되어 규정이 개정되니 규정에 대한 주인의식이 생겼다. 우리 아이들을 보면서 '아이들이 뭘 알겠어?'라는 오만한 생각에서 벗어나게 되었다.

생활지도에서도 꽤나 힘을 뺄 수 있게 되었다. 이전에 있던 학교에서는 아이들을 쫓아다니면서 벌주고, 혼내고, 소리치고 하는 것이 일상이었다. 반면 우리 학교에 와서는 아이들과 옥신각신할 필요가 없다. '너희들이 함께 만든 규정이잖아.'라는 한 마디로 해결하게 되었다. 억박지를 필요도, 험한 말을 할 필요도 없었다. 생활지도에서 아이들의 가장 큰 불만은 '이걸 왜 지켜야 해요?'라는 것이다. 하지만 우리 규정은 개정 과정에서 수없이 이야기를 나눈 결과이기에 아이들이 이성적으로 납득한다. 학교의 규정이 생명력이 있기 때문에 생긴 결과라고 할 수 있다.

민주시민교육과 소담고

앞에서 이야기했듯이 나는 혁신학교에 대한 부정적인 인식과 혁신학교의 정의에 대한 의문점을 가지고 이 학교에 왔다. 당시 교무부장 선생님이 말한 '교육 주체 간 의사소통 과정의 혁신'이 무슨 뜻인지 이제 조금은 알 것 같다.

교사들의 편의에 따른 학교 운영이 아니라 모든 학교 운영에서 주체의 동등함을 인정하고, 의견을 반영하고, 결정 과정에서 모두의 의견을 듣고, 서로 토의하고 토론하고 협의하고 설득하여 의사결정을 하면 더 나은 방향으로 나아갈 수 있다는 것. 과정은 복잡하고 힘들지만 그만큼 만족감이 높아지고 책임감도 높아진다.

민주시민교육이 요즘 화두다. 학생들이 민주시민으로 성장할 수 있도록 학교에서 교육해야 한다는 것이 민주시민교육의 골자다. 민주시민사회에서는 동등한 시민들이 동등한 자격으로 토의하고 토론한다. 그리고 그 의사결정 과정을 통해 결정된 사안을 책임감 있게 준수하는 것이야말로 민주시민의 자세다. 민주시민은 의사결정 과정에 누구나 참여할 수 있다. 자신이 살아가고 있는 사회에 의미 있는 구성원임을 자각하고 사는 것이 민주시민이다.

혁신학교 소담고는 그런 점에서 민주시민교육을 아주 잘 실천하고 있지 않나 생각한다. 아이들에게 자신들이 살아가야 할 사회에서 자신의 삶과 관련지어 깊게 생각해보게 하고, 의견을 반영하기 위해 상대를 설득하고, 때로는 설득당하기도 하며, 토의와 토론으로 의사결정 과정의 기회를 주고 있기 때문이다. 미래 사회에 우리 소담고 아이들은 누구보다 잘 적응할 것이다. 나는 아직 남은 교직 생활이 많다. 내가 겪은 소담고에서의 경험은 미래 학교의 구성원이 될 나에게 아주 값진 자산이 되었다.

내가 걸어온 교육의 길에서
소담을 만나다

교사 신지은

첫 학교, 첫 제자

소담고에 근무하기 전, 나는 많은 학교를 거쳐왔다.

세종시 교육청 소속 교원이 되기 전엔 주로 서울, 경기도, 인천에서 기간제 교사로 근무했다. 2007년, 생애 처음 교사로 근무했던 학교는 경기도 광명에 있는 H 중학교였다.

임용고시에 여러 번 낙방하고 더 이상 공부만 할 수 없어서 기간제 교사를 지원했는데… 아무것도 모르는 햇병아리 같은 나를 고맙게도 기꺼이 채용해준 것이다. 첫 학교라 그런지 그때의 기억이 너무도 생생하다. 그리고 따뜻하다.

1학년 14반 담임을 맡았는데, 일단 이제 막 초등학교에서 올라온 학생들이 너무 귀여웠다. 1년 동안 나와 함께할 첫 제자들이라 그런지 더 애정이 갔고, 지금도 그 얼굴들이 또렷하게 기억난다. 항상 웃음을 주는 개구쟁이 남학생들과 야무진 여학생들이 조화롭게 어우러져 정말 즐겁게 담임을 할 수 있었다. 쉬는 시간마다 교실을 들락날락거리며 아이들과 시시콜콜한 이야기들을 나누기도 하고 한바탕 크게 웃다가 수업을 들어가곤 했는데, 그 소통의 시간이 정말 즐거웠다.

아이들도 함께 추억을 만들 수 있는 단체 활동을 항상 원했다. 그래서 학급 단합 활동도 자주 하고, 방과 후에 자주 만나 맛있는 것도 사 먹고, 함께 운동이나 단체 게임 같은 활동도 하며 교사인 나에게도 즐거웠던 1년이었다. 중2병이라는 말이 있듯, 요즘은 중학생들 다루기가 힘들다고들 하는데… 내가 경험한 중학생들은 너무 귀엽고 해맑았다.

하지만 지금 생각해 보면 교직을 처음 경험해서 서툴렀던 점도 참 많았다. 그때만 해도 체벌이 허용되었고, 복장이나 두발 규정도 너무나 엄격했다. 더구나 그 학교는 인근 학교보다 생활지도가 엄격했던지라, 나는 교사로서 학생들의 두발과 복장을 관리하는 것은 당연한 것이고, 엄격한 잣대가 학생들을 바른길로 인도한다는 이상한 신념이 있었다. 사실 복장이나 두발이 그 학생의 모든 것을 의미하는 것은 아닌데 말이다.

지금 생각하면 정말 아찔한 경험이 있다. 하루는 우리 반 학생 중 한 명이 바리캉을 가지고 왔다. 그런데 때마침 다음날이 학생부에서 대대적으로 두발을 검사하는 날이었다. 너무나도 열정이 넘치던 20대, 종례할 때 미리 우리 반 학생들의 두발을 하나하나 체크하고는 몇몇 학생에게 내일까지 꼭 미용실에 다녀오라고 당부했다. 그런데 한 학생이 엄마가 일을 나가셔서 늦게 오시는데 당장 머리 깎을 돈이 없어서 못 깎을 것 같다는 것이다. 그 순간 어리석게도 나는 그 바리캉이 번뜻 생각났다. "그럼 선생님이 깎아 줄 테니, 방과 후에 남아 봐. 돈도 아끼고 얼마나 좋냐?" 그랬더니 몇몇 남학생들이 자신들도 깎아 달라며 남겠다고 했다. 나는 자신만만하게 승낙했다. 그러고는 아까 그 남학생을 제일 먼저 깎아 주었다. 그런데 결과는 너무 처참했다. 모양이 생각보다 잘 안 나와서 계속 깎았는데, 깎으면 깎을수록 머리가 더 이상해

저 갔고, 지켜보던 남학생들은 다들 손사래를 치며 도망갔다. 두발 검사가 뭐라고 애 머리를 그 지경으로 만들어 놨는지…. 나를 믿고 머리를 맡긴 그 학생에게 너무 미안했다. 계속 미안하다고 사과하며 미용실에 갈 돈을 주겠다고, 다시 깎으라고 위로하며 집으로 보냈다. 그날 밤 난 잠을 못 잤다. 학부모 민원이 들어올까 봐 밤새 조마조마했기 때문이다. 지금 생각해 보면 교직 생활에 아주 큰 교훈을 준, 철없던 시절의 에피소드다.

살아있는 교육에 대한 배움

또 기억에 남는 학교가 있다면, 인천 소재 남자 고등학교와 부천 소재 여자 고등학교다. 두 학교 모두 그 지역에서는 나름 인정받는 공립 학교들이라 그런지 학교마다 교육프로그램이 비교적 선진화되어 있었다.

먼저, 인천에서 근무했던 학교의 경우, 지금의 소담고와 같이 학생 자치와 창체가 잘 운영되었고, 수석 선생님이 있는 학교라 학교 평가나 교원 연수가 안정적으로 이루어졌다. 가장 인상 깊었던 부분은, 학생들 스스로 학교를 엄청 높이 평가하고 있어 자부심이 대단했다는 점이다. 사실 입시 성과에서는 인근 사립 고등학교들에 많이 밀렸음에도, 이 학교 학생들은 자신들의 학교를 '대(大)○○고'라고 칭하며 학교에 대한 만족감을 드러냈다. 특히, 학생회 아이들의 만족감은 하늘을 찌를 정도였다. 학생회 아이들은 엄청난 사명감을 가지고 목걸이로 된 학생회 명찰을 자신의 분신인 양 늘 가슴에 품고 다녔다. 사실 난 그 학교에서 평가 업무를 맡아서 학생회가 구체적으로 어떻게 돌아가는지는 잘 몰랐다. 그런데 지금도 생생하게 기억에 남는 장면이 있다. 여름 방학식 날 학생회 간부 수련회가 있었던 모양이다. 방학식 날이라 일정도 빨리 마무리되어 인근 식당에서 선생님들 모두가 점심 식사 겸 회식을 하고 있었는데, 학생회 아이들이 갑자기 와서 교장 선생님과 함께 스피드 퀴즈를 하더니, '통과'라는 말과 함께 사라졌다. 당시 유행하던 여행 프로그램인 '1박 2일'을 컨셉으로 간부 수련회 전에 몇 가지 복불복 게임을 한 모양이다. 그런데 학생, 교사 모두 너무 즐거워하고 행복해하며 한바탕 웃었던 기억이 지금도 훈훈하고 기분이 좋다.

동아리활동을 의미 있게 했던 기억도 생생하다. 그 학교는 동아리가 대부분 학생 주도적으로 이루어지고 활동 자체도 비교적 자유로워, 학교에서뿐만 아니라 학교 밖에서도 언제든지 교육활동이 가능했다. 당시 나는 문학 동아리 담당이었는데, 내가 구상한 동아리가 아니라 아이들이 직접 만들고, 선생님들을 섭외하는 과정에서 국어 교과인 내가 맡게 된 것이다. 그래서 학생들이 주도적으로 어떤 활동을 할지 매 시간 계획해 왔다. 한번은 황순원 문학관을 방문했는데, 학생들이 차량을 섭외하고, 문학관 활동지도 만들어 활동한 후, 체험 보고서 작성은 물론 동아리활동집이나 동아리 발표회 부스까지 모두 학생 주도 그 자체였다. 남학생들임에도 아주 섬세했고, 문학적 견해나 독서의 깊이가 상당해서 가끔 나에게 어떤 질문을 할때 상당히 부담스러웠던 기억이 난다. '나도 잘 모르겠단다'라고 대답할 수는 없어서 그냥 대충 얼버무렸던, 부끄러운 기억이 새삼 떠오른다.

부천에서 근무했던 학교는 한 학기만 있었는데, 많은 것을 배울 수 있는 학교였다. 매일 교사들을 쥐잡듯이 잡아대는 교감 선생님 바로 옆이 내 자리였기에 모든 교사에게 쏟아내는 그 잔소리와 부정적인 기운을 매일 견뎌내야 했다. 하지만 동료 선생님 그리고 학교 프로그램 측면에서 정말 많은 것을 배울 수 있었다.

일단 이 학교는 수업에 열정적인 선생님들이 아주 많았다. 이 학교에 근무하기 전에 수업에 대한 나의 편견이 있었다면 학교 수업은 무조건 교과서로 해야 한다는 것이었다. 교육과정 재구성이라는 이야기를 그동안 많이 들어왔지만, 실제 경험한 적도 없고 어떻게 해야 할지 감이 오지도 않아 사실 생각조차 하지 못했다.

그런데 이 학교에서 그런 편견을 깨고 교수 학습 측면에서 다양하게 접근하는 방법을 배웠다. 학기 초에 문학 담당 교사 네 명이 문학 수업 계획을 위해 도서관에 모였는데, 교과서는 뒷전이고, 학생들에게 의미 있게 다가갈 수 있는 작품을 선정하는 작업부터 하기 시작했다. 문학작품 그 자체를 분석하고 감상하는 것도 중요하지만, 문학작품을 통해 학생들에게 줄 수 있는 삶의 가치까지 함께 생각하며 수업을 계획하는 모습이 신선한 충격으로 다가왔다.

그리고 선정한 작품을 바탕으로 어떻게 수업하면 좋을지를 구체적으로 논의했다.

"김소진의 〈자전거 탄 도둑〉은 학생들이 작품 속 인물 혹은 작가가 되어 인터뷰하는 방식으로 수업을 진행하면 어떨까요? 인물의 상처와 심리를 다룬 작품이잖아요."

"예전에 〈운영전〉을 수업할 때, 내용을 만화로 그려보는 활동을 했더니 학생들이 고전을 좀 더 쉽게 받아들이더라고요."

"저는 시를 하브루타 방식으로 진행해 보고 싶은데, 어떻게 생각하시나요?"

"그럼 이 단원은 제가 맡아서 활동지를 제작해 볼게요. 보시고 코멘트 주세요."

여지껏 이런 교과협의회는 처음이었다. 사실 그동안 학교와 학원은 다르다고 학생들에게 이야기해 왔지만, 수업 부분에서만큼은 나조차도 큰 차이를 잘 느끼지 못했다. 하지만 수업 열정이 가득한 선생님들과 함께하며 '수업에서의 전문성이 바로 이런 것이구나'를 제대로 느낄 수 있었다. 내 옆자리 선생님은 3학년 국어를 가르치셨는데, 입시를 앞둔 고3을 대상으로 동화책으로 수업을 하고 그 내용을 바탕으로 토론을 한다고 하셨다. "동화책이 아이들 보는 것이라고 무시하면 안 돼. 자세히 보면 그 짧은 내용에 철학이 있어. 삶의 가치가 담겨 있다고." 그분의 수업을 내 두 눈으로 목격하지 못한 것이 지금도 한이 될 정도로 아쉽다.

또 이 학교에서 인상 깊었던 점이 있다면 문과·이과 학생 모두를 위한 진로 프로그램이 잘 구성되어 있다는 것이다. 학교에 인문사회부와 과학부가 있어서 각 부서에서 문과·이과 학생들에게 특화된 프로그램을 진행하고 있었다. 인문사회부에서는 주로 독서, 토론, 논술 등의 프로그램을, 과학부에서는 분야별 과학 동아리를 책임지고 관리하여 학생들이 늦은 시간까지 주도적으로 실험을 설계하고 보고서를 작성하는 등의 활동이 일상화되어 있었다. 당시 나는 인문사회부 소속으로 독서 토론 활동 책자 제작, 독서 논술지도, 도서 벼룩시장, 독서 토론대회 등의 프로그램을 담당했는데, 학생들에게 여러모로 의미 있었던 활동으로 기억된다.

세종특별자치시교육청 소속의 '나'

세종시에 첫발을 디뎠을 때, 많이 실망했다. 그동안 경험해 왔던 학교 분위기, 수업방식, 행정 시스템, 교사들 간 유대관계 등이 사뭇 달랐다. 그래서 처음 세종시에 발령받고 부적응아가 된 기분에 사로잡혀 있었다. 물론 옆에서 지지해 주시는 선생님들도 계셨고 힘을 주는 학생들도 많았지만, 뭔가 목이 마른 느낌이라고 할까? 그동안 많은 학교를 거치며 배울 수 있었던 좋은 것들을 세종시 첫 발령지에서 마음껏 풀어내 보겠다는 각오가 현실의 벽에 부딪혀 버린 것이다. '로마에 가면 로마법을 따라야 한다'는데, 난 로마법의 부당함을 울부짖는 투덜이가 되어 버린 것이다. 그리고 안타깝게도 1년 만에 부적응 교사가 되어 다른 학교로 떠났다. 두 번째 학교에서는 나름 만족하며 잘 지낸 것 같다. 개교한 지 얼마 되지 않은 학교라 모든 선생님이 너나 할 것 없이 학교 운영을 위해 노력했고, 나도 그에 부응하고자 최선을 다했다.

그러던 중, 세종시 교사들의 혁신연구회를 알게 되었다. 지금 소담고에 함께 근무하는 고상은 선생님의 소개로 혁신모임에 가입하게 되었는데, 그때 나를 돌아보면 좀 거만했던 것 같기도 하다. '세종특별자치시라면 그에 걸맞은 교육이 이루어져야 하는데, 아직도 구시대적인 교육에서 벗어나지 못하고 있다니, 얼른 혁신연구회 선생님들과 함께 변화를 좀 시도해 봐야겠다.' 요런 당차고 야무진 꿈을 꾸고 있었던 것인데, 지금 생각해 보니 얼굴이 붉어진다.

사실 혁신은 뭔가 거창하다거나 전혀 다른 세상의 것이 아니다. 내가 위에서 언급한 학교와 같이 교육프로그램이나 수업 운영에서 학생들에게 의미 있는 삶의 가치를 가르치는, 그래서 더 기본에 충실한 것이 혁신이지 않을까 싶다. 아무튼 이런 마음으로 혁신연구회에 참여했고, 소담고의 근간인 혁신고 TF팀에도 참여하게 되었다. 고상은 선생님이 항상 든든한 버팀목이 되어 주셨고, 예나 지금이나 변함없이 열정적인 윤정하 선생님, 그리고 언제나 학생들에게 진심으로 다가가는 김영진 선생님, 반곡고에 근무하고 계시는 정은진 선생님, 세종중에 근무하시는 조융기 선생님 등 여러 선생님이 한자리에 모여 세종형 혁신고에 필요한 교육 가치와 프로그램에 대해 이야기하던 기억이 새록새록 떠오른다. 난 1년 만에 또 다른 학교로 옮길 수 없어서 TF팀에서 중도 하차했지만, 함께 만나서 혁신학교와 교육에 대해 이야기를 나누는 시간, 그리고 나와 비슷한 생각을 하는 동료, 그 자체가 대단히 설레고 의미 있게 다가왔던 것 같다.

그런데 난 아무래도 소담고와 너무너무 깊은 인연이 있었나 보다. 2018년, 2019년 소담고가 개교하고 많은 우여곡절을 겪는 동안 난 결혼과 출산으로 2년 동안 휴직했고, 2020년 복직을 앞두고 있었다. 그리고 떨리는 마음으로 발령지를 확인했더니, '소,담,고'였다!

문제는 복직한 나의 머리와 가슴엔 아무것도 없었다는 것이다. 교과와 업무에 대한 지식뿐만 아니라 학생이나 교육에 대한 열정까지 무방비 상태였다. 그래서 복직이 두려웠고, 내가 잘할 수 있을까 하는 의구심만 가득했다. 하나 달라진 게 있다면 학생들을 보는 눈과 대하는 방식이 좀 달라졌다는 점이다. 자식 있는 부모라면 그 까닭을 짐작할 것이다. 그전에는 교육에 대한 나의 열정이나 철학이 우선이었다면, 이제는 학생들의 감정이나 반응을 많이 살피는 편이다. 아무튼 의구심과 두려움이 가득 찬 상태로 나는 '혁신 소담고'에 드디어 입성하게 되었다.

소담고의 매력은?

소담고에 발령이 나자마자, 반가운 전화와 문자가 쇄도했다. 당시 소담고 교무부장 고상은 선생님은 물론이고, 윤정하 선생님과 김규리 선생님도 소담고 전입을 진심으로 환영한다는 연락을 주셨다. 또 다른 성격의 연락도 왔다. "쌤, 고등학교로 발령이 났더라고요. 정말 다행이네요. 축하해요. 근데 소담고 소문 알아요? 거기 애들이 엄청나다

던데, 알고 있어요? 그리고 교사들 간 갈등도 장난 아니래. 그냥 조금만 버티다가 나와요."

선생님들의 연락을 받으며 난 복잡한 감정에 휩싸였다. 복직에 대한 두려움, 혁신연구회 동지들과 함께한다는 위안, 혁신고에 대한 막연한 기대감과 소담고 소문에 대한 불안 등….

그리고 소담고에서의 1년 차를 맞이했다.

소담고에서 지낸 1년을 돌아보면 '다른 일반계 고등학교와 뭐가 다르지?'라는 의문과 함께 약간의 실망감이 제일 먼저 찾아왔다. 그동안 경험했던 선진화된 교육프로그램이 생각보다 많지 않았고, 수업도 여느 일반고와 크게 다르지 않았다. 물론 코로나19가 확산하는 상황에서 의미 있는 교육프로그램을 운영하기엔 많은 제약이 따를 수밖에 없지만, 그래도 '세종을 대표하는 혁신고라는데, 뭐가 혁신적이라는 걸까?'라는 의문이 들었다. 수업 역시 의지가 있는 몇몇 선생님들의 전유물일 뿐, 공유나 협의가 순조롭게 잘 이루어지는 것 같지는 않았다.

하지만, 시간이 흐를수록 만족스러운 부분이 실망스러운 부분의 공백을 메워갔다. 그건 바로 '학생'이었다. 소문과 달리 학생들이 너무 착하다는 것, 이것이 소담고의 가장 큰 매력이었다. 이는 소담고에 근무하시는 대부분 선생님이 동의하시는 점이다. "소문과 달리 소담고 아이들이 너무 순하지 않아요? 애들이 선생님을 잘 따르는 것 같지 않아요? 이 학교의 가장 큰 장점인 것 같아." 학생들도 마찬가지다. "세종시에 있는 선생님 중, 우리 학교 선생님들이 최고예요. 저 사실 중학교 때까지만 해도 선생님들이랑 엄청 싸웠거든요. 근데 고등학교 와서는 그럴 일이 없어요. 너무 좋아요."

어떻게 이렇게 교사와 학생이 잘 지낼 수 있지? 다양한 이유가 있겠지만, 엄격한 잣대로 학생들의 생활을 통제하지 않는다는 점, 그래서 교사와 학생이 쓸데없이 부정적 감정에 에너지를 쏟지 않는다는 점이 하나의 원인일 거라고 조심스레 추측한다. 그렇다고 해서 소담고 학생들이 복장이 불량하고 짙은 화장을 하고 다니느냐? 그런 것도 아니다. 물론 외모에 신경 쓰는 학생들이 있긴 하다. 하지만 그건 그 학생들만의 성향이고 특출난 능력일 뿐, 대부분의 아이들은 외모에 큰 관심이 없다. 학생들을 생활지도라는 이름으로 통제하려고 하면 할수록 오히려 반발 심리로 더 어긋날 수 있다는 점을 소담고 1년 차에 깨달았다.

소담고 2년 차, 나에게 막중한 책임이 주어졌다. 민주시민교육부 부장!

민주시민교육부에서 주로 하는 일은 크게 학생자치와 창의적 체험활동(동아리와 봉사)으로 이루어져 있다. 즉, 교과 외 활동과 밀접하게 관련된 부서라고 할 수 있다. 더구나 '소담고등학교' 하면 '학생자치'라 해도 과언이 아닌데, 그 막중한 자리의 한가운데 서게 된 것이다.

아주 부담스러운 자리다. 하지만 한편으로는 학생들과 함께 만들어 가는 업무이기에 막연하게 '잘할 수 있을 거야'라는 기대감도 있었다. 하지만 그 기대감은 짧은 순간으로 끝났다. 전임자 선생님께서 거의 100페이지에 달하는 인수인계 자료를 주셨는데, 대부분 학생자치규정과 구체적인 운영에 대한 것이었다. 인수인계 자료를 받아 기획 선생님과 함께 학생자치규정을 하나하나 음미하며 읽어 내려가는데, 최소 7회독은 해야 합격할 것 같은 사법시험을 준비하는 느낌이었다. 그리고는 생각했다.

'그동안 소담고 학생자치를 너무 피상적으로 접하고 있진 않았던가?'

'소담고 학생자치는 삼권분립을 유지하며, 학생 주도적이고 민주적인 절차로 운영되고 있다는 막연한 생각만 했을 뿐, 그 뒤에 숨은 선생

2부 학생과 함께 성장한 우리

님들의 피나는 노력을 왜 보지 못했던가?'

사실 소담고처럼 학생회가 활성화된 학교는 대한민국 어디에도 찾아보기 힘들 것이다. 학생들에게 주도적으로 예산을 집행할 수 있는 권한을 주는 점, 학생 복지를 위한 각종 프로젝트 행사를 학생이 직접 구상하고 실행할 수 있다는 점, 대의원회에서 의결한 사항이 관련 부서 부장이나 행정실장, 학교장에게 전달되어 수용될 수 있다는 점, 학생과 관련된 학교의 모든 규정을 제·개정할 때 언제든 참여할 수 있다는 점, 학생이 학교운영위원회에 참여하여 자유롭게 의견을 제시할 수 있다는 점. 이는 교과서나 개론서에서만 볼 수 있는 이상적인 모습이 아니라, 소담고에서는 아주 쉽게 볼 수 있는 광경이다.

관내·외 학교에서 우리 학교의 학생자치를 배워 보겠다며 방문하기도 하고, 관련 연수를 의뢰하기도 한다. 그리고는 질문한다. "학생자치가 아주 활성화되어 있네요. 그런데 학생들이 잘 따라오나요?", "학생들이 학생자치에 관심을 갖고 적극적으로 참여하는 것이 신기하네요. 저희는 입시 때문에 학생들의 참여가 저조해요. 어떻게 해결할 수 있을까요?"

나도 사실 신기하다. 학생들의 적극적인 참여가….

학생자치 운영에 대해 아무것도 모른 채 민주시민교육부를 맡았을 때, 전임자 선생님의 피땀 어린 인수인계 자료도 도움이 되었지만, 무엇보다 학생들이 많이 도와주었다. 학생회 집행위원회 회의가 있을 때면 몇몇 학생이 찾아와서 말한다. "선생님, 오늘 집행위 회의가 있어요. 끝나면 회의록 드릴게요." 학생자치법원을 구성할 때쯤엔 전년도 학생자치법원장이 찾아와서 이렇게 말한다. "선생님, 사법시험은 언제 보나요. 적어도 4월 말까지는 구성이 끝나야 할 것 같아요." 마치 개인 비서같이 나에게 찾아와 언제 어떤 업무를 해야 할지 알려주곤

했다.

이토록 학생들을 열정적으로 움직이게 하는 원동력은 무엇일까? 학생들이 주도하고 실행하는 과정에서 오는 성취감이나 뿌듯함이 아닐까 싶다. 그런 경험이 축적되면 될수록 학생자치 활동의 매력에 자기도 모르게 푹 빠지는 것이다.

그런데 문제는 그 경험을 맛보는 기회를 교사가 충분히 제공해야 한다는 점이다. 그 기회를 만드는 과정은 정말 쉽지 않다. 먼저, 보수적인 학교문화의 벽을 깨부숴야 한다. 학생들이 학교 운영에 자유롭게 참여할 수 있는 문화, 학생들의 의견이 합리적이라면 언제든지 수용할 수 있는 문화, 그리고 무엇보다 학생들도 교사 못지않게 잘 해낼 수 있다는 강한 믿음, 신뢰가 필요하다. 그 우여곡절의 과정을 거쳐 온 소담고 학생자치 담당 선생님들의 피나는 노력이 지금의 소담고를 만든 것이 아닐까? 난 그제야 깨달은 것이다.

나의 2021년을 돌아보면, 그동안 잘 다져지고 만들어진 학생회가 동력을 잃지 않고 원활하게 운영될 수 있도록 묵묵하게 조력하고자 노력했다. 그동안 몰라보게 성장한 학생들을 볼 때면, 교사로서의 만족감과 뿌듯함에 젖기도 한다. 어쩌면 나도 이미 소담고 학생자치의 매력에 푹 빠졌을지도….

소담고, 남은 과제

2020년, 2021년 소담고등학교에 2년 동안 근무하며 좋은 점도 많았지만, 남은 숙제들도 있다. 뻔한 말이지만, 장점은 더욱 발전시키고 아쉬운 점은 보강해야 한다. 그렇기에 혁신고 5년을 이제는 객관적으로, 더 냉정하게 평가해봐야 할 시점이 온 게 아닌가 하는 생각이 든다.

먼저, 수업 혁신이다. 앞에서 언급했듯이 고3 학생임에도 동화를 통해 삶의 가치를 가르칠 수 있는 '뭔가 틀을 깨는 수업 혁신'이 필요하다. 다행히 소담고에는 수업에 대한 열정이 넘치는 선생님들이 많다. 하지만 아직은 공유가 원활하게 이루어진다는 느낌을 받지 못했다. 물론 전문적학습공동체를 통해 수업에 대한 교사 간 교류 활동을 하고 있으나 시간적 제약이 많은 것도 사실이다. 시간 확보와 더불어 교사들의 자발적인 참여 문화가 확산하여 소담고에서도 예전의 내가 경험한 그 신선하고도 짜릿했던 교과협의회의 충격을 느껴보면 좋겠다.

둘째, 학생 맞춤형 프로그램이다. 요즘 일반계 고등학교는 성향이 다양한 학생들로 구성되어 있다. 예전처럼 대학 진학만을 목표로 하는 학생들만이 아니라 다양한 진로를 목표로 하는 학생들도 있기에 이에 대한 교육도 병행되어야 한다. 그래서 교과는 물론 교과 외 활동에서도 학생들이 지닌 잠재력을 최대한 끌어올릴 수 있는 교육프로그램을 모색해야 한다. 물론 학생자치가 일부 역할을 하고 있지만, 학생회 구성원들에게만 국한되었다는 한계도 여전히 있기에 이에 대한 고민도 필요하다. 학생들이 주도하는 협동조합이나, 학생들이 계획하고 실행하는 대학 탐방, 진로 체험활동 등도 하나의 방법이 될 것이다.

셋째, 학생자치뿐만 아니라 동아리나 봉사활동에서도 학생 주도성이 우선되어야 한다. 물론 소담고에서도 학생 주도 동아리 및 프로젝트 봉사활동을 운영하고 있다. 하지만 아직 시작 단계이기에 더욱 활성화될 수 있도록 키워가야 할 숙제가 남았다. 창체활동의 주체는 학생이 되어야 교육적으로 더 큰 의미가 있다. 특히, 동아리는 학생들의 진로와 관련 있기 때문에 학생 주도적으로 계획하고 운영해 갈 수 있도록 물꼬를 터주면 학생들의 내적 성장에 더 많은 도움을 줄 것이다. 소담고 학생들이 스스로 기획한 문학기행을 기대한다.

마지막으로, '혁신고'라는 타이틀에서 파생된 편견에서 벗어나는 것이다. 지금 소담고는 적어도 학생이나 학부모 사이에서 이런 부분을 어느 정도 해결한 상태다. 그런데 오히려 교사들에게서 그렇지 못한 것 같다. 어느 학교에서나 일어날 수 있는 문제 상황을 혁신고라는 이유로 문제시하는 경우를 종종 보았다. 앞에서도 언급했듯 내가 생각하는 혁신은 항상 기본에 충실했다. 그래서 더 가치가 있었다. 우리 교사들이, 그리고 우리 사회가 혁신의 본질에 대해 좀 더 깊이 있게 고찰해야 할 필요가 있지 않을까?

성장의 우리 학교

어디서나 아이들은 소중하다

교사 김규리

"혁신학교는 뭐가 달라요?"

지난 5년간 자주 받았던 질문이다. 나는 이 질문이 사실 어려웠다. 뭔가 거창하게 다르다고 해야 할까? 여기도 똑같은 학교라고 해야 할까? 그때마다 내가 우리 학교에서 얼마나 의미 있고 즐겁게 지내는지에 대한 대화로 풀며 가볍게 마무리하지만, 가끔 깊은 고민에 빠질 때가 있다.

시작: 어느 학교에 다니든, 아이들은 소중하다

사범대를 졸업하고 임용고시 준비로 20대 청춘을 보낸 나는, 교사가 된 것만으로도 좋았다. 더 솔직한 표현으로, 내 출근길은 지금도 감사하다. 27세, 처음 발령을 받아 특성화고에서 신규 교사로서 느낀 건, '우리 아이들이 행복했으면 좋겠다!'라는 생각이다. 그리고 교사도 행복해야 아이들이 행복하다는 것을 배웠다. 이런 가르침을 주신 선생님들과 전문적학습공동체를 만들었다. 교육청에서 하는 연구회 모임이 있다는 것도 알았고, 따라가 보게 되었으며, 강의를 듣고 감명을 받아 어느덧 '새로운 학교 연구회'에 적극적인 회원이 되었다. 좋은 사람들을 따라가다 보니 어느새 혁신학교 개교 준비 TF팀이 되어있었다. 같이 뜻을 모은 선생님들의 열정은 뜨거웠고, 나도 내 나름의 장점을 살리기 위해 노력했다. 결과와 계산적으로는 설명할 수 없는 '교육'이라는 것에 대한 열정과 개인적 이익이 아닌 공적인 열망으로 모인 선생님들을 존경하지 않을 수 없었다.

교육은 일반적인 여느 사업처럼 그 이익을 측정할 수 없다. 다만 우리는 아이들을 다루고 바라보는 존재이며, 그 소중한 아이들의 미래에 영향을 주는 사람들이라는 점은 확실하다. 따라서 혁신학교 출신 학생이든 아니든 아이들은 소중하며, 꿈을 이루기 위해 모두가 노력하고, 교사들은 그런 학생들을 도와주어야 한다. 더불어 '학생들의 앞으로의 삶이 의미 있고 행복해지길 바라는 사람들'이라는 마음은 모두 같다. 이런 전제를 깔고, 지난 5년간 우리는 무엇이 달랐을까? 글을 통해 돌아보고 싶다.

지난 5년의 클라우드 털기

'나는 지난 5년간 무엇을 했을까?' 확인할 수 있는 가장 좋은 방법은 자동으로 동기화되는 앱의 사진첩 털어보기이다. 희망에 차 개교를 준비한 2016년 29세의 겨울, 소담동 공사장 시절 사진부터, 2017년 개교를 준비하며 정신없이 지낸 날들, 첫 입학이 있던 3월부터 분주한 행사 사진들, 3주체 생활 협약 사진, 우리 반 학생들과 놀며 지낸 사진, 처음 주관해본 롯데월드 현장체험학습 사진, 벽화 봉사활동 사진, 박람회 사진, 학생들과 즐거운 추억을 쌓은 수련회, 공개 수업 사진, 마

2부 학생과 함께 성장한 우리

지막 축제 행사 사진까지! 단 1년의 사진만으로도 몇 줄이 꽉 차는 것을 보니 그동안 내 30대 초반이 왜 이리 빨리 흘렀는지 알 수 있었다. 어쩌면 나의 30~34세는 '=소담고'인 것 같다. 이런 일들을 지금 다시 하라면 할 수 있을까? 그런 패기와 용기가 다시 생길 수 있을까? 솔직히 자신이 없다. 물론 그때보다 더 노련하고, 유연하고, 지혜롭게 지낼 수는 있겠지만 그때만큼 나의 하루를 오롯이 학교에 맡기며 많은 감정과 시간을 학교에 쏟을 수 있을까?

폭풍처럼 지나간 2017년 첫해, 3학급의 작은 규모였던 만큼 1학년 1반 담임과 학년부장과 학생부장을 겸임하며, 바쁨에 허덕여 힘들어하는 나를 보고 '너의 경력과 나이에 맞는 일을 좀 하라'는 친구의 말에 상처도 받았다. 그래도 무사히 학생들의 생활이 지나가고, 나름대로 최선을 다해 재미있는 수업도 해낸 나를 스스로 칭찬하며, 나에게 남은 것을 돌아본 첫해였다. 예쁘디예쁜 우리 반 친구들과 만든 사제의 정(情), 위기의 학생이었지만 결국 2학년으로 올려보내며 그 친구에게 받은 장문의 문자, 학부모님의 응원 메시지를 안고 나 스스로를 위로하며 한 해를 마무리했다.

물론 그 뒤로도 수학여행이나 3주체 생활 협약 같은 행사들은 계속되었고, 학년마다 학년 특색 사업도 생기고, 다양한 프로그램과 행사가 운영되었다. 점점 학생도 많아지고, 교사도 늘어나 본격 규모를 갖춘 학교가 되었다. 그 후에도 내 클라우드는 학생과의 사진, 선생님들과의 추억들로 더 많은 양을 채우고 있었다.

추억 털기 〈특별한 벌 주기〉

2018년, 신설 2년 차. 정신없이 담임과 학년부장을 여전히 겸임하

며 수학여행을 준비할 때였다. 제주에서 첫날 밤, 몇 번을 검사했음에
도, 역시나 우리 아이들은 여행 중 친구들과 알코올로 나름의 추억 쌓
기를 했다. 물론 그날도 혼을 냈지만, 제대로 된 벌을 더욱 의미 있게
주고 싶었다. 무엇을 할까? 아주 잠깐 고민하고 궁리했지만 결국 '사제
동행 봉사활동'이 나에게 딱 맞는 방식이었다. 2017년, 아이들 1학년
때 이미 전교생 벽화 그리기 봉사활동으로 인연이 있던 전의면의 '해
뜨는 집'에 바로 연락을 드리고, 그 주 토요일에 알코올의 추억을 쌓은
아이들을 데리고 또 한 번의 봉사활동을 계획했다. 벌을 주는 날이지
만 수학여행만큼 설렜고, 아이들도 웃으며 약속시간을 지켜 학교에 나
타났다.

그런데 그날, 학교에 몇몇 어머님들께서 함께 오셨고, 웃으시며 "죄
송해요. 저희도 같이 벌 받아야지요. 선생님~" 하시며 같이 차를 타고
가주셨다. 우리는 결국 3주체가 모두 모여 봉사활동을 가게 되었다.
아이들과 어머님이 함께 김장을 하고 있는 사진을 다시 보면 예쁘고
해맑은 아이들 덕분에 나도 기분이 좋아진다. 그 친구들은 잘 자라 이
제 성인이 되어 가끔 학교에 찾아오는 멋진 선배가 되었고, 어머님들
은 가끔 나에게 안부 연락을 주신다. 이렇게 따뜻한 우리 소담고 학생
과 어머님들이 지금도 참 좋다.

도서관, 문득 울컥해지는 우리 학교

그렇게 정신없는 2년이 지나고, 개교 3년 차에 접어들며 도서관에
서 독서 수업을 하던 여름의 초입이었다. 소담고 1기 친구들을 고3으
로 올려보내고 나는 1학년으로 내려와 3기 신입생들의 학년부장을 다
시 맡게 되었다. 3년째 하는 학년부장이라 첫해보다 어렵지 않았고,

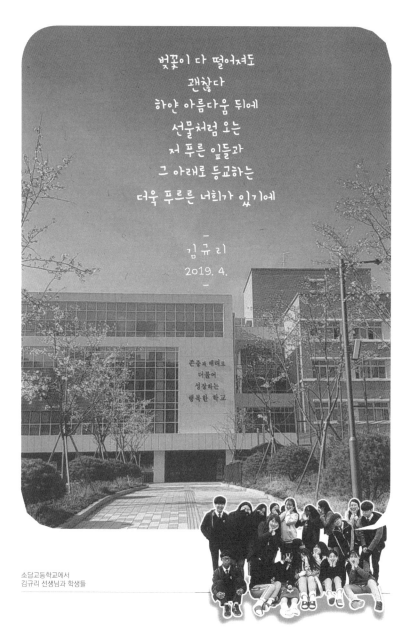

벚꽃이 다 떨어져도
괜찮다
하얀 아름다움 뒤에
선물처럼 오는
저 푸른 잎들과
그 아래로 등교하는
더욱 푸른 너희가 있기에

—
김규리
2019. 4.
—

소담고등학교에서
김규리 선생님과 학생들

세종시교육청 소식지 봄호(2019)에 실린 자작시

새로운 학년 학생들과도 정을 쌓으며 즐겁게 수업을 하고 있었다. 우리 학교 도서관 한쪽은 통유리이다. 그 앞에 서 있으면 정문과 학교 건물까지 오는 가로수길이 보인다. 분명 얼마 전까지 벚꽃이 가득하던 길인데 어느덧 초록 잎이 가득했다. 그런데 아쉽지 않았다. 내가 좋아하는 화려한 꽃들은 떨어졌지만, 아침에 걸어들어오는 아이들의 모습을 생각하니 꽃이 지고 나서 오는 저 푸른 잎마저 우리 아이들처럼 보였다. 그 전해에 담임이던 2학년 3반 아이들에게 이런 말을 한 적이 있다. "아, 이거 엄청 부끄러운데…. 내가 오늘 출근길에 핀 꽃들을 봤거든. 그게, 꼭 너희들 같더라." 이렇게 아이들은 꽃이라고만 생각했는데, 꽃이 떨어지고 나는 잎들마저도 그 싱그러움이 가득했다. 그리고 그 나무 밑으로 등교하는 아이들을 생각하니, 갑자기 행복했다. 그러다 울컥했다.

갑자기 왜 나는 행복하다 울컥했을까? 그해 2월로 잠시 돌아가야 한다. 시스템 오류로 고등학교 재배정 사태가 있고 나서, 우리 앞에는 소담고에 가지 않겠다며 항의하는 학부모님과 학생들이 나타났다. 두려웠다. 그 항의 현장에 가 보지 않았지만, 사실 가고 싶지도 않았다. 우리 학교가 그렇게 비선호 학교라는 걸 뼈저리게 느낀 순간을 눈으로 확인하기 싫었다.

곧 나는 그 학년 아이들을 맡은 1학년부장이 되었으며, 그 스트레스인지 몸이 아파 입학식 날 오전까지 링거주사를 맞고 오후에 신입생 입학식 행사를 담담한 듯 웃으며 치러야 했다. 다행히 내 눈앞에서 최악의 사태는 펼쳐지지 않았다. 아이들을 반갑게 맞이했으며, 앞으로 더 잘 해보자, 더 열심히 해야겠다는 의욕이 넘쳤다. 이 안에 우리 학교에 오기 싫어하는 학생들이 있다는 것을 알지만 그들의 마음마저 돌려놓고 싶었다. 그리고 벌써 이 친구들과 3년이라는 시간을 함께 보냈다. 정이 참 많이 들었다. 이 학생들은 결국 자랑스러운 소담고 3회 졸업생이 되었다. 대입에서 나름 좋은 성적을 냈고, 각자 원하는 대학에 합격하여 우리 3학년 교무실은 행복했다.

함께 공부하고 싶은 우리 학교

3기 아이들이 2학년이 된 해에도 여전히 나는 학년부장을 맡고 있었다. 책임감은 두 배로 무거워졌다. '아이들을 위해 어떤 프로그램을 실행해야 할까?', '어떻게 해야 아이들이 공부도, 학교생활도 즐겁게 할 수 있을까?'에 대한 고민이 깊어갈 무렵, 코로나19라는 처음 듣는 전염병이 나타나 버렸다. 우리 학년 자기 주도 학습 담당 선생님과 개학 전부터 준비했던 '공부의 왕도, 2학년 학습자치회' 프로젝트도 무기한 연기되어버렸다. 게다가 집합과 대면은 조심스러웠다. 대신 또 하나의 과제가 나타났으니, 바로 '원격수업'이라는 처음 보는 시스템이었다. 수업에 욕심이 많은 나였지만 기계 장비, 컴퓨터나 소프트웨어에는 매우 약하다는 것을 알기에 두려움이 앞섰다. 주변 선생님들이 영상 편집 프로그램이나 새로운 장비들, 온라인 플랫폼 사용 방법을 알려주시는 등 많은 도움을 주셨지만 결국 저녁에, 친한 선생님들이 남아계신 교무실에서 답답함에 엉엉 울어버렸다. 몹시 부끄러웠지만, 선생님들은 내가 전문적인 수업에 대한 열의가 강한 것이라며 위로해주셨다.

그렇게 급하게 영상 강의 제작법을 배워 온라인수업 기간을 보내고, 나름 재미를 붙이며 몇 달이 잘 지나갔다. 이런 위기를 통해 나도 새로운 세계를 경험했지만, 우리 학교 선생님들이 얼마나 유연하고, 유능하고, 서로를 도와주고 협력하는지 또다시 느끼는 의미 있는 경험이었다. 1학기 말엔 학교에서 다 같이 추진한, 교육과정 유연화 활동으로 다양한 과목의 선생님들이 하나의 주제로 서로 뭉쳐 협력 수업을 하는 모습도 참 인상 깊었다. 물론, 나도 수학 선생님과 '지니어스' 창의력 프로그램을 기획하여 문학과 수학을 융합한 수업을 진행했다. 활동식 수업을 재개하니, 코로나로 학기 초에 만나지 못했던 아이들의 살아있는 모습을 다시 볼 수 있어 참 좋았다.

그렇게 시간이 흘러 2학기가 되고, 이제 더는 미룰 수 없어, 방역 기준이 완화된 것을 기점으로 아이들을 모았다. 그리고 '학습자치회'라는 이름을 붙인 우리 학년 공부 모임을 본격 추진했다. 사실 전년도, 아이들이 1학년일 때, '아침을 여는 독서'로 같이 모여 학생들이 독서 활동을 공유하는 모임을 하며 함께 아침 식사를 한 경험이 있기에, 그해도 아침 공부 모임을 또 시도하고 싶은 욕심이 생겼다. 하지만 코로나 시국이었기 때문에, 간식 준비조차 매우 조심스러웠다. 그런 조심스러움을 안고, 월요일 아침에 자발적으로 신청한 20명의 학생이 1시간 먼저 등교하여 도서관에 모여 한 주의 계획을 세우고 공부한 내용을 공유했다. 또, 주마다 주제를 주고 학습 방법에 대해 자유로운 토론을 하도록 했다. 그런 과정에서 같은 학년 친구들끼리 안면을 트고, 서로의 진로를 알고, 얼굴을 익히며 공부하려는 의지뿐 아니라 정보를 교환할 수 있도록 의도했다. 원격기간이 중간중간 겹쳐 모이지 못한 날이 있어 매우 아쉬웠지만, 함께 모여 공부하려는 움직임이 있었다는 것에 의미를 두고 아이들의 2학년을 마무리했다.

시를 쓰고 싶어지는 우리 학교

우리 학교는 유독 아이들이 살아있는 학교다. 내가 그런 분위기를 좋아하기도 하지만, 아이들끼리 회의가 많고, 그들이 활동하는 모습이 참 아름답다.(물론 공부하는 모습이 제일 아름답다.) 그리고 글쓰기를 좋아하는 나는 유독 소담고에서 학생들을 주제로 시를 많이 쓰게 됐다. 어릴 적 내 꿈은 교사와 작가였는데, 어느새 내 꿈을 이루고 있는 곳이 되었다. 성장하는 학교, 학생들을 가르칠 뿐만 아니라 나 또한 모든 과정에서 성장하고 배우는 학교가 바로 여기였다.

사실 개교 초반에는 모든 것에 대해 회의하고 토론하는 문화에 익숙하지 않았다. 상급자나 선생님의 지시로, 하라는 대로 순순히, 적극적으로 잘 따르던 나에게는 오히려 낯선 문화였다. 그래서 혁신학교 평가 자리에서, '학창시절에 배우지 못했던 '민주주의'를 여기서 배우는 것 같다'는 소감을 나눈 적도 있다. 내가 아무리 유능하고 전문적이고 힘이 있다고 생각해도 다른 사람의 의견도 소중하며, 다른 사람의 입장도 반영하고 배려해주어야 한다는 것도 배우게 되었다. 나는 요즘 아이들이 나보다 더 뛰어난 역량을 발휘하고, 창의력을 발휘할 때 느끼는 그 쾌감이 이루 말할 수 없다. 아이들이 오히려 나에게 새로운 정보를 주고, 뛰어난 프로그램을 개발했을 때의 기쁨도 말로 표현할 수 없다. 이렇게 아이들이 웃고 떠들고 움직이는 학교는 나에게 큰 힘을 준다. 끊임없이 글을 쓸 영감을 준다. 나의 꿈과 학생들의 꿈이 동시에 이루어지는 우리 학교가 참 좋다.

부끄러운 시 몇 편

이번에 책을 쓰게 되면서 내가 그동안 썼던 시들을 다시 찾게 되었다.

그중 가장 신선하고 쑥스러운 시가 2017년 소담고 첫해 근무할 때

쓴 시가 아닌가 싶다. 1정 연수에서 배운 '학급 평화 프로젝트'를 실천해 보겠다며, 내 손으로 받은 개교 신입생이라 그런지 유독 애착이 가는 우리 1학년 1반 학생들에게, '시를 써줘야지!'라고 처음 다짐해보았다. 다행히 개학 날 조회시간에 나눠 준 이 시를 읽고, 아이들은 정말 긍정적이고 좋은 반응을(반 게시판에 붙여달라면서 거의 호응을) 해주어 참 뿌듯했던 기억이 난다. 나중에 학생 중 한 명은 이에 답하는 시도 써주었다.

풀꽃이 밀려온다

오래 보아야 사랑스럽다고 하지만
너희는 그냥 보아도 사랑스럽다
자세히 보아야 예쁘다고 하지만
너희는 그냥 두고 보아도 예쁘다

힘들게 학교를 나오는 준호도, 하영이도
가끔 선생님의 마음을 먹먹하게 하지만
그냥 너희는 그저 예쁘고 사랑스럽다.

복도를 뛰어다니는 너도,
몰래 화장을 하는 너도,
야자 시간에 떠드는 너도
야자 시간에 잠이 드는 너도
사실은 모두 사랑스러웠다.

　　　　　　　　2부 학생과 함께 성장한 우리

신겸이도, 지혜도, 동현이도, 성훈이도, 소연이도,
제희도, 소진이도, 환희도, 나경이도, 우진이도, 지현이도,
하늘이도, 성진이도, 신비도, 다빈이도, 용주도,
혜리도, 우종이도, 재은이도, 여원이도, 예원이도,
근영이도, (이제 막 전학 온 도경이도) 나에게 말을
잘 걸지 않던 동훈이마저도

그 순수한 마음이, 크게 웃는 웃음이,
조잘조잘 떠드는 소리가,
남을 위해 자신의 시간을 쓸 줄 아는 마음이,
담임선생님이 속상하다는 것을 느낄 줄 아는 마음이

하나하나 풀꽃같이 달려와
오래 보지 않아도, 자세히 보지 않아도
그 존재만으로도 너희는 참 예쁘다.

　2020년 3월, 2학년부장으로 여러 가지 계획을 세우며 신나게 개학을 준비했지만 아이들은 코로나19로 학교에 올 수 없었다. 온라인 수업을 준비하며 텅 빈 학교에서 수업 준비를 하고 아이들을 인터넷으로 만나는 일은 참 어색했다. 아이들 없는 학교는 진짜 학교가 아니라는 생각을 하며, 학생의 소중함을 담아 이 시를 써보았다.

기다리는 봄

학교에는 하얀 벚꽃송이
몽글몽글 달콤하게 피어올랐다.

그 하얀 벚꽃송이
옹기종기 모여있던 너희들 같다.

눈 감아보면 보이는
선생님을 찾아오던 그 애정의 소중함
귀 기울이면 들리는
활기로 가득 찼던 시끌벅적함의 소중함
손 대어보면 느끼는
함께 부대끼던 그 온기의 소중함

빈 교실에 앉아
봄꽃 같은 너희들을 기다리며 우리는
좋은 양분, 좋은 햇빛, 좋은 물
가득 주고 싶어
오늘도 열심히 만들고, 다져 놓는다.

학교에는 하얀 벚꽃송이
몽글몽글 달콤하게 피었지만
학교에는 아직 봄이 안 왔다.

2021년 3월, 1학년부터 학년부장으로 함께 올라온 아이들의 3학년 담임을 맡았다. 2학년 때 갑자기 시작된 코로나 시국에서 비대면 수업을 하며 아이들의 소중함을 느꼈다. 참 많이 보고 싶었던 우리 소담고 아이들. 이제 완전한 대면 등교로 개학을 맞이하는 반가움을 담아, 2년 만에 맡은 담임의 설렘을 담아, 시를 써 보았다.

소중한 봄

전보다 더 큰 숨으로
너희를 가르쳐야 하는 내 호흡이 참으로 반갑다

전보다 더 큰 마음으로
너희를 대해야 하는 내 열정이 참으로 반갑다

전보다 더 큰 관심으로
너희를 살펴야 하는 내 정성이 참으로 반갑다

가현 수민 가빈 나연 나현 윤호
정미 정현 찬우 영은 재민 주은 정빈
혜진 정이 혜빈 소미 상은 서연 선주
예은 주연 인영 민지 현민 재경 윤영

출석부 속 누군가의 소중한 이름들이
우리 학교 담장에 핀 개나리처럼

문득 훌쩍 자라
조심스럽게 내게 다가온다

전보다 더 소중해진
우리들의 하루가 참으로 반갑다

끝: 언제 어디서나 아이들은 소중하다

올해 결혼을 앞둔 나에게 '자식'이란 존재는 아직 낯설다. 하지만 자식이 소중하다는 것은 누구보다 잘 알고 있다. 3주체 독서 토론을 하면서 내 제자와 그들의 학부모님과 함께 책을 읽으며 이야기를 나눈 경험은 참 의미 있었다. 시작하기 전에는 학부모님과 이런 소통을 우려하는 시선도 있었지만, 막상 추진해보니 정말 즐거운 시간이었다. 어머님들과 소통하는 것이, 나에게는 설레는 일이었다. 물론 학생들과의 소통도 좋았다. 학교에서는 볼 수 없는 부모님 앞에서의 외동딸, 맏아들, 막내의 모습을 보는 것도 꽤 신선했다. 돌이켜보면 서로를 깊이 이해하는 시간이었다. 바로 다음 해에 코로나가 시작되어 2학년 때는 몇 번 모일 수 없어 아쉬웠지만, 짧은 기억이 더 강력하듯이 학생-학부모-교사 3주체 독서 토론에 나와주시고 참여해주신 어머님들과 동료 선생님들께 정말 감사하다.

결국, 아이들은 모두 누군가의 제자들이며, 누군가의 소중한 자식들이다. 그래서 우리 학교 아이들이든, 다른 학교 아이들이든 상관없이 소중하다는 결론이 난다. '혁신학교는 뭐가 달라요?'에 대한 답은 이 글을 써봐도, 내리지 못하고 있다. 하지만 이렇게 교육 3주체가 열의를 가지고 있는 한, 그 학교는 계속 발전할 것이다. 그 발전과 성장의 에너지가 끊임없이 재생산되어 아이들에게 선한 영향력을 미치고, 그런 환경 속에 자란 아이들은 10년 뒤, 20년 뒤, 사회에 나가 적어도 자신의 삶을 아름답게 가꿀 줄 아는 사람이 되리라 믿어 의심치 않는다.

난 혁신학교가 참 좋다

소담고에서 아름다운 사람들을 만났다

교사 **고상은**

말 많은 곳, 그곳은 혁신학교

학교가 시끄럽다.

이곳은 혁신학교다.

학생도 교사도 학부모도 말이 참 많다.

질문이 살아있는 교실을 꿈꾸지만, 우리는 참 '말'에 인색하다. 외인 구단인 나는 아직도 충청도 양반 문화가 어렵다. '침묵'을 미덕으로 삼는다. 여럿이 있을 때 절제된 발언이 미덕일 수는 있다. 동료에 대한 배려이기도 하다. 하지만 독심술을 익히지 않고서는 어떻게 상대의 생각과 마음을 읽을 수 있단 말인가. 말 많은 혁신학교 소담고에서 나는 눈부신 햇살을 보았다.

학교란 어떤 곳일까?

들러리
줄 세우기
기타 대학

중학교 때 우리 반은 늘 1등이었다. 담임선생님은 우리 반 60명을 석차 순으로 앉혔고, 앞뒤로 5명의 학생을 남겨서 1대 1 짝을 지워 주며 이른바 '멘토 멘티' 학습을 시켰다. 어떻게 보면 굉장히 효율적인 방법이었다. 420명 중 늘 전교 10등 안에는 우리 반 아이들의 이름으로 가득 메워졌고, 담임선생님은 이것을 늘 뿌듯해 하셨다. 그때 난 나와 짝을 이루었던 친구의 슬픈 눈빛을 아직도 잊을 수 없다. 의사, 변호사 부모를 둔 친구들에 대한 선생님들의 남다른 말투가 참 불편했다. 자선이란 이름으로 우리 반 아이들은 모금을 했고, 담임선생님과 함께 장애 부모를 둔 친구의 허름한 집을 방문했다. 그 친구의 당황했던 표정…. 그 후로 우리는 그 친구를 다시 보지 못했다.

소담고에 오기 전에 머물던 학교에서 참 따뜻한 동료들과 학생들을 만났다. 하지만 사적 공간이 아닌 공적 공간에 교사라는 이름으로 있기에는 불편한 그 무엇이 있었다.

"선생님~ 우리 학교에는 성골, 진골이 있어요. 저희는 들러리고요."

"여기 아이들 공부 안 해요. 그러니 너무 애쓰지 마세요. 그냥 빨리 진도 나가요."

"저는 '기타 대학'만 안 가면 돼요. 대학 합격자 현수막에 제가 가는 대학이 기타만 아니면 좋겠어요."

아이들을 과일 선별하듯 나눈다. 수월성 교육이란 미명으로 각기

다른 트랙으로 교육을 한다. 소수 학생들은 개인의 성장과 더불어, 학교의 명예를 높이기 위해 철저히 특별 관리되고 특별 대우를 받는다. 원반, 이동반 이름으로 수업을 따로 한다. 아이들은 학급이 아닌 특별반 소속으로 불린다. 우리나라 교육 현장에서는 학생 성적 향상을 위한 가장 효율적인 수업 방식으로 이 방법을 꽤 오랫동안 맹신해 왔다. 그 사이에서 마음의 상처를 받고 자란 아이들을 우리는 들여다보지 못했다. 동료 교원들 사이에서도 쉬쉬하며 베일에 싸인 채 이루어지던 특별 시스템. 그 경험 이후 난 '명문'이니 '명품'이니 '특별'이니 하는 단어가 참 불편했다. 특별 대우의 혜택을 누리고 멋진 대입 결과를 모교에 선사해 준 제자들로부터 그들 스스로도 불편했다던 에피소드를 전해 들으며 목에 사리가 걸렸다.

평화로운 일상이지만 마음이 참 힘들었던 즈음 '새로운 학교 연구회'라는 것을 알게 되었다. 세종살이의 헛헛함을 연구회로 달래며, '학교혁신'과 마주하게 되었다. 3년 동안의 연구회 활동을 통해, 몸은 다소 힘들어도 마음은 편해질 거라는 확신이 들기 시작했다. 개인적으로 녹록지 않은 상황이었지만 소담고 개교 TF에 합류하는 행운을 얻었다.

편견과 마주하기

아직도 거기 계세요? 쯔쯧.
거기 아이들 엄청 힘들다면서요?
아이들 두발도 복장도 제멋대로라던데, 힘드시겠어요.

아직이라니…. 난 이곳이 세상 편한데. 아이들이 힘들다고? 여태 이런 순둥이들을 만난 적이 없다. 두발과 복장이 자유로우면 교사는 편하다. 아이들과 실랑이를 할 일이 없다. 뭔 10대가 욱 하지도 않고. 문을 박차고 나가지도 않고. 하물며 시험 못 봐서 죄송하다고 교사한테 사과까지 한다. 혼날까 봐 선수를 치나? 교사가 얼마나 무능했으면 본인이 낸 문제를 본인이 가르친 학생이 못 푼단 말인가. '내 탓이요. 내 탓이요. 나의 큰 탓이로소이다'를 외쳐야 할 판이다. 가끔은 중딩, 아니 요즘은 초등 저학년이라고 해야 할까? 이들의 순수함에 의문을 던진 적이 있다. 말도 예쁘게 한다. 이런 아이들과 오손도손 지내고 있는데, 개교 1~2년 사이 외부에서 들리는 이야기는 기상천외했다. 학교폭력 사안이 한 건도 없었는데 학교폭력으로 몸살을 겪는 학교로 소문이 나 있었다. 왜곡된 소문을 내며 다니는 사람들의 정체와 의도가 궁금했다. 하물며 어느 입학생에 따르면, 중3 때 교감 선생님이 공부하려면 절대 소담고는 가지 말라고 했단다.

선생님들이 모두 다 열정이 넘쳐요.
아이들 표정이 참 밝고 편해 보여요.
소문과 달리 아이들이 엄청 착하네요.

전입 교원들의 공통된 목소리다. 몇 년 간 '혁신학교'라는 타이틀로 수난의 시간을 보냈다. '혁신(革新)', 얼마나 멋진 말인가? 더구나 사회 전반에서 혁신을 외친 지 오래다. 참 좋은 말인데, '학교'와 만나면, '고등학교'와 만나면 여간 고단한 게 아니다. 최근까지 우리 학교는 세종에서 유일한 혁신고등학교였다. 혁신고에 근무해 본 적 없는 분들이 근무하고 있는 우리보다도 소담고를 더 잘 알고 있단다. 우리 학교가 잘되기를 바라며 쓴소리를 해주는 거란다. 공통분모가 없는 이들의 쓴소리는 진실성 있게 받아들이기 힘들었다.

혁신학교에 대한 경험이 있거나 철학을 공감하는 동료 교사들은 신설 학교이자 세종시 첫 혁신학교를 일구느라 고생한다며 응원해 주셨다. 지금 생각하면 참 고마운 분들이다. 교사라면 함께하지는 못해도 교육적 가치가 있는 일에 적어도 응원은 해주어야 하지 않나 싶다.

우리 학교는 교사로서 결코 몸이 편한 학교는 아니다. 더구나 신설 학교라 완성학급이 될 때까지 기본적으로 해야 할 행정업무가 적지 않았다. 아파트가 완공되며 밀려드는 전입생으로 학급 수가 늘고, 또 새로운 시스템으로 개편하고 학생들을 맞이해야 했다. 전학 상담 전화와 방문 등으로 학교는 늘 분주했고 방문객들로 넘쳤다. 다른 학교의 것을 그대로 따라 쓰면 시간도 절약되고 저항도 없다. 그런데 굳이 모든 것을 새롭게 만들고 일구느라 엄청난 '+α'의 에너지를 들였다. 일을 만들면서 한다.

나도 부모고 학부모다. 부모가 되면서부터는 내가 우리 학교 아이들을 살피는 만큼 내 아이의 선생님들도 우리 아이들을 더 살펴주실 거라는 믿음이 있었다. 부모가 되면서 교사로서 학생들을 바라보는 눈빛이 깊어졌다. 학생의 입장을 한 뼘 정도 더 생각해 보게 된다. 학생들에게 건네는 말 한마디가 조심스럽다. 부모가 애지중지 금쪽같이 키워 온 아이들이다. 부를 때의 어조 하나, 눈길 하나도 조심스러워야 한다. 아이들은 모두 귀하다. '단 한 명의 아이도 소외되지 않도록 놓치지 않고 품어야 한다'는 혁신학교의 철학이 부모로서 참 좋았다.

학교자치

고등학생이 공부를 해야지. 뭔 학생자치야. 학생들은 강력한 규정으로 통제해야지. 생활 협약이니, 자율 약속이니 다 뭐야. 뜬구름 잡는 이야기지 뭐. 제대로 실천도 안 하면서.

자고로 학부모와는 거리를 두는 게 좋아. 뭔 혁신학교랍시고 자꾸 학부모를 불러들인대? 서로 불편하게.

경험 많으신 교장·교감 선생님이 시키는 대로 하면 편할 것을 왜 자꾸 모여서 회의를 하자고 하는지. 귀찮게.

한때 이런 목소리들로 휘청거린 적도 있다. 지금은 소수의 목소리가 되었다. 새로운 시도에는 용기가 필요하다. 이른바 '검증되지 않은 것'을, '일반화되지 않은 것'을 시작하는 것들에 사람들은 두려워한다. 공감한다.

"취지가 좋은 건 알겠는데요. 저희가 마치 실험 대상이 되는 것 같아요."

"그래도 선생님들이 어른이시니까 어린 저희가 따라야 하지 않을까요?"

"교수님들은 보수적이신데, 면접에서 혁신고 학생이어서 미운털이 박히면 어쩌죠?"

다양한 목소리가 들렸다. 교육적 판단. 잣대는 이것이다. 그 어떤 이해관계를 떠나 교육적으로 학생들에게 긍정적인 의미를 줄 수 있다면 다소 힘들어도, 꼭 성공이 보장되지 않더라도 시도는 해야 한다. 우리는 '경험'으로 배우기 때문이다. 교직원들의 의견을 모으는 것만도 힘들다. 그런데 학생들과 학부모들의 의견까지 수렴해야 하니, 여간 품이 드는 것이 아니다. 학교는 특정인의 소유물이 아니다. 학생, 교직원, 학부모 모두가 함께하는 곳이다. 함께 참여하고 만들어가는 곳이다. 우리가 머무는 곳. 우리가 함께하는 공동체의 일들을 누가 정해준 것을 따르는 것이 아니라, 우리가 잘 지내보자고 만들어나가는 것이다. 학교자치는.

모든 교육과정에서 융합, 협업 같은 단어들이 강조되고 미래형 인재의 바로미터로 등장한다. 난, '잠재적 교육과정'에 가치를 두는 교사다. 30년이 훌쩍 넘었지만 유년 시절의 교실 풍경, 수업 중 은사님의 표정과 손짓, 가끔은 멘트까지 생생하게 떠오른다. 그리고 그런 경험은 내 교직 생활에, 아니, 내 삶 전체에 영향을 주고 있음을 순간순간 느낀다. 3주체 생활협약을 통한 민주적 합의 문화, 교사들의 전문적학습공동체를 통한 공동 연구 같은 학교에서의 일상이 학생들에게는 그 어떤 교과의 모둠수업보다도 영향력을 발휘하지 않을까 싶다. '교육은 입으로 가르치는 것이 아니라 행동으로 보여주는 것'임을 경험했던 나는 우리 아이들에게도 그런 모습으로 '같이'와 '자치'의 가치를 알려 주고 싶다.

넘나들며 배우기: 전문적학습공동체

난 이 책 제목이 참 마음에 든다.
'넘나들다'라는 표현도 그렇고
'배우기'라는 표현도 참 좋다.

　　　　　　　　　　　　　　　　2부 학생과 함께 성장한 우리

배움은 끝도 없지만, '배우다'라는 행위는 내 나이를 거꾸로 돌려주는 짜릿함도 가끔 안겨 준다. 우리 학교 교사들은 전문적학습공동체('전학공')라는 아름다운 연대를 통해 넘나들며 배우고 있다. 대여섯 개의 주제별 전학공이 있다. 멋진 일이다. 교사들 한 명 한 명의 삶이 아이디어와 의견에 오롯이 담겨 있다. 개인의 경험을 풀어내고 이 조각들은 우리 교사 공동체의 역량으로 모여 시너지를 발휘한다. 평가를 앞두고 문서로만 끄적이는 '교과협의회'와는 결이 다르다. 교육과정을 이야기한다. 수업을 이야기한다. 평가를 이야기한다. 어떻게 하면 아이들의 가능성을 생활기록부에 의미 있게 엮어서 담을지 이야기하고, 아이들의 진로를 같이 고민한다.

올해 난 업무 담당자이기도 하여 여러 전문적학습공동체에 넘나들었다. '소담한 육아'(소신있고 담대한 육아)는 아이를 키우는 부모가 서로 고민을 나누는 것에서 시작했다. 고등학교에서 일과 시간 내에 전학공 시간을 확보하는 것은 쉽지 않다. 육아를 하는 교사들은 일과 후 모이기가 어렵다. 그래서 점심시간이나 평가 기간 오후 시간을 활용해 모였고, SNS로 정보를 공유했다. 이미 육아가 끝난 선배 교사로부터 조언도 듣고 위로와 지지를 나눈다. 서로 도서나 연수도 추천해 주고 '나만 겪는 어려움'이 아니라 동료들도 모두 힘든 일상을 지내고 있다는 것에 공감대를 이뤘고, 서로에 대한 이해의 폭이 넓어졌다. 행정실 주무관님 두 분도 함께했다. 친해지다 보니 그분들의 고충도 공감하게 되었고, 평소 업무를 할 때도 더 많이 협력하게 되었다. 무엇보다도 정서적 도움이 필요한 예민한 학생들을 바라보는 시선이 바뀌었다. 교사들은 모이면 결국 학생들 이야기다. 학생에 대한 교사의 경험을 나누면서 그 학생을 더욱 이해하게 되었다. 마음도 한결 가벼워지고 말 한마디의 온도가 달라졌다.

'잠자는 거인을 깨워라'는 무기력한 학생들을 어떻게 수업의 장으로 끌어올릴지 함께 고민하고 해결하고자 모였다. 우선 본인이 가장 힘든 수업을 공개한다. 사전에 수업 고민을 나누고, 수업 디자인을 함께 한 후 공개하고, 추후 수업 나눔을 한다. 오래전부터 학기별로 '학부모 수업 공개'는 있어 왔다. 공공연한 사실이지만 그것은 이벤트이지 일상의 수업은 아니다. 수석교사가 있으면 좋겠지만 안 계시니 우리끼리 경험을 나누고 지혜를 모아볼 수밖에. 수업 전문가를 모시고 수업 코칭을 의뢰했다. 임상 경험이 많은 전문가로부터 우리는 수업을 분석하고 학습공동체로서 함께 수업을 끌어올릴 수 있는 힘을 배웠다. '수업 공개'는 자신의 장기(臟器)를 드러내 보여주는 것에 비유된다. 결코 쉬운 일은 아니다. 용기가 필요하다. 하지만 그 용기의 대가는 내 수업을 가슴 뛰게 한다.

"선생님~ 수행평가 가짓수가 너무 많아요."

> 아이들을 보자
> 함께하는 평가
> 협업의 하모니

한때 야심차게 마음 먹고 수행평가를 여섯 개나 한 적이 있다. 나름 과정형, 통합형 수행평가라고 자부하면서. 솔직히 한 학기에 네 가지 이상의 수행평가는 교사로서도 녹록지 않았다. 그런데, 아이들은 최소 여덟 가지가 넘는 교과의 얼추 스무 가지가 훌쩍 넘는 다양한 수행평가를 준비해야 하는 셈이다. 말이 좋아 평소 실력을 편안하게 발휘하라고 하지만, 평가에 예민하지 않은 사람이 누가 있을까?

전 교사가 회의실에 모여 화이트보드 서너 개를 펼쳐놓고 자신의 수행평가 항목을 늘어놓기 시작했다. 융합으로 할 수 있는 수행평가를 고민하기 시작했다. 세종으로 내려오기 직전에 교육청 지침에 따라 교과융합 평가를 시도한 경험이 있다. 그때는 모두들 취지도 모르고 볼멘소리를 하며 그저 과제를 빨리 마치고 싶은 마음으로 구색만 맞추다시피 했다. 그러나 이번에는 달랐다. 순수하게 교사들의 자발성으로 꼼지락거리는 것이다. 한국사 교과에서 일제시대를 배경으로 한 역사극을 제안했다. 아직 기초 단계이기는 했지만 짧은 일본어 대사는 아이들이 충분히 소화할 듯싶어서, 모둠별로 아이들이 준비해온 일본어 대사를 1:1로 코칭해 주었다. 고작 수행평가 한 영역을 하는 것인데도 꽤 오랜 기간 동안 아이들과 만난 것으로 기억한다. 한국사 교사에게 받은 영상에 나의 기대는 오롯이 담겨 있었다. 5년이란 시간이 지났지만 지금도 아이들의 쑥스러운 표정과 긴장된 대사가 아른거린다.

I see you

> 한때 선풍적인 인기를 누렸던 영화 〈아바타〉를 아는가.
> 짧으면서도 강렬했던 대사
> I see you.

학교에서 우리는 참 많은 사람들과 만난다. 학생, 동료 교직원, 가끔은 학부모까지도. 수업 시간에 마주하는 아이들을 난 그동안 제대로 보고 있던 것일까? 알고 있었던 것일까? 요즘은 의도적으로 교실 정면에서 벗어나 아이들 자리를 여기저기 다니며 아이들과 함께하는 교사인 양 한다. 예전에는 10cm 높은 교단에 올라서서 7cm 실내화 굽으로 발을 구르거나, 사랑의 매라며 선배들이 손수 깎아 주신 회초리로 교탁을 두드리며 아이들의 주의를 끌기도 했다. 내 속으로 낳은 자식은 물론이고 수십 년을 같이 산 배우자나 가끔은 나도 나 자신을 모를 때가 있는데, 수업 시간에 만나는 아이들을 난 늘 잘 알고 있다고 착각했던 것 같다.

과감하게 그것을 깨게 해준 것은 수업 참관이다. 자율수업 공개 참관을 통해 교실로 들어간 난, 마치 360도 회전 광학현미경이라도 안구에 끼운 것처럼 아이들의 새로운 모습들을 발견하게 되었다. 혼자 열강한답시고 떠들어대느라, 내 수업 시간에는 미처 살펴보지 못했던 아이들의 모습들이 보이기 시작했다. 그 모습은 놀랍게도 모두 아이들이 지닌 장점 덩어리였다. 아이들이 눈을 반짝이는 지점을 발견하는 것이 수업 참관의 가장 큰 묘미다.

동료 교사의 장점이 보인다. 이렇게도 수업을 할 수 있구나. A교사는 수행평가를 한다고 수업 전체를 촬영한다. 수업 영상을 방학 내내 돌려보며 학교생활기록부를 작성한단다. 난 엄두도 못 내겠다. B교사의 활동지를 보면 감탄사가 절로 나온다. 이런 수준의 활동지를 해마다 새롭게 만든다고 하니, 여간 품이 들지 않겠다 싶다. 주말까지 수업 준비로 눈코 뜰 새 없다는 말이 납득이 된다. C교사는 EBS 강사도 울고 갈 수준의 명강의를 한다. 귀에 쏙쏙 들어오는 설명과 우렁찬 목소리. 그런데 참 이상하다. 왜 아이들의 눈이 빛나지 않지? 저렇게 에너지 넘치게 멋진 수업을 하시는데. 아이러니다. D교사는 어려운 공식을 도식화하여 멋들어지게 설명한다. 그런데 전자칠판의 마커 필기 내용은 도무지 학생 자리에서는 보이지 않는다. 이후로 난 전자칠판에는 마커 판서를 하지 않게 되었다. 교실 게시물 곳곳에는 담임교사의 숨결이, 그 학급 아이들의 마음이 고스란히 담겨 있다. 수업 참관은 '관찰의 힘'을 선사해 주었다. 소담고의 이런 문화는 아이들을 바라보게 한다. I see you.

너의 이름을 불러 주기 전에는

여기는 내가 근무한 일곱 번째 학교다.
처음으로 간절하게 원해서 온 학교이기도 하다.
소담고에서 생애 처음 개교를 경험했고 혁신학교를 경험했다.

전교생 700명이 훌쩍 넘는 학교에서만 근무하다 처음 아이들과 마주했을 때, 솔직히 학교 같지가 않았다. 좀처럼 아이들의 이름을 기억하지 못하는데, 한눈에 쏙 들어오는 아이들. 개교 당시 3학급에 66명의 아이들이 있었다. 무지개 빛깔 차원을 넘어 색상도에 있는 수많은 다른 색깔이 느껴지는 아이들. 아이들의 자율복보다도 아이들의 표정은 더 다채로웠다.

첫해 업무의 하나인 독서교육을 통해 많은 아이들을 글로 만났다. 장난기 넘치고 해맑고 가끔은 앞날이 걱정되는 아이들. 어지간하게 굼뜨고 늘 교사의 기대 속도를 따라가지 못해 속이 터질 때도 종종 있었다. 아이들의 진솔한 글은 이런 우려를 눈 녹듯이 씻어준다.

"소담고에 오기 전까지 담임선생님을 제외하고는 제 이름을 기억하고 불러 주는 선생님이 아무도 안 계셨어요. 소담고는 제 이름을 찾아 준 곳이에요."
"우리 학교 선생님들은 참 마음이 따뜻하고 열정이 넘치세요. 그래서 열심히 안 할 수가 없어요. 선생님께 미안하니까요."

"저는 공부를 잘하지 못해요. 집에서는 늘 천덕꾸러기이고 부모님께는 늘 부끄러운 아들이죠. 그래도 선생님이 무시하지 않고 공부 잘하는 학생들과 똑같이 대해 주셔서 좋아요."

"오늘 친구들이랑 저희 집에서 삼겹살 구워 먹기로 했는데, 선생님도 같이 가실래요?"

번호가 아니라 아이들의 이름을 불러 주는 것. 아이들의 글에는 이름 불러 주기의 위대함이 담겨 있다. 선생님이 자기를 알아주는 것, 이름을 불러 주는 이 작은 행위의 위대함이. 아이가 태어나면 온 가족이 몇 날 며칠을 고민하고 고민하다 세상 좋은 의미는 다 담긴 이름을 짓는다. 그리고 그 아이는 그 이름으로 불리며 가족의 기대를 안고 성장한다. 우리는 학교에서 아이들의 이름을 불러줘야 한다. 우리 학교는 아이들의 이름을 불러 준다. 꽃을 피우게 한다.

한솥밥

한솥밥 먹는 사이끼리 그러면 서운하지.
함께하는 생활을 보통 '한솥밥'에 비유한다.
'다솜사랑(급식실)'에서 우리 소담공동체는 한솥밥을 먹는다.

급식에는 정성 가득한 영양선생님의 마음과 조리실무사님들의 따뜻한 손길이 담겨 있다. 지금까지 우리 학교 수준의 호사스러운 급식을 경험한 적이 없다. 다이어트에 치명적이다. 꿀맛이다. 무나물, 겉절이, 잡채 등 맛깔스러운 찬 앞에서 건강을 위한 소식의 의지는 여지

2부 학생과 함께 성장한 우리

없이 무너져 버린다. '뭐, 맛있게 먹는 한 끼는 0칼로리라고 하니까.' 조리사님께 레시피를 여쭈면 조리사님의 어깨가 봉긋 올라간다. 그리고 다음날은 한층 업그레이드된 식단이 우리를 맞이한다.

눈이 오나 비가 오나 바람이 부나, 배움터지킴이 선생님의 활기찬 손짓 인사는 출근길을 환하게 비춘다. 교문으로 진입하기 전, 차창을 살짝 내리곤 선생님의 환한 미소를 기대한다. 코로나19 이전까지 우리는 전 교원이 십시일반으로 '등교맞이'를 했다. 평소보다 30분 일찍 나와야 하는 수고로움이 있지만, 그 효과는 컸다. 멀리서부터 달려오며 인사하는 아이들. "선생님 오늘 당번이신가 봐요." 수업 시간에는 말 한 마디 안 하던 아이가 갑자기 "센세~ 오하요오?(선생님~ 안녕하세요?)"라고 우렁차게 인사를 건넨다. 일부러 "니 하오"라고 중국어로 인사하는 아이들도 있다. 상쾌한 아침맞이다.

놀랍게도 지킴이선생님은 아이들의 이름을 모두 기억하고 계셨다. 아이들의 얼굴을 보면 아이들의 하루가 보이신단다.

"안색이 안 좋으세요. 선생님~ 건강 잘 챙기셔야 합니다."
"○○선생님 오늘 안 보이시던데, 무슨 일 있으신가요?"
"요즘 ○○학생이 자주 늦네요. 어디 아픈가 봅니다."

소담고 모든 공동체의 안위를 살피고 걱정하시는 말씀을 들을 때마다 감동이 밀려온다.

최근 수업 인터뷰를 하다가 상당수 아이들이 새벽 2시가 넘어서야 잠자리에 든다는 것을 알게 되었다. 대부분의 이유는 학업 때문이다. 학원과 스터디카페를 전전하다 귀가 후 SNS 접속으로 잠깐 여유를 부리다 보면 훌쩍 그 시간이 된다고 한다. 시간을 아끼느라 저녁 끼니를 거르거나 군것질거리로 때운다고 하니, 자식 키우는 부모로서 참 마음이 쓰인다. 아침이 무거울 수밖에 없다. 학교에 나를 기다려 주는 누군가가 있다는 것은 아이들에게 큰 위로가 될 것 같다. 이래서 학교에는 '등교 지도'가 아닌 '등교 맞이'가 있어야 하지 않을까?

맥가이버를 들어본 적이 있는가? 유년 시절의 영웅. 무엇이든 다 해결해 주는 '멋짐 뿜뿜'. 우리 학교에는 맥가이버가 있다. 외모도 그 시절 맥가이버와 별반 다르지 않다. 손만 대면 뭐든 뚝딱뚝딱. 시설 주무관님이시다. 30여 년간 유명 가구회사에서 근무하셨단다. 기계도 잘 만지시고, 뭐든지 만능이시다. 택배 상자를 나를 때면, 어디선가 슈퍼맨처럼 날아오셔서 거들어 주신다. 가끔 넌지시 알려주시는 삶의 꿀팁. 인간 검색창 같다. 평소에는 아이들 공부에 방해된다고, 시험 기간 오후마다 아이들이 귀가한 교실을 다니며 출입문 레일의 먼지를 닦아 주신다.

환경여사님도 학교에 대한 애정이 남다르다. 이곳에서 오랫동안 농사를 지으셨단다. 아파트가 들어서며 세종시의 모습이 많이도 바뀌었다며 격세지감을 느끼신단다. 화초에도 새 생명을 불어넣어 주시고. 게다가 전교생과 전 교직원 600여 명을 훌쩍 넘는 사람들이 쓰는 화장실과 복도, 계단을 혼자 청소하신다. 힘드실 만도 한데, 아이들이 모두 손자손녀 같단다. 두루마리 화장지를 바닥에 깔아놓거나 폭격 조준 실패로 오염된 곳을 일일이 손으로 훔치느라 짜증 날 만도 하신데, "아직은 그런 게 안 보일 때죠. 어른이 되면 알겠지요."라며 웃어넘기신다. "요전에는 한 여학생이 보온병에 차를 타 와서 주더라고요. 기특하기도 하지." 나중에 우연히 Y 학생이라는 것을 알게 되었다. 추운 겨울에 매일 복도에서 고생하시는 모습을 보고 따뜻한 차를 드리고 싶었단다. 참, 아이들 마음이 곱다.

방역도우미 선생님도 틈만 나면 휴지도 줍고 로비도 청소해 주시고 택배 상자도 정리해 주신다. 5년째 함께하시는 숙직기사님들. 아이들 입시를 궁금해하시고, 오가며 안전에 거슬리는 것을 알려 주신다. 이런 분들의 숨은 손길로 학교는 반짝반짝 빛이 나고, 이런 온기를 느끼며 아이들은 학교라는 둥지에 머물고 싶나 보다.

〈어쩌다 어른〉이란 TV 프로그램이 있었다. 만 20세가 넘으면 어른이 되는 걸까? 어른의 기준이 무엇일까? 어릴 때는 마냥 어른이 되고 싶었던 것 같다. 그런데 막상 어른이 되니 '어른'이란 단어가 여간 부담스러운 게 아니다. '나잇값'의 기준이 사뭇 높다. 가끔은 누군가의 쓴소리와 꾸지람이 살짝 기분 좋을 때도 있다. 잠깐이지만 젊어지는 샘물을 마신 느낌. 어른은 어른다워야 하는 게 인지상정이다. 코로나19로 인터넷 쇼핑이 늘면서 학교에도 택배 상자가 늘 넘쳐난다. 계장님이 테트리스 게임 하듯 정리해 주시기도 하지만 어림도 없다. 내용물을 주인에게 선사하고 남겨진 택배 상자는 교무실마다 애물단지다. 내가 어른으로서 가끔 할 수 있는 것은 상자를 접어서 분리배출장으로 가지고 가는 것이다. 이것만큼은 학생들의 도움을 받기가 참 민망하다.

대한민국에서 남교사로 산다는 것. 여교사의 눈으로 보았을 때 솔직히 녹록지 않은 것 같다. 꽤 오랫동안 분리배출장 임장 지도는 젊은 남교사들 전담이었다. 아니면 행정실 주무관님들이 도와주셨다. 얼마 전부터 비담임교사들이 십시일반으로 분리배출장 임장을 함께한다. 내가 하기 싫은 것은 남도 하기 싫다. 내가 하기 싫은 것은 남에게 토스하는 게 아니라, 십시일반 해야 한다. 이게 혁신학교다. 그리고 학교의 모습이어야 한다. 우리는 한솥밥을 먹고 있으니까.

저는 소담고에서 다 배운 것 같아요

고졸이면 어때요?
살아가는 힘을 얻었어요.
이대로도 잘할 수 있을 것 같아요.

최근 세계적인 인기를 휩쓴 드라마의 주인공을 참 좋아하던 학생이 있었다. 그는 그 배우의 후배가 되고 싶다며 그 배우의 모교를 지망했다. 누군가를 좋아한다는 것은 참 멋진 일이다. "네가 꼭 그 학교에 합격했으면 좋겠다." 하루하루 합격 발표를 기다리는 고3 아이들도, 그 초조함을 바라보는 교사들도 마음 졸이기는 매한가지다. "선생님, 저는 대학 다 떨어져도 괜찮아요. 여기서 배운 것으로 만족해요. 고등학교만 졸업해도 뭐든 할 수 있을 것 같아요." 마음을 다스리기 위한 자기방어일 수도 있겠지만 멋진 말이다. 참 힘이 되는 말이다. 물론 그 학생은 대학에 합격했다. 늘 교육과정에 적극적으로 참여했던 학생이다. 당연한 결과라고 생각한다. 학교에서, 더구나 대입 준비에 매진하는 고등학교에서 학생이 이런 말을 할 수 있다는 것은 어떤 의미일까?

얼마 전 내 생애 최초로 '이모티콘'을 구매했다. 잔뜩 구매해서 지인들에게 선심 쓰듯 뿌리기도 했다. 이런 것에는 도무지 관심이 없었는데, 우리 학교 학생이 출시했단다. 수업 시간에 이 친구를 보고 있으면 '달라이 라마'가 떠오른다. 치열하게 동동거리지 않고 늘 편안하게 수업을 듣는데도 항상 내 교과에서만큼은 높은 성취수준을 보였다. 늘 차분하게 편안하게 스케치를 하는 모습. 대한민국 고3 학생의 모습으로는 전혀 상상이 가지 않는다. 진학하지 않고 계속 자기 작품을 만들 거란다. 학생의 오빠도 그랬다. 뭐든 열심히 하는 학생이었다. 늘 독서를 즐기고 자기가 하고 싶은 공부를 스스로 계획해서 하는 아이들. '대입의 쓸모'를 가늠하지 않는 아이들. 아이들이지만 참 많이 배운다. 그리고 비진학 학생들에 대해 지원하고 응원해 주는 우리 학교가 참 좋다.

창조적 갈등 그리고 서클

우리는 창조적인 갈등을 환영한다.
우리가 분노나 적개심을 느끼기 때문이 아니라,
위대한 사물의 본질에 대한 우리의 오해와 편견을 시정하기 위해 그런 갈등이 필요하기 때문이다.

「가르칠 수 있는 용기」(파커 파머)에서

2017년 개교 당시 교장, 교감 포함 10여 명의 교사가 있었다. 처음으로 개교 학교에 근무하면서 다시는 경험하지 못할 것들을 많이 겪은 것 같다. 교육과정을 새로 짜고, 새로운 실을 꾸밀 때마다 비품 하나하나 선정하고 품의를 올리고. 한 번도 경험하지 못한 것들을 소담에서 했다. 길도 포장되지 않고 난방도 식수도 없는 곳에서 추운 겨울 1, 2월을 매일같이 출근하며 동고동락했던 행정실 팀의 노고는 지금도 마음 한 켠에 아련하다.

파란 소파는 교사 회의실의 랜드마크였다. 나이, 성별, 직위와 상관없이 모두 동그랗게 둘러앉아 누구나 의견을 내놓고 이야기를 나누었다. 지금 생각하면 불편했을 법도 한데, 모든 교사의 의견에 귀 기울여준 교장·교감 선생님들이 고맙다. 당연히 갈등도 잦았다. 난 이 시간이 창조적인 갈등이라고 자부한다. 발언조차 할 수 없는 조직은 무섭다. 어떤 사회든 갈등이 존재하기 마련이고 이 갈등을 해결하는 과정에서 지혜가 생기고 공동체가 존속하고 성장한다고 믿는다. 우리는 건강을 위해 수시로 집안 환기를 의도적으로 한다. 난 모든 공동체의 환기가 이런 자유로운 토론과 소통 과정에서 이루어진다고 생각한다.

예전 교사 회의 문화는 뭐랄까, 회의라고 하기에 참 그랬다. 정해진 좌석에 교사들이 시간 맞춰 앉아 있고, 교무부장이 사회를 보고, 부장 교사들이 나와서 업무 중심으로 '~해 주시오'체를 반복한다. 그리고 교장, 교감, 행정실장의 일장 연설로 한 시간이 꼬박 채워진다. 회의에서 이견을 내놓을 경우는 개인적으로 관리자에게 불려 간다. 결정 사항이 있을 때는 교장의 의견으로 몰아가거나 '효율성'이란 명목으로 거수투표를 해서 다수결로 일사천리 마무리. 이게 무슨 회의람?

이 시간에 학생들은 '학생자치'란 이름으로 담임이 없는 교실에서 '자습'으로 창의적 체험활동을 하곤 했다. 물론, 원격조정 능력이 뛰어난 담임일 경우는 반장이나 이른바 '엄석대'를 동원하여 교실 면학 분위기를 만들곤 한다. 담임일 때, 학급자치 임장한다고 교직원 회의에 빠졌다가 여간 미움을 사지 않았다. 초임 때부터 어떤 경험 때문이었는지 모르겠지만, '임장'이란 단어를 매우 중요하게 생각한 것 같다. 수업의 질을 떠나, 제시간에 수업에 들어가고 내 수업 시간만큼은 교실에서 아이들과 함께해야 한다는 강박 같은 것이 있었다.

혁신학교에서 '회의'는 일상이다. 고등학교는 일과 중 따로 교직원 회의 시간을 확보하기가 결코 쉽지 않다. 그럼에도 되도록 얼굴을 맞대고 의견을 나누고 공유하고자 노력한다. 참여한다는 것. 자기 결정권을 갖는다는 것. 사람이 누릴 수 있는 특권이다. 이 특권을 누리고 즐겨야 한다. 그럴 때 효능감이 생기고 공동체에 애정이 생긴다. 생활지도 방식과 3주체 생활협약, 공동체저해행위 규정을 둘러싸고 상당

기간 교사들의 의견이 분분했다. 때로는 학생 입장을 대변해 주는 교사들과, 때로는 학생들과, 때로는 학부모들과 단어 하나를 두고 치열한 논쟁을 벌였다. 지금 생각하면 뭐 대단한 일이라고 핏대를 세우며 서로 줄을 당겼나 싶지만, 지나고 나니 모두 보석 같은 순간이었다.

플래시몹 소담

> 아파트 분양, 주식 투자, 승진 점수 계산
> 직장인들의 일반적인 화젯거리다.
> 대한민국은 자본주의 국가다.

주거 안정이 주는 평온함은 크다. 100세 시대 노후를 위해 주식은 필수다. 관료제에서 승진제도가 주는 효과는 매우 크다. 동의한다. 난 선천적으로 이런 평범한 화두에 문외한이다. 내 주위에는 이를 안타까워하며 조언해주거나 도와주려는 동료들도 많다. 진심으로 챙겨주는 마음이 고맙긴 하지만 마음이 동(動)하지 않으니 아무리 좋은 정보를 주어도 나에게는 무용지물이다. 한때는 나 자신에게 큰 문제가 있나 고민된 적도 있지만 사람이 다 같을 수는 없으니까.

소담고에서 난 이런 것들로부터의 열등감에서 자유로워졌다. 늘 아이들과 수업 이야기. 어떻게 하면 새로운 뭔가를 만들어내고, 새로운 뭔가를 들여놓을지 아이디어를 나눈다. 자발적 오지라퍼들이 참 많이도 모여 있다. 나이만 먹은 나는 명함도 못 내놓을 판이다. 동료로서 힘을 실어 주어야 하기에. 후배들이 닦아 놓은 길을 부지런히 따라가고는 있지만, 그마저도 숨이 찬다. 예전에 '인사동 아리랑 플래시몹'을 넋 놓고 본 적이 있다. 가끔 학교에서 그 장면이 오버랩된다. 그리고 나도 모르게 같이 따라가고 있다. '마술피리' 소리에 어딘지도 모르는 곳을 흥겹게 따라가고 있음을 느낀다. 어떻게든 일을 덜고, 초강력 밀어내기와 업무 토스로 조금은 편안하게 지내고 싶은 것이 인지상정이다.

"저요!" 동료 교사의 제안에 "저요!"라고 할 수 있는 곳. 뭔가 새로운 것을 시작하기에 두려움이 없는 곳이다. 혼자가 아닌 내 옆에는 기꺼이 손 내밀고 같이 하는 동료들이 있으니까. 이번에 개교 5년을 갈무리하며 글을 써보자는 제안에 바쁜 학기 말, 방학 중에도 동료와 학생들과 학부모들이 자발적으로 참여해주었다.

　　저도 할게요.
　　저는 무엇을 하면 될까요?

　　앞으로도 혁신고 '플래시몹 소담'은 계속될 것이다.

3부

불안을 넘어 믿음으로

—

—

학부모가 이야기하는
소담고등학교

소담고등학교를 말하다

조은경

1기, 3기 졸업생 학부모

올해 둘째가 소담고를 졸업한다. 첫째도 소담고 졸업생이다. 어느 새 훌쩍 자란 아이들이 하나둘 우리 곁을 떠나 성인으로서의 첫발을 내디딘다고 생각하니, 뿌듯하면서도 소담고에서의 지난 시간이 주마 등처럼 스쳐 지나간다.

세종으로 이사 오면서 가장 신경 쓰였던 점이 큰아이의 고등학교 진학인데, 학업으로 인한 피로를 조금이나마 덜어주려고 집에서 가장 가까운 소담고를 선택하게 되었다. 신설에다 그것도 혁신학교라는 점에서 주위의 반대와 걱정이 많았다. 그러나 혁신이 주는 단어의 의미에서였을까? 획일적이고 답답한 기존 주입식 교육에서 벗어나 새롭고 흥미로운 미래주도형 교육이 이뤄질 것 같아 기대도 됐다.

그렇게 기대 반 불안 반으로 시작한 아이의 고등학교 생활은 일반 학교와는 다르게 느껴졌다. 3주체 생활협약이라고 해서 학생, 교사, 학부모가 각각 주체가 되어 의견을 내고 취합했다. 어느 것 하나 누구 하나의 독단으로 결정되는 게 없었다. 생활협약을 만들기 위해 매일 같이 모여 토론하고 의견을 나눴다. 징계까지도 모두 아이들에 의해 정해졌다. 그동안은 정해진 규율과 규칙에 따르는 것이 익숙했고 당연하다고 생각했다. 하지만 규칙을 하나하나 학생들이 정하는 과정은 그야말로 학생들이 학교의 주체이고 주인공임을 느끼게 해주는 시간이었다. 학부모 또한 3주체의 일원으로 권리와 의무에 대한 약속을 정했다.

학부모들은 학교와 아이들의 발전을 위해 수시로 회의하고 의견을 나눴다. 1기 학부모로서 책임감과 의무감을 가지고 학교운영위원 및 학부모회 회원으로 열심히 활동했다. 여러 행사 중 기억에 남는 것이 몇 가지 있다. 학부모 주최 역사 골든벨을 준비하던 일이 가장 먼저 떠오른다. 다른 학부모 한 분과 함께 여러 역사 문제집을 참고하여 문제를 만들었다. 부족한 부분은 역사 선생님의 도움을 받으며 준비했다. 사실 나도 잊고 있던 역사 공부를 하게 되었다. 교육청에 전화해 취지와 내용을 설명하며 도움을 청하자 관심을 가지며 흔쾌히 영상 촬영을 해주셨다. 교육감님도 깜짝 출연을 하여 문제를 내주셨다. 학생들 앞에 서서 사회를 맡고 진행한다는 것은 부담스러우면서도 설레는 일이었다.

금비적십자 봉사활동으로 주말에 강변을 청소한 일도 기억에 남는다. 평소 생각 없이 걷고 누리기만 하던 곳을 청소해보니 강변 곳곳이 쓰레기로 몸살을 앓고 있었다는 사실을 알게 됐다. 아이들도 적극적으로 쓰레기를 주우며 우리 지역의 환경을 한 번 더 생각하는 계기가 되었다. 이를 지켜보는 주민들도 어린이들과 동참하기도 했고, 어느 학교인지 물으며 참 좋은 일 한다고 칭찬하기도 했다. 봉사활동이 소담고에 대한 좋은 이미지를 만드는 데 한몫했다고 생각한다. 축제 바자회로 일일분식점을 열어 떡볶이와 부침개 등 엄마들의 솜씨를 뽐내는 시간도 있었다. 엄마들의 수다와 맛이 어우러져 성황리에 마칠 수 있었고, 수익금은 전액 불우이웃에 기부하여 뿌듯했다.

일일이 다 열거할 수는 없지만 다양한 행사에 학부모도 적극적으로 참여하며 아이들과 함께할 수 있음에 참으로 보람된 시간이었다. 지금 생각하니 그때만큼 내가 학교와 아이들에게 관심을 가지고 적극적으로 활동한 적이 있었나 싶다.

그러나 혁신학교에 대한 주변의 우려 섞인 말들을 들을 때마다 심란해졌고, 다른 고등학교와 비교했을 때 학업 외 활동이 너무 많은 건 아닐까 하는 생각이 들었다. 소담고만 혁신한다고 교육이 혁신이 되는 걸까? 혁신은 저 밑 유치원 교육부터 '초-중-고-대'로 올라와야 맞지 않을까? 시간이 지날수록 그 '혁신'이 나를 조금씩 불안하게 만들었다. 공부만 해도 모자랄 판에 고등학생이 이래도 되는 걸까? 이러다 좋은 대학에 진학할 수는 있을까? 이제라도 전학시켜야 하는 걸까? 불안이 엄습했다. 그럴 때마다 학교와 선생님들이 원망스러웠고 혁신학교를 선택한 나를 책망하게 되었다.

이런 나의 걱정과 달리 아이는 자기 역할을 충실히 해나가는 듯했다. 학교에서의 학생회 활동 및 다양한 프로그램에 적극적으로 참여하며 활발한 활동을 하는 듯했다. 하교 후 들려주는 3주체 생활협약이며 자치법정이며 삼권분립이며… 자세한 내용은 모르겠지만 아이들이 기특하고, '뭔가 특별한 것들을 하고 있구나'라는 생각이 들었다. 학교에서는 학생들이 직접 참여할 수 있는 다양한 행사와 프로그램을 준비했고 아이들도 흥미롭게 참여했다. 실례로 딸아이는 소담고 교복디자인에 응모하여 직접 디자인한 교복이 하복으로 채택되는 영광을 누리기도 했다. 평소 디자인에 관심이 많던 아이에게 긍지와 자부심을 심어주었고, 진학과 진로를 정하는 데도 많은 도움이 되었다. 그 외에도 예술, 역사, 문학, 경제, 과학 등등 한쪽에 치우치지 않는 프로그램으로 학생들의 참여를 유도하고 다양한 경험을 통해 진로를 생각할 수 있는 좋은 계기들을 만들어주었다.

어느 날 큰아이와 대화를 나누던 중 아이가 이렇게 말했다. "엄마, 전에는 어른이나 선생님들이 하라는 대로 했는데 이제는 내가 스스로 결정하고 행동하는 게 나 스스로 성숙해졌다는 느낌이 들어." 때로는 기대하고 때로는 실망하며 일희일비하던 나를 반성했다. '그래, 잘 될 거야. 잘하고 있어. 믿어보자.' 하는 마음이 생기기 시작했다. 그제야 보였다. 늦은 밤까지 환하게 켜져 있던 그 교실의 불빛 중 한곳은 아이들에게 더 나은 환경을 만들어주기 위한 선생님들의 열정과 노력의 불빛이었음을…. 그 불빛에서 소담고와 우리 아이들의 밝은 미래와 희망이 보였다. 그렇게 기대와 우려, 또 격려 속에 시행착오를 겪으며 학교와 학생들과 학부모는 조금씩 조금씩 단단하게 각자 위치에서 성장해온 것 같다.

자기 몫을 충실히, 열심히 해온 큰아이는 원하는 대학 원하는 과에 진학했다. 우수한 성적을 유지하며 적극적인 학교생활을 하는 아이를 보며 그때 그 선택이 결코 헛되지 않았음을 느낀다. 학업에 별 흥미를 느끼지 못하고 진로에 대한 뚜렷한 방향 없이 생활하던 둘째 아이는 2학년이 되면서 스스로 알아서 공부하는 기특한 모습을 보였고, 그 결과를 시험 성적으로 보여주어 우리 가족을 놀라고 기쁘게 했다. 잠재되어 있던 아이의 가능성과 자신감을 일깨워준 건 선생님들의 할 수 있다는 격려와 칭찬이 아니었을까 싶다. 평소 관심이 많았던 경제와 시사 등 강점을 활용한 논술 전략과 같은 선생님들의 지도편달 덕분에 본인이 원하는 대학에 진학할 수 있게 되었다. 한 번도 힘든 내색 없이 공부하고 밤늦게 와서도 유머를 잃지 않은 아들에게도 참 고맙다.

좋은 대학에 보내는 것만이 고등학교의 역할이라 생각한 적이 있다. 물론 좋은 대학을 보내는 것 또한 학교의 역할 중 하나일 것이다.

하지만 그보다 사회의 일원으로 사람 간의 관계를 조율하며 배려하고 더불어 함께 살아가는 좋은 사람으로 성장시키는 게 더 중요하지 않을까? 혁신학교에 대한 주변의 우려 섞인 이야기를 들을 때마다 후회하고 불안해했던 나를 생각한다. 그러나 그런 생각은 기우였음을, 우리 교육이 앞으로 나아가야 할 방향에 소담고가 선두에 있음을 말해주고 싶다. 소신과 열정으로 노력하시는 모든 선생님과, 서툴지만 한발 한발 차분히 내딛는 우리 아이들과, 믿음으로 지켜봐 주며 든든한 조력자 역할을 하는 학부모님들께 감사의 박수를 보낸다. 소담고의 기쁘고 행복한 발전을 두 손 모아 바란다. 그리고 혁신교육이 더 이상 혁신이 아닌 평범한 교육으로 자리 잡기를 바란다.

학부모의 눈으로 본 혁신학교
—소담고에서 4년을 보내며

이명화

2기 졸업생, 4기 학생의 학부모

어느새 2022년 1월이다. 2018년 1월. 큰아이가 소담고로 배정받고 혁신학교에 대한 기대와 설렘으로 입학을 기다리고 있을 때, 주위 분들의 반응은 온통 걱정과 부정적인 이야기뿐이었다. 남편과 대학원 지도교수님만이 학교에 대한 긍정적인 이야기를 해주셨다. 2학년 선배만 있는 학교. 1학년 첫 시작은 100명도 안 되었던 것으로 기억한다. 모든 것이 처음인 세종의 첫 혁신고. 학생들도 선생님들도 학부모들도 꽤나 애를 먹었다. 하루하루 학교를 만들어가기 위해 고군분투했다. 지나고 나니 아름다운 추억이지만 당시에는 무척이나 치열하고 고단했던 것 같다.

매월 첫 번째 목요일 저녁 7시에는 학부모 다모임이 있었다. 학부모들이 모여 아이들의 학교생활을 어떻게 지원해 줄지 의견을 나눴다. 아이들 키우는 이야기도 나누고 하소연도 하고. 도무지 아들들은 학교 이야기를 하지 않는다. 학부모회 활동을 하며 아이의 학교생활을 그나마 들여다볼 수 있었다. 이제 시작하는 학교라 새로 만들어가야 하는 것이 참 많았다. 3주체 생활협약이나 학교규정제·개정심의위원회, 터전봉사동아리 '소나무' 활동, 자녀와 함께하는 역사탐방, 아나바다 바자회, 축제 먹거리장터 등 참 다양한 활동에 선생님과 아이들, 학부모가 함께했다.

아파트 입주가 한창이라 주변에 교육 인프라가 많지 않았다. 가장 먼저 학부모들이 솔선수범하여 도서관 가꾸기에 힘을 모았다. 사서선생님이 안 계신 터라, 많은 업무를 맡으며 수업도 하시는 선생님 혼자 도서관 구축을 하기에는 역부족이었다. 도서도우미 학생들과 함께 시간이 날 때마다 도서관을 찾아 서가 정리를 도왔다. 학부모로서 수많은 위원회와 회의, 학교 행사에 참여한 것 같다. 혁신학교라 그런지 다양한 협의체에 학부모 위원이 함께했다. 이렇게 학교 활동을 하며 변화되는 학교를 보고 있으니, 학교에 대한 애정도 남달랐다. 우리 학교에 대해 외부 사람들이 쉽게 말하는 선입견과 비판의 목소리가 참 아팠다.

혁신학교로 잘 자리 잡았으면 하는 마음은 간절했지만 이렇게 힘든 과정을 계속 거쳐야 한다면 그냥 비혁신고로 전환했으면 좋겠다는 생각도 조금은 했던 것 같다. 돌이켜보면 가장 힘들었던 때는 둘째 아이 중학교에 다녀오던 날이다. 혁신고에 대해 정확하게 알지도 못하면서 쉽게 내뱉는 학부모들의 많은 말이 참으로 듣기 힘들었다. 당시는 졸업생도 없었고, 겨우 2년 차였던지라 나 스스로도 학부모로서 어떤 말도 자신 있게 할 수 없었다. 그렇게 부정적인 말들만 내뱉던 학부모들도 자녀를 소담고로 보내면서 혁신고에 대해 긍정적인 생각으로 바뀌는 것을 옆에서 지켜보았다. 잘 알지 못하는 것이 두려움이 되어 부정적인 생각들을 하신 것 같다.

벌써 3회 졸업을 맞이한다. 2019년 이맘때 원치 않는 혁신고 배정으로 무척이나 힘든 시기를 보낸 것 같은데, 어깨너머로 입시에서의 좋은 소식이 들려와 무척이나 반가웠다. 코로나19가 시작된 2020년에 큰아이는 그래도 등교도 하고 수능도 보고 원하는 전공 학과에 입학도 했다. 등교 전에는 선생님의 동영상 수업이나 실시간 수업에 참여하는 모습도 보았다. 방역 문제로 1, 2학년 때와 달리 학부모의 학교 방문 기회가 줄어서 아이의 3학년 생활은 어땠는지, 혁신학교로서 어떻게 더 변화했는지 자세히 알지는 못했지만, 아이 친구들이 모두 자신의 길을 잘 찾아간 건 알고 있다. 성적으로만 평가되지 않고 토론과 발표, 다양한 활동을 통해 아이들이 얼마나 성장해 가는지를 보았다. 삶을 살아가는 데 중요한 자립심과 자기결정권, 서로 협력하고 존중하는 방법을 우리 아이들은 소담고에서 배웠다. 강한 규제와 통제보다는 자율을 통해 그 안에서 어떻게 생활해야 하는지를 먼저 연습하고 스스로 깨닫는 과정을 학교는 기다리고 지지해 주었음을 지켜보았다. 코로나19가 없었더라면 혁신학교로서 더 많이 성장하고 발전할수 있었을 거라는 아쉬움도 있지만.

둘째 아이의 혁신고 생활은 아직 진행 중이다. 오빠의 고등학교 생활을 보고 본인도 자신이 정말 하고 싶은 일, 좋아하는 일을 부지런히 탐색 중이다. 얼마 전 2022년 신입생 학부모들이 아이가 1지망으로 소담고 배정이 안 되면 어쩌나 걱정한다는 소리를 들었다. 격세지감이 밀려왔다. 예전과는 사뭇 다른 현실. 지난 4년간의 시간을 함께해 온 우리 모두에게 고마움과 박수를 보내고 싶었다. 자부심이 생겼다. 혁신고로 자리매김하기 위해 애써주신 선생님들께 다시 한 번 감사드린다.

"Making love out of nothing at all…" 어느 가수의 노래 가사처럼 없었던 사랑의 마음이 생기듯이, 소담고 학생들이 부디 자신의 진로를 찾고 그 꿈을 꼭 이루기 바란다. 어렵고 힘든 편견을 뛰어넘고 지금까지도 잘해 왔듯이, 학생, 교직원, 학부모 3주체가 빛을 발하며 우리 소담고 교육 공동체는 성장하는 학교로 앞으로도 전진할 거라고 믿는다.

행운의 소담

김은정

3기 졸업생 학부모

몇 가지 이유로 휴직하고 세종에서 살아보기로 마음을 먹었다. 마침 아이가 고등학교에 들어가는 시기였고, 세 살 터울의 동생도 중학교에 입학하는 시기라 이때가 적절하다고 판단했고, 우린 그렇게 세종에서의 새로운 삶을 꿈꾸게 되었다. 부산에 배정받은 학교에 포기각서를 제출하고 세종에 있는 고등학교를 선택하려니 대부분 학교가 정원이 차서 우리가 선택할 수 있는 학교가 몇 군데 없었는데, 그중 하나가 소담고였다. 소담고는 입주하게 될 아파트에서 가장 가까이 있어 먼저 눈에 들어왔지만 학생 수가 적고 부정적인 면이 많아 보이는 혁신학교라 나는 반대했고, 남편은 아이가 혁신고의 취지에 적합한 아이라며 이것이 최선의 선택이 될 수도 있다고 했다. 최종 결정은 언제나 그랬듯 아이 몫으로 남겨두었고 아이는 소담고를 선택했다. 그날부터 불안을 감추고 열심히 태워 주고 태워 오는 기사 생활을 시작하게 되었다.

첫 학교 설명회에서 우린 분명한 미션과 비전 그리고 확신과 자신감 넘치는 어떤 것을 원한 것 같다. 하지만 원하는 만큼의 답을 찾지 못했고, 젊고 경험이 많지 않은 선생님들이 어떻게 아이들을 이끌어

주실지 막연한 걱정을 하며 학기 초를 보냈다. 엄마의 걱정과 달리 아이는 엄격한 규율로 규제받던 중학교에 비해 갑자기 자유로워진 분위기의 학교생활에 매우 놀라워했고, 언뜻 보기에 마치 대학생 같은 분위기로 즐거운 학교생활을 즐기고 있는 듯 보였다. 내심 이렇게 즐겁게 학교에 다녀도 대학에 갈 수 있을까, 생각이 교차하기도 했다.

학기 초 우연한 기회에 3주체 독서 토론회에 참여하게 되었다. 직장에서 업무 외 소식지 만드는 일을 몇 년간 하며 지쳐 있어 휴직하고 정말 온전히 아무것도 하지 않겠다고 마음먹고 있었는데(책 100권 읽기와 영화 100편 보기 외에는 어떤 계획도 없었다.) 생각해 보니 내 독서 계획의 연장선이 될 수도 있고 아이의 학교생활도 엿볼 수 있겠다 싶은 생각이 들었다.

첫 만남을 통해 토론할 책을 정하고 우리는 매달 모여서 읽은 책에 대해 느낀 점을 얘기했다. 독서토론 시간은 자유롭지만 진지했고, 편한 친구처럼 자유롭게 각자 느낀 이야기를 해가며 즐거웠다. 순수한 열일곱 소녀들의 이야기를 듣다 보면 여고 때의 내가 떠오르기도 했고, 가까이에서 보는 아이들은 너무 사랑스럽고 예뻐서 다음 토론 시간이 기다려지기도 했다. 학교를 방문할 때마다 복도에서 때론 교실에서 우리 아이와 낯설게 마주치는 것도 재미있었고, 아이들의 친구를 만나는 것도 설레는 일이었다. 그중 가장 좋았던 것은 자연스레 소담고의 분위기를 알아가는 것이었다. 선생님들과 얘기 나누면서 '젊고 경험이 많지 않아서'라고 생각했던 것이 곧 편견이었음을 한 학기가 끝나기도 전에 느끼게 되었다. 젊기 때문에 아이들의 누나 형 언니 오빠의 눈높이에서 진정성을 가지고 다가가 조언해주셨고, 갓 대학을 졸업한 듯한 앳된 외모와 달리 수년의 경력을 지닌 선생님들이라는 놀라운 사실도 알게 되었다. 아이들에 대한 사랑과 진지한 고민의 흔적을 매 순간 느낄 수 있었다.

1년간의 3주체 독서토론 모임으로 학교에 대한 긍정적인 마음과 자부심을 갖게 되었지만, 독서 모임 외의 다른 곳에서도 선생님들의 열정을 수없이 보았다. 과학토론대회 준비를 하며 아이의 잠재된 가능성을 이끌어 주신 선생님, 교외 백일장 참여와 시상식을 세심하게 신경 써주신 선생님, 입시 준비하면서 수능 경험자로서 선배로서 아이들을 이끌어 주기 위해 더 많이 공부하며 노력을 아끼지 않으셨다. 선생님의 칭찬과 긍정적인 자극과 사랑이 차곡차곡 쌓여갔다.

아이가 고3이 될 무렵 부산으로 복직하게 되었다. 2년간 가까이에서 지켜본 아이에 대한 믿음과 선생님들에 대한 신뢰가 아니었다면 쉽지 않은 결정이었다. 3학년 1학기 기말고사를 마친 어느 날 아이가 전화를 걸어왔다.

"엄마, 제가 어떻게든 내신을 좀 더 올려보려고 노력했는데 잘 안되었어요."

그동안 충분히 최선을 다했으니 괜찮다는 내 말이 끝나기도 전에 아이는 "하하 엄마, 사실은 저 목표한 만큼 이루었어요."라고 했고, 나는 눈물이 쏟아졌다. 아이가 자신과의 싸움에 이기려고 얼마나 버텼는지 알고 있었기에 그렇게 눈물이 쏟아졌는지 모르겠다.

소담고에 첫발을 디딘 순간들이 떠올랐다. 졸업생이 없어 입시 결과가 없었고, 선호하지 않는 혁신고였기에 입시에 유리한 점을 찾지 못했다. 하지만 수많은 걱정과 불안은 의미가 없었다. 아이는 소담에서 진로를 찾고 소담에서 성장해갔고, 소담에서 답을 찾았다. 소담은 아이에게 기회가, 우리 가족에게는 행운이 되었다.

혁신학교여서 참 좋았다

김혜원

3기 졸업생 학부모

떨리는 고등학교 배정

새로 이사 온 세종에서 그저 집 가까운 학교인 소담고를 간절히 원했다. 프로그램 오류로 두 번이나 배정받아야 했던 그해 우리는 소담고에 못 가면 어쩌나 하는 쓸데없는 걱정을 했지만, 다행히 소담고로 두 번 다 배정을 받아 그저 기쁘고 감사했다. 그러고 나니 새로 이사 온 곳에서 만난 몇 안 되는 지인들이 소담고를 두고 "거기 혁신학교야"라며 걱정해주었다. 당시 혁신학교가 어떤 곳인지 몰랐던 나는 걱정 반 두려움 반으로 그곳이 어디인지 찾아보았다. 그렇게 찾아본 혁신학교는 자율, 신뢰, 존중, 책임이 담겨 있었다. 그래서 나는 더 좋았다. 우연히 배정받은 우리 아이는 정말 운이 좋은 아이라는 생각이 들었다. 당시 혁신학교에 대한 인식이 좋지 않았던 주변 사람들은 혁신학교에 대한 좋지 않은 소문과 겉모습만 보고 그렇게 판단했으리라 생각했다. 하지만 난 혁신학교여서 참 좋았다.

더불어 행복한 아이

남편과 나는 아이를 공부 잘하는 아이보다 행복한 아이로 키우고 싶었다. 아이가 성장하는 모든 순간이 마냥 즐거울 수는 없었겠지만 그래도 성적 때문에 지옥은 아니었으면 하는 바람이었다. 어릴 때 나온 영화 제목처럼 '행복은 성적순이 아니다'라는 것을 경험으로 알고 있기에 공부에 대한 압박을 주고 싶지 않았다. 학생이기에 학교에서 해야 할 책임은 다하는 아이로 키우려고 노력했다. 내 아이만 행복하다고 해서 진정 행복해질 수는 없다. 주변과 더불어 행복해져야 진정 행복해질 수 있다고 생각했고, 그럴 때마다 여러 주변 사람들의 도움을 받으면서 지금껏 잘 지낼 수 있었다.

아이가 중학교 때 자유학기제와 자유학년제도가 생기면서 성적 중심이 아닌 진정한 꿈을 위해 노력할 수 있는 환경이 조성되었다고 생각했지만, 부모 욕심으로 보자면 이것만으로는 부족하다는 생각이 들었다. 그래서 우연히 알게 된 '꿈틀리 인생학교'를 딸아이에게 추천했다. 고등학교 진학을 1년 뒤로 미루고 가야 하는 부담이 있었지만 딸아이 나름대로 알아보고선 이 학교로 가겠다고 한 결정을 존중하여 이곳으로 보내게 되었다. 고등학교를 곧바로 진학하지 않기에 학교에 적응을 못 하거나 문제아가 아닌가 하는 질문을 받기도 하고, 별난 부모라는 인식과 분명히 문제아일 거라는 편견 속에 1년을 보냈다.

하지만 아이는 학교를 좋아했고 아무 문제도 없었다. 부모의 영향력을 벗어난 곳에서 조금 더 자유롭게 생각하고 다양한 경험을 할 기회를 주고 싶다는 부모의 마음이 있었던 것뿐인데, 다행히도 아이가 스스로의 결정으로 그 기회를 선택해 주었다. 마냥 놀기만 할 것 같은 염려와 격려 속에 아이는 조금씩 성장했다. 1년 동안 또래 친구들보다 여유로운 시간을 보낸 덕분에 오히려 치열하게 보내는 아이를 보았다. 그 시간 동안 자신을 돌아보고 자신을 이해하며, 목표만 향해 앞만 보고 달리는 아이가 아닌 옆을 바라보는 여유도 생긴 아이로 성장해서 돌아왔다. 혁신학교가 있다는 것을 미리 알았다면 인생학교에 보내지 않고 곧바로 소담고로 진학하도록 권유하지 않았을까 하는 생각도 들었다.

혁신학교 생활

처음 고등학교로 진학한 우리 아이는 혁신학교라 해도 일반고이기도 했기에 학교생활이 수월하지는 않았다. 입시에 대한 압박은 그곳에도 여전했기 때문이다. 옆자리 친구들과 끊임없이 경쟁하면서 목표만 바라보고 나아가야 하는 분위기, 입시 목표를 정해두고 가는 친구들을 보면서 자기만 뒤처지는 것은 아닌지 불안해하기도 했다. 만약 혁신학교가 아니었다면 더더욱 힘들어하고, 그 모습을 보는 나도 힘들었을 것이다. 그래도 자유로운 분위기에서 스스로 선택하고 탐구하는 분위기와 아이들 한 명 한 명 관심을 가지고 지켜봐 주고 지지해 주는 선생님들, 함께 고민하며 소통하는 친구들이 있었기에 곧 적응하고 즐겁게 학교에서 지낼 수 있다.

혁신학교는 자유, 존중, 신뢰, 책임이라는 가치가 핵심이라고 생각한다. 학생, 교사, 학부모 3주체의 노력과 균형이 잘 맞아야 하는 학교이기도 하고, 3주체가 서로 관심을 갖고 노력해야 하는 곳이기도 하다. 실제로 소담고의 분위기는 자유로웠다. 여기서 자유롭다는 것은 자기 마음대로 할 수 있다는 것이 아니다. 서로의 자유를 침해하지 않으면서 나의 자유를 누리고, 그리고 자기 자유에 대해 책임을 지는 것이 진정한 의미의 자유다. 소담고에서 학생들은 교칙을 정하기 위해 함께 고민하고 토론하며, 그렇게 해서 합의된 것을 함께 지키려고 노력했다.

한편, 자유를 방종으로 생각하는 주변의 편견을 극복하는 것까지 소담고의 몫이었다. 밝은 머리색과 자유로운 복장 때문에 소담고는 노는 친구가 많은 학교라는 이야기를 들었다. 하지만 우리 아이들은 자유로운 분위기였기에 더 멋지고 행복하게 생활했다. 아이들의 자율성을 존중해주려면 교사도 학부모도 아이들을 있는 그대로 더 이해하려고 노력해야 했다. 물론, 아이들이 정한 규칙은 때로 학부모님들에게는 불안과 불만으로 다가오기도 했다. 그렇지만 우리 마음에 들지 않는다고 무시하기에는 아이들이 너무 많이 커 있었다. 아이들은 치열하게 끊임없이 토론하고 회의하면서 함께 규칙을 정하고 실행하는 가운데 성장해갔다.

혁신학교에서는 학생, 교사뿐 아니라 학부모도 변화해야 했다. 소담고는 학생들을 얽매는 교칙이 아닌 지킬 수 있는 규칙을 함께 만들고, 통제가 아닌 자율과 책임의 원리로 학생들을 교육했다. 이런 분위기를 받아들이기 위해선 나 역시 혁신이 필요했다. 아이들의 속도에 맞춰 기다려 주는 것은 엄청난 인고의 시간이기는 했지만, 그 길이 옳다고 생각했다.

아이들의 학습에서도 다양한 경험과 활동의 기회가 많이 주어졌다. 앉아서 책으로만 하는 공부가 아닌 다양한 방법으로 아이들이 배울 수 있도록 선생님들은 끊임없이 노력하셨다. 성적과 관계없이 모든 아이에게 관심을 가지고 각자의 개성을 존중하며 하고 싶은 것들을 다양하게 시도해볼 기회가 많이 주어졌다. 조금 둘러 간다 싶기도 했지만 지금 돌아보니 참 좋았다.

아이가 1학년 때 3주체가 함께하는 독서토론에 참여할 기회가 있었다. 같은 책을 읽고 자기 경험이나 느낌과 생각을 이야기했는데, 3주체 간의 세대 차이도 느꼈지만 아이들을 이해하며 혁신학교를 위한 선생님의 고민과 사랑과 노력을 온전히 느끼는 기회가 되었다. 덕분에 학교에 대한 신뢰도 높아지고, 편안한 마음으로 소담고 학부모로서의 역할을 수행했다. 3년 시간이 헛되지 않았음을 느낀다.

끝으로 학교의 모든 아이들이 더불어 즐겁게 지낼 수 있는 환경을 만들기 위해 노력해주신 선생님들께 감사드린다. 혁신학교 교사로서의 생활은 누구보다 치열하고 힘드셨을 것이다. 아이들 한 명 한 명의 행복 지수를 높이면서도 주변의 집중된 관심에서 오는 부담과 우려와 걱정을 덜어내고 사회에서 요구하는 성과를 함께 이루기 위해 하루하루 힘들게 지내셨음을 알기에 감사하고 또 감사하다.

혁신고에서 학부모란

박미경

4기 학생의 학부모

올해 우리 아이는 고3이 된다. 방학 내내 공부하느라 종일 책상 앞에 앉아있는 모습을 보면 안쓰럽다. 그러면서도 한편으로는 이제 채 1년도 남지 않은 시간을 최선을 다해 집중해 주기를 바라는 마음도 크다. 어쩔 수 없이 나도 학부모인가 보다.

자녀 문제로 걱정하지 않는 부모가 어디 있으랴. 언젠가 '걱정은 해결되지 않지만, 고민은 어떻게든 해결 방법이 나온다'는 글귀를 읽은 적이 있다. 주변에는 방학만 되면 어린 자녀들의 학원 수강 시간을 늘리는 분들이 꽤 많다. 아이들은 학교나 학원에 가야만 공부하고 배운다고 생각하시는 것 같다. 배움은 일상에서, 특히 가정에서 정말 많이 일어나는데, 그 배움은 신뢰하지 않는 듯 보인다. 가정에서 이루어지는 일상 대화에서 얻어지는 앎이 아이들에게는 참지식이 되고 무엇보다 스트레스가 되지 않는다. 이렇게 가정에서의 정서적 안정 속에 인성까지 갖춘 아이들은 자아존중감이 높아서 청소년기 학업 성취도가 높다는 연구 결과도 있다. 가정 다음으로 아이들이 오래 머무르며 배움이 이루어지는 곳이 학교다.

중3 때 아이의 고등학교 선택에 고민이 많았다. 중학교 때 아이는 학생회 활동에 진심, 열심이었고, 그 과정에서 성장하는 아이의 모습을 보았다. 우리 아이는 책상 앞에 하루 종일 앉아 공부하는 것보다는 새로운 것을 상상하고 기획하며 실천하는 과정에서 에너지를 얻는다. 아이는 '소담고'를 지원했고, 부모로서 난 그런 아이의 선택을 존중해 주었다. 주변에서는 혁신고에 대한 우려의 목소리도 있었지만 난 혁신고의 지향점에 공감했다.

미술 분야로 진로를 생각하는 아이는 학업과 함께 동아리 전시회, 학생회 프로젝트 등 다양한 활동을 하며 늘 바쁜 학교생활을 보내고 있다. 의욕이 넘쳐 새로운 것에 늘 도전하지만 모든 것이 아이 뜻대로 되지만은 않았다. 작은 실패를 겪을 때마다 부모로서 안타까울 때도 많지만 이 실패의 경험이 아이에게 배움이 된다고 믿는다.

학교는 공부 잘하는 학생들을 위해서만 존재하는 것이 아니라 다양한 색깔의 아이들 모두를 위해야 한다고 생각해 왔다. 모든 학생이 자기가 잘하는 분야에서 인정받고 재능을 키워 진로와 연결될 수 있게 도와주는 학교가 많아져야 한다. 그런 점에서 '공교육의 획일적인 교육 커리큘럼에서 벗어나 창의적이고 주도적인 학습 능력을 키우는 새로운 학교 형태'로 알고 있는 혁신학교의 취지는 늘 공감이 되었다. 최근 2~3년간 사회의 변화를 바라볼 때 교육의 변화는 불가피해 보인다. 이런 점에서 학생들의 다양한 관심을 존중하고 그에 따른 맞춤 지도를 위해 애쓰시는 선생님들의 모습이 학교를 찾을 때마다 눈에 보이니, 부모로서 감사할 따름이다.

학부모회 활동을 하면서 3주체 모임에 자주 함께했다. 그 자리에서 학생, 교직원, 학부모 모두 학교 교육과정이나 규정, 약속을 정하는 데 진지했다. 또한, 서로 이해하고 존중하는 공동체의 힘을 느꼈다. 서로 이견이 생기는 경우도 있었다. 그럴 때 토론을 통해 다른 주체들의 생각을 듣고 공유하며 합의하는 과정은 뿌듯한 소속감을 준다.

갑작스럽게 닥친 코로나19로 우리 아이는 대면 입학식도 하지 못했고 3월부터 원격수업으로 선생님들과 친구들을 만났다. 부모로서 아쉬웠지만 그래도 실시간으로 조·종례를 하고 쌍방향 수업을 통해 아이들과 소통하려는 선생님들을 보며 조금은 위로가 되었다. 대면 학부모 총회를 하지는 못했지만, 전자 총투표를 통해 학부모회 임원이 되었고, 임원진 여섯 분과 제한적이었지만 학부모회 활동을 이어 나갔다. 코로나19 방역 문제로 교육과정설명회나 학부모상담이 비대면으로 이루어지다 보니 가끔 오해하는 경우도 있었다. 학부모회장으로서 내가 할 수 있는 것은 교육과정 모니터링이다. 그리고 우리 학교의 모습들을 학교에 직접 오지 못하시는 분들에게 전달하는 역할도 했다. 일종의 메신저인 셈이다.

신입생 맞이, 등교 맞이, 학생 독립운동 기념일 축하, 고3 응원과 소담교육한마당 응원 캠페인 등 학부모회 예산은 학생들의 정서적 지지에 주로 할애했다. 수능을 앞둔 고3 학생들의 응원꾸러미를 준비하며, 학생 하나하나 이름을 쓰며 손수 카드를 만들어 보았다. 아이들에게 따뜻한 응원을 선사하고 싶었다. 12월에는 중앙 로비에 크리스마스트리를 만들었다. 한땀 한땀 헝겊으로 트리 소품을 만들며, 아이들이 마스크의 답답함과 코로나 블루에서 조금이나마 위로를 받았으면 하는 마음을 담았다. 캄포도마, 라탄, 천연비누, 마크라메 등 소규모 연수를 통해 학부모들과 교류하며 소통의 장을 열려 했다.

소담고 학부모회 활동을 하며 학생들의 의견을 존중하고 귀 기울이는 모습들이 참 좋았다. 아이는 부모의 못다 이룬 꿈을 이루는 대리만족의 꼭두각시가 아니다. 나름 앞으로의 인생과 진로를 고민하고 노력하고 있다. 학교에서 학생들의 의견이 존중받으니 아이들은 마음껏 자신의 의견을 이야기하고 주도적으로 아이디어를 내며 신나게 활동한다. 그런 모습이 참 예뻤다.

3주체 생활협약 중 학부모의 약속은 "내 아이만이 아닌 모두의 아이를 중심에 놓고 협력한다."로 시작한다. 우리 아이가 공동체 속에서 자기 결정권을 존중받으며 건강하게 성장하면 좋겠다. 소담고는 이런 소망을 열어주는 학교다.

부록

[학생 대담] 성장하기 좋은 곳

3주체 생활협약으로 만들어가는 민주적 학교 공동체 _김영진

글쓴이 소개

학생 대담

＊일시: 2022. 1. 17.(월) 오후 4~6시
＊장소: 소담고 도서관
＊참여자: 김성훈, 김혜선, 석지연, 송영서, 오승민, 전찬서, 최다빈, 오세라, 박재하,
　　　　오찬주, 황도연

성장하기 좋은 곳

　　우리는 혁신학교를 전혀 몰랐다. 다니면서도 '뭐 하는 학교지?'라는 의문이 들게 했던 혁신학교. 혁신학교 학생들은 공부를 못할 거라는 외부의 편견이 있었고, 스스로 그렇게 생각하기도 했다. 그렇지만 소담고를 다니거나 졸업한 지금, 우리의 고등학교 생활을 돌아보면 어떤 방면으로든 성장했다는 게 느껴진다. 혁신학교라서 할 수 있었던 다양한 경험들과 선생님, 학부모님들로부터 받은 믿음과 지지로 우리는 존중과 배려를 배우며 성장했다. 마냥 예쁘게 자라지는 않았다. 각자의 개성을 가득 담아 자유롭게 자랐다. 정석대로 아름답게 피어난 꽃도 아름답지만, 저마다 개성을 담아 자유로운 형태로 다양하게 피어난 꽃들이 눈을 즐겁게 한다. 우리는 소담고에서 입시라는 목표를 강요받거나 통제받지 않았고, 자유로운 공간에서 각자의 개성을 살리며 자신을 피워냈다. 그런 의미에서 소담고는 각자의 개성을 키워내고 성장시켜준 정원과 같은 공간이다. 우리를 피워준 정원을 회상하며, 그 정원을 소개하고자 한다.

Q. 학교에서 일어난 사건 사고 중 기억에 남는 것은 무엇인가요? 거기서 무얼 배웠나요?

도연: 5기 학생회장을 하고 있습니다. 부회장 친구와 회장단으로서 학생회를 이끌어 가는데, 처음에 부회장이 원하는 학교의 방향과 제가 원하는 학교의 모습이 달랐어요. 친구는 제도와 규정을 만드는 데 관심이 많았고 저는 구체적인 활동이나 프로젝트 하는 것을 좋아했어요. 그런데 의견 차이가 있다 보니 서로 계속 대립하고 막 울고…. 진짜 여러 일이 많았어요. 항상 의견이 통하는 친구들과만 할 수는 없다는 걸 알지만, 살아오면서 이렇게 극단적으로 의견이 다른 사람을 처음 만나보니까 처음에는 힘들었죠. 하지만 서로 이해하는 방법을 찾아가게 되었고, 이런 사람이 있기에 상호 보완이 가능하다는 것도 알게 되었어요. 특히 혁신학교다 보니까 함께 진행하는 일이 더 많았는데, 소통하며 풀어가는 과정에서 선생님들께서 많은 도움을 주셨어요. 소통의 중요성과, 다르다고 서로 배척하거나 의견을 무시하지 않고 같이 융합하면서 더 좋은 의견으로 만들어갈 수 있는 방법을 배웠습니다.

찬주: 그럼 어떻게 결론이 났어요?

도연: 서로 한 번씩 번갈아 가면서 울고 다시 모여서 얘기를 차근차근히 해 봤어요. '이 친구는 왜 이걸 필요하다고 생각할까?'를 떠올렸고요. 사실 그 친구의 의견도 참 좋은 부분이 많았어요. 각자 하고 싶은 것을 하나씩 뽑았어요. 그 친구가 원하는 제도적인 부분도 추가하고 제가 원하는 활동적인 부분도 추가하는 걸로 결론을 냈고, 지금은 잘하고 있습니다.

다빈: 생각나는 게 딱 하나 있거든요. 근데 이거 말해도 될까요? 그냥 수다처럼 얘기하라는 거니까 마음 편하게 얘기하겠습니다.(성훈: 욕만 안하면 돼요) 사회문화 수업이었어요. 과목 특성상 사회적 소수자에 대한 얘기도 많이 나오는데, 소수자 중에 저는 그 당사자였어요. 사회적 소수자에 대한 수업을 하는 중에 혐오 표현이 교실 안에서 일어났어요. 그런데 '내가 당사자입니다'라고 당당히 밝힐 수 있는 상황이 아니었거든요. 근데 거기서 영진쌤이 "얘들아, 이건 혐오 표현이다. 그 소수자가 이 교실 안에 있을 수도 있으니까 좀 자제해줬으면 좋겠다."라고 해서 영진 쌤한테 고마웠거든요. 하지만 사회 제도적인 방어가 제대로 이루어지지 못하고 있다, 심지어 교실에서도 그렇다는 생각이 들자 좀 많은 '현타'가 왔었어요. '사회에서 이 많은 혐오 표현을 마주했을 때 어떻게 대처할 것이며, 나는 계속 이렇게 무기력하게 상처만 받아야 하는 것인가'라는 생각을 많이 했어요. 그로 인해 뭔가 좀 단단해졌다고 해야 하나? 학교에서도 아무렇지 않게 혐오 표현을 하는 애들이 있는데, 사회에 나가면 나는 더한 차별을 많이 받겠구나라는 생각을 했습니다.

혜선: 저는 뭐니 뭐니 해도 건의서 사건이 제일 잊을 수 없고, 가장 많은 걸 배운 사건인 것 같아요. 제가 글을 쓰기 위해 저희가 썼던 건의서를 다시 읽어봤는데요. 1, 2기 학생회를 했던 친구들은 '건의서 사건'이라 하면 뭔지 아시겠지만, 그 이후 학생들은 조금 생소할 것 같아요. 설명하자면, 원래 학생회 체제는 학생회장단 중심으로, 바로 아래 대의원회와 다른 부서들이 있는, 딱 학생회장단 중심 체제였어요. 근데 방학 중에 갑자기 학생회 카톡방에 공지가 올라온 거예요. '올해 2018년부터 현 학생회 체제를 삼권분립 체제로 가보자'라고 하시길래 이게 무슨 말인가 싶었거든요. 나중에 선생님께 설명을 들어

보니까 취지도 좋고 의미도 있어 보여서 다들 '좋다, 좋다' 하고만 있었는데, 어느 순간부터 이게 권력 싸움처럼 된 거예요. 예를 들면, 이런 거죠. 집행위원회에서 프로젝트를 딱 내놨는데 대의원회가 이걸 '해라' '하지 말아라' 식으로 최종 결정을 해줘야 하니까 학생들 사이에서도 이런 말이 나오는 거예요. "뭐야, 대의원회가 엄청 큰 권한이 있네?", "집행위원회는 대의원회에 비하면 아무것도 아니네". 이런 식으로 이야기되면서 대의원회랑 집행위원회랑 기 싸움도 하고, 정말 큰 싸움으로 번질 뻔한 적도 있었어요. 회의 때도 "왜 그렇게 함부로 말하냐", "이 프로젝트 취지가 얼마나 좋은 건데, 너희가 뭔데 의결을 하냐" 등. 이런 식으로 서로 말싸움을 한 적도 많았고요. 선생님들이 학생자치규정을 삼권분립 구조로 개편하셨으니 규정을 가장 잘 아셨어요. 그렇다 보니 모든 회의에 선생님들이 들어가실 수밖에 없는 거예요. 그러다가 어떤 상황이 발생했다면, 집행위원회에서 프로젝트에 관해 회의하고 있는데 선생님들께서 갑자기 막 제지하시는 거예요. '그 부분은 집행위원회 권한이 아니니까 집행위원회가 신경 쓸 일이 아니다.' 이런 식으로요. 이렇게 제지받는 일이 많이 일어나다 보니까 집행위원회는 집행위원회대로 서운하고, 대의원회는 대의원회대로, 할 일이 많아지니까 힘들어하고 그랬어요.

다빈: 이거 기억나요. 저는 집행부원이었는데 솔직히 말해서 다리 꼬고 코후비적거리면서 '어, 쟤네 싸우네!' 이런 식으로 봐서. '그냥 되게 열심히 사네', 막 이랬던 기억이 나네요.

찬서: 회의는 아니었는데 부장끼리는 쉬는 시간에 자주 만나게 되잖아요? 대의원 친구들이 와서 "이거 해야 하는데 왜 안 해?" 그러면 일단 회의가 아니니까 기본적으로 감정 쌓인 말이 먼저 나왔어요. 실제 회

의에서는 싸우지 않았지만, 애들끼리 사적으로는 계속 싸우는 상황이 좀 많이 발생했던 기억이 나네요.

혜선: 어땠어요. 전 봉사진로진학상담부 김성훈 부장님?

성훈: 저요? 저도 그냥 화나고 속상했는데요.(학생: 웃음)

혜선: 그때 저는 학생회장이 아니라 총무기획부 부장이었거든요. 그래서 저도 엄청 속이 상했어요. 근데 이제 와서 건의서를 읽어보니까, 한 줄로 요약이 되는 거예요. '내 이야기 좀 들어줘'라고요. 지금에야 약간 이해가 되더라고요. 선생님들께서는 선생님들 나름대로 집행위원회와 대의원회의 선을 확실하게 그어주신 거였어요. 그 역할에 맞게 말이에요. 근데 저희는 너무 억울하니까 이렇게 구분해주시는 것조차 '선생님들께서 우리를 막으신다'거나 '집행위원회보다 대의원회를 더 아끼신다'는 등의 생각이 들면서 선생님들께 무례하게 굴고 그랬던 것 같아요. 서로 울면서 서러웠던 것, 화났던 것을 건의서에 막 적다 보니까 분량이 여덟 장에서 열 장 정도가 나온 거예요. 건의서를 읽다 보니까, '이때 우리가 이런 틀에 박힌 규정에 따라 모임을 하는 게 아니라 정말 우리 이야기를 속 터놓고 할 수 있는 자리가 있었다면 건의서까지는 안 가지 않았을까'라는 생각이 들었어요. 건의서가 있었기에 우리가 성장했던 부분도 있지 않았나 하는 생각도 많이 든 것 같네요. 자율적으로, 능동적으로 행동하는 것, 책임 있게 행동하는 것 등, 무엇이든 중요하지만 가장 기본적인 것은 '경청'이라는 것을 알게 된 사건이었어요.

찬주: 그럼 프로젝트 하나 할 때마다 대의원의 심사를 받아야 했어요?

혜선: 네. 당시 학급 수가 적어서 대의원회가 10명이었거든요. 그래서 프로젝트 하나를 낼 때마다 의결을 위해 10명의 대의원들이 점심시간에 계속 모여야 했어요.

찬주: 저희 때는 그렇게 하지 않았는데, 그게 건의서 때문에 바뀐 거예요?

혜선: 네. 너무 절차가 복잡하니까 어떤 절차는 빼거나 생략하고 집행위원회에서 자유롭게 진행하는 걸로요.

찬주: 그럼 대의원회가 예산 심의도 하고 프로젝트 심의도 따로 하고 그랬던 거예요?

혜선: 네, 다 했어요. 다.

재하: 코로나 때문에 대의원회 회의를 오랫동안 못 하다가 2학기 시작할 때 거의 3개월 만에 연 적이 있어요. 근데 그때 대의원 학생들이 잘 모여주지 않아서 참여 가능한 학생이 열 명도 되지 않았어요. 정족수에도 못 미치는 인원이죠. 그래서 저를 포함한 의장단들이 각 학급을 일일이 찾아가서 반장 부반장 친구들한테 참여를 독려했고, 홍보 영상을 만들기도 했어요. 아무리 소담고처럼 집행위원회나 대의원회나 자치법정 등 학생회에 대한 체계가 잘 잡혀 있어도 학생들이 참여하고자 하는 의지나 흥미가 없으면 다 물거품이 된다는 걸 느꼈어요. 그래서 소담고에 입학하기 전 아니면 3월 중에 학생회 활동에 대한 선생님들이나 선배님들의 홍보나 독려가 대단히 중요하고 또 필요하다는 걸 알게 됐어요. 학생회가 제대로 돌아가려면 실질적인 참여도와 책임 의식을 끌어올릴 수 있는 홍보 방식이 요구된다는 것

을 느꼈습니다.

Q. 재학 중 자신을 가장 많이 성장시켜준 수업에 대해 이야기 나눠보아요.

다빈: 먼저 얘기해도 되나요? 1번 질문이랑 너무 비슷하긴 한데, 소담 인권 아카데미에서 들은 '혐오 표현과 인권' 특강이에요. 홍성수 교수님 강의 들으면서 현 사회인들이 혐오 표현에 무방비하게 노출되어 있다는 사실을 깨달았어요. 그로 인해 윤리적 문제와 도덕적 문제, 즉 나는 어떻게 행동해야 하고 자기 검열을 어디까지 해야 하는지 고민하게 되었어요. 그 고민이 대학 전공으로까지 이어졌고, 지금도 그 문제를 계속 생각하고 있어요. 너무 철이 없었다고 해야 하나? 이 수업을 듣기 전까지 그냥 '나는 즐거움만 좇으면 된다'라는 생각을 했는데, 이 즐거움 뒤에 내가 외면하고 보지 못했던 사회의 우울한 면들, 어쩌면 나에 대한 이야기가 될 수도 있는 것들을 너무 모르고 있었던 것 같아요. 좀 각성하게 됐다고 해야 하나? 소담 인권 아카데미 특강이 제일 도움이 많이 된 것 같습니다.

성훈: 표현이 너무 멋있네요. 각성했다는 표현이 너무 멋있어요.

혜선: 그러게요. 각성제. 자기 검열을 한다고 그랬잖아요. 어떤 식으로 하셨어요?

다빈: 혐오 표현을 듣는 입장이 될 수도 있고, 저도 할 수 있잖아요. 그러니까 나도 소수자지만 소수자에 대한 혐오가 있고 편견이 있고. 이야기할 때 그 사람의 가정환경이나 사회적으로 처한 문제를 먼저 보게 되었어요. 어떤 사건들이 일어났을 때 그 배경을 먼저 보게 된

것 같아요. 내 시야가 편협하면 자아가 파괴되는 건 나라는 사실을 깨닫게 되었습니다.

성훈: 글을 쓸 때는 이 표현이 맞는지 계속 생각하게 되잖아요. 근데 말을 할 때는 바로 나오니까, 사실 생각 없이 말하는 경우가 많단 말이에요. 근데 다빈이가 말한 것처럼 '내가 이 말을 해도 되나?' 하는 생각을 한번 하고 말하면, 말로 상처받는 사람들도 많이 적어질 것 같고 다투는 일도 없을 것 같고 참 좋겠다는 생각이 들었어요.

다빈: 덧붙여서 저는 이 수업을 통해 각성하게 되었으니까 저처럼 많은 사람이 수업을 많이, 적극적으로 듣고 각성했으면 좋겠다고 생각했어요. 그래서 영진쌤께 찾아가서 말씀드리고 이런 내용을 많이 교육해 달라고 부탁했습니다. 그래서 실제로도 영진쌤이 나한테 해주겠다, 무기력하게 상처받는 사람이 없도록 교육을 통해 해결하겠다고 약속했어요. 지금 그런 수업을 하고 계시는지 모르겠지만….

도연: 잠깐 말해도 될까요? 코로나 때문에 강의를 듣거나 다른 활동은 못 했는데 김영진 선생님께서 토론 수업하셨을 때 주제에 혐오 표현이 있었어요. 저희 때도 토론을 했고, 제 동생이 올해 1학년인데, 동생도 관련해서 토론했다고 알고 있어요. 선생님께서 『말이 칼이 될 때』 같은 책을 여러 권 준비해주시면서 진행했어요.

다빈: 수업을 진행하셨다고 하니까 정말 기쁘고 다행이네요. 저는 교육이 정말 중요하다고 생각했어요. 학교가 아니면 사회에 나아가서는 별 기회가 없으니까 여기서라도 관련된 이슈를 좀 많이 적극적으로 다뤘으면 좋겠다는 생각을 많이 했어요.

성훈: 또 누가 말해볼까요?

혜선: 저는 윤정하 선생님이 담당하신 한국사 수업도 참 많이 도움이 되었어요. 당시에는 수업하는데 갑자기 '만적의 난'의 만적이 되어 그의 입장문을 작성해 보라고 하시니까, '아니, 지금 다른 과목 공부하기 바빠 죽겠는데 무슨 이런 걸 또 글을 써오래'라며 투덜거렸거든요. 한국사 연극을 준비하라고 하셨을 때도, 뭘 이런 걸 시키냐며 엄청나게 화냈던 것 같아요. (학생: 맞아, 맞아) '공부도 공부대로, 해야 할 것도 많은데. 내가 무슨 연극영화과나 연기과에 진학할 것도 아닌데 뭘 이런 걸 또 준비해오래' 하면서 조금…. 아니, 상당히 많이, 윤정하 선생님을 싫어했던 것 같아요.

　　근데 지금 와서 생각해 보면, 저때가 대학 가기 전 워밍업 느낌이었던 것 같아요. 대학교에서는 소담고에서 했던 여러 고차원의 수업을 매일같이 하더라고요. 특히 조별 과제 할 때도, "고등학교 때 이런 거 해봤는데 이런 식으로 하면 될 것 같다."라고 하면 다들 놀라거든요. 고등학교 때 실제로 그런 걸 학교에서 시키냐는 반응이긴 한데, 대학교 수업을 들을 때 가장 큰 도움을 주고, 나를 많이 성장시켜준 수업이라면, 저는 한국사 수업을 꼽겠습니다.

영서: 그뿐만 아니라, 그 조금은 특이했던 한국사 수업들이 논술, 면접 전형 준비하는 친구들에게 굉장히 도움이 되었다고 생각해요. 여러모로 좋았던 활동이었어요.

찬주: 궁금한 게 있는데요! 예전에 선배들이 정하쌤 수업 중에서 강당에 앉아서 상소문 쓰는 수업을 했다고 들었는데 맞나요?

학생: 어어, 맞아요. 심지어 저희는 붓펜으로 시험을 봤어요.

찬주: 그게 수행평가였어요? 저는 듣기만 해서.

학생: 글이 들어간 건 아니고 태도 점수였어요. (다빈: 상소문도 진짜 사극체로 써야 했어요.)

다빈: 맞아, 그리고 그것도 있어요. 아까 혜선이가 연극 얘기했잖아요. 그 연극도 일본어 수업이랑 연결해서 (영서: 맞아, 제2외국어.) 일본어 꼭 열 단어 이상 들어가야 했는데, 그때 일본에서 살다 온 친구가 있었거든요. 그 친구랑 같은 조라서 나는 꿀 빨았어요.

찬서: 난 그때 힘들었던 게 뭐였더라, 한국사랑 법정? (찬주: 정치와 법) 아, 이제는 정법이라고 그러나요? 법정 모의재판이랑 한국사 연극 시기가 겹쳐서, 진짜 그때 최악이었어요. 아침에는 정법 팀 만나고, 오후에는 한국사 팀 만나고….

다빈: 맞아요, 모의재판 하니까 또 생각나는 게, 나랑 성훈이랑 같은 조였거든요. 그 뭐야, 진짜로 막 실제처럼 꾸민다고 밤에 학교 창고에 가서 혼자 삽 들고 막 휘두르고, 성훈이는 그거 찍고 그랬어요. (지연: 나는 차에 치였어요.) (학생: 웃음)

찬주: 그것도 정하쌤이 하신 거예요?

학생: 아니요, 영진쌤.(다빈: 다들 정하쌤, 영진쌤께 한 번씩 치여봤을 거야.) (학생: 맞아, 맞아.)

성훈: 그런데 당시에는 되게 불만도 많고 '우리가 이런 것까지 해야 해?'라는 생각을 많이 했는데 지금 생각해 보면 (찬서: 추억이지.) 음, 고등학교를 떠올리면 가장 먼저 떠오르는, "힘들었지만 그래도 재밌었지" 하면서 추억할 수 있는 수업이었던 것 같아요.

찬서: 되게 묘해요.

다빈: 우리가 말하는 게 너무 뻔한 클리셰이긴 한데, 근데 진짜 그게 맞아요.

성훈: 저도 하나 말해도 되나요? 약간 우리 학교가, 뭐라 해야 할까, 사회의 어떤 사건 사고들을 반영한 수업을 많이 했던 것 같아요. (학생: 맞아, 맞아.) 영서 글에도 나오는데, 일본의 수출규제로 떠들썩했을 때, 동아시아사 수업 때 그 일을 다뤄주시기도 했고, 우리 1학년 때 정말 기념비적인 사건이 있었잖아요. (혜선: 탄핵?) 대통령 탄핵. (학생: 아~) 저희는 그 탄핵 심판을 실시간으로 교실에서 볼 수 있었거든요. 또, 당시 사회적 이슈였던 파업이나 낙태죄 폐지, 기본소득 같은 주제로 토론도 할 수 있었고. 그냥 아무 생각 없이 지나갈 수 있는 사건 사고들을 들여다보면서, 그런 것들에도 관심을 갖게 되고 세상을 보는 눈이 넓어진 것 같아서 좋았어요. 따로 알아가는 것도 좋지만, 학교 정규수업을 이용해서 선생님의 도움을 받으며 더 제대로 알 수 있어서 더 좋았습니다. 그래서 그런 수업도 기억에 많이 남았어요.

영서: 『82년생 김지영』이 나왔을 때도. 고2 때였나요? (학생: 맞아, 맞아. 지금은 상상도 못 하지.) (다빈: 우리 도서관에 『82년생 김지영』 20권씩 꽂혀있지 않았나? 페미니즘 책 되게 많고.) 당시 사회적 이슈였던 미투 운동과 관련한 여성 인권 관련 책을 읽고 독후감 대회에 참가했던 게 기억나요.

찬서: 지금 2학년 학생은 세계 지리를 들었으면 나를 알고 있을 수도 있어요. 세계 지리와 한국 지리 수업 때, 정재욱 선생님께 정말 많이 도움을 받았어요. 일단 모르는 게 있으면 수업 시간에 바로 질문을 해요. 다 못하면 수업이 끝나고 질문하는데, 만약 1교시에 한국 지리 수업이 있었다?! 그러면 1교시 끝나고 질문하고, 2교시 끝나고 찾아가고, 3교시 끝나고 또 찾아가고 7교시까지 쉬는 시간마다 다 찾아갔어요. 매일같이 찾아가서 질문했죠. 내가 선생님이었으면 절반 정도는 거절했을 것 같은데, 질문에 일일이 답변해주시는 게 감동이었어요. 솔직히 말하면 내신이나 수능에도 필요 없고, 전공 심화 지식도 선생님이 정규수업 때 사용하는 내용이 아니니까 선생님도 기억 못 할 거 아니에요? 그런데 선생님이 옛날에 배운 전공 내용을 다시 공부해오시고, 전공 책 찾아가면서 공부하고 알려주셨어요. 그런 것들이 지금의 내가 좀 더 지리를 공부하고, 지리라는 과목의 매력을 찾아 지리교육과를 꿈꾸게 된 계기가 되지 않았나 하는 생각이 들어요.

Q. 소담고를 통해 얻은 가치, 혹은 경험이나 배움이 있다면 말씀해주세요.

세라: 저 먼저 말하고 싶어요. 제가 쓴 글이랑 겹치는 주제이긴 하지만, 저는 소담고에 와서 편견을 깨고 주체성을 배웠어요. 제가 다니던 학교는 남녀분반으로 이루어져 있었고, 학생들 스타킹 색깔까지 통제하던, 상당히 보수적인 학교였어요. 한 5년을 여자애들끼리만 놀았으니까 저도 모르게 남자아이들에 대한 편견이 생겼고, 머리가 길거나 화장을 한 친구들은 무조건 안 좋은 친구들이라고 생각했어요. 근데, 소담고는 남녀 합반으로 이루어져 있고, 아이들이 자율적인 환경에서 머리도 기르고 화장도 하고 있

었어요. 그래서 처음에는 학교가 이래도 되나 싶었고 적응하기도 힘들었어요. 그런데 시간이 지나면서 제 편견이 다 깨진 것 같아요. 실제로 대화를 나눈 남자애들은 그냥 나랑 똑같은 인간이었고, 화장하거나 머리 긴 친구들은 나쁜 친구들도 아니었어요. 그냥 자신의 개성을 나타낼 뿐, 다들 너무 좋은 친구들이었어요. 저도 주변 친구들처럼 이런 자율적인 분위기 속에서 내가 하고 싶은 게 뭐가 있을까 계속 생각해봤어요. 학생으로서 아직 하고 싶은 게 없었기에 수능 공부가 최선이라 생각했고, 목표를 제대로 설정해 수능 공부를 독학으로 시작했어요. (학생: 우와!) 그리고 준비하면서 과목별로 선생님들 찾아가서 공부 방법을 여쭤봤어요. 혼자 계획을 짜고 실행하고 보완하는 과정을 수능 끝날 때까지 반복했어요.

공부뿐만 아니라 친구 관계도 바뀌었어요. 친구들이 저한테 올 때까지 기다렸는데, 이제는 기다리지 않고 제가 먼저 다가가기 시작했어요. 그렇게 다가가니까 전보다 훨씬 좋은 친구 관계를 쌓을 수 있었어요. 대학교에 와서도 이런 식으로 친구 관계를 쌓다 보니까 더 많은 친구와 좋은 관계를 유지할 수 있게 되었고, 지금은 누구보다도 즐거운 대학 생활을 하고 있어요. 새로 설정한 목표 관련해서 교수님들을 찾아가 정보를 얻으며 공부하는 등, 또 다른 목표를 향해 나아가고 있어요. 그래서 '주체적이다'라는 말이 어울리는 삶을 살아가는 것 같아요.

학생: [박수] (혜선: 인재시네요!)

성훈: 저는 소담고를 다니면서 사람이 많이 바뀐 것 같아요. 여기 있는 사람들은 다 못 믿겠지만, 저는 중학교까지만 해도 말이 없고 나서는 것도 싫어하는 학생이었거든요. 있는 듯 없는 듯 조용하게 묻어가

는 인생을 살고 싶다는 마인드였습니다. 초등학교 때는 발표하는 걸 너무 싫어해서 선생님이 발표하기 싫으면 책상 들고 나가라고 하셨거든요. 근데 그 말 듣고 진짜 책상 들고 복도에 나간 적도 있을 정도였어요. 그런 식으로 되게 주저하고 학교생활도 열심히 하지 않았던 것 같아요. 먼저 나서서 뭘 하려는 게 없었고, '이 정도만 하면 되겠지'라는, 그런 쓰레기 같은 마인드로 살았는데…. (다빈: 지금도 그런데.) (성훈: 너무해.) (영서: 오해할 뻔했어.) (성훈: 나 방금 눈물 찔끔 났어.) (다빈: 반성하겠다.)

어쨌든 그랬는데, 소담고 다니면서 도전할 기회가 되게 많았어요. 아무것도 안 정해져 있고 우리가 하나부터 열까지 만들어가야 했으니까. 다른 애들도 저도 똑같이 아무것도 모르는 백지상태인 거예요. 그러다 보니까 내가 좀 관심이 있으면 '저걸 내가 해볼 수도 있겠다.'라는 생각을 많이 한 것 같습니다. 학생회도 그렇고 공청회도 그렇고. 공청회에서도 내가 학생 대표로 참석하기도 했거든요. 그런 활동을 하면서 적극적인 참여에 대한 보람과 재미를 느낄 수 있었고, '내 일 아니니까', '내가 아니어도 괜찮으니까' 하는 자세가 사라지고 적극적으로 도전하면서 살았던 것 같습니다. 하고 싶은 게 생기면 일단 도전을 많이 했고, 그 도전 속에서 정말 많은 걸 배웠어요.

다빈: 저도 느낀 거였는데, 중학교 때 성훈이가 수업 시간에 "저걸 왜 해야 돼."라고 중얼거리는 걸 옆에서 많이 들었어요. (성훈: 아, 조용히 한 줄 알았는데 들었구나.) 그래도 성훈이는 "저 할래요."라며 이렇게 손드는 경우가 되게 많았어요. 자기 의사 피력은 다 했다. (성훈: 맞아요, 저 소심한 관종'이라는 말도 들었어요.)

찬서: 궁금한 게 있는데, 그럼 첫 도전을 하게 된 게 뭐예요?

성훈: 잘 기억은 안 나는데, 공청회였던 것 같아요. 공청회 하면서 '어? 재밌는데. 나 이런 거 좋아하나?' 그런 생각을 많이 했거든요. 나서서 말하고 뭘 해나가는 걸 좋아하는 내 모습을 발견할 수 있었던 것 같습니다. 그래서 학생회도 도전하게 됐고.

다빈: 저도 그랬던 것 같아요. 공청회 때 발언권이 모두에게 주어지니까. 그냥 다 말해도 괜찮은 분위기여서 진짜 쓰레기 같은 말도 애들이 다 들어주는 거예요. 근데 거기서 약간 희열을 느꼈다고 해야 하나. (혜선: 그 발언권조차 무시되지도 않고.) 어, 맞아. 모두가 날 봐주고 있었죠.

성훈: 아까 혜선이가 말한 건의서 사건 때, 저도 화나고 속상하기도 했지만 되게 재밌었어요. (혜선: 선생님 울리셨잖아요.) 지금 생각해 보면 진짜 못난 모습 보였죠. 그리고 저도 울었어요, 같이 울었습니다.

찬주: 진짜 좀 아쉬운 게, 코로나 때문에 공청회를 못 했거든요. 저도 1학년 때가 마지막이었던 것 같은데.

다빈: 강당에 같이 모여서 얘기하는 거, 진짜 재밌었는데.

도연: 저는 말하는 거나 나서는 걸 엄청나게 좋아하는데, 사람들이 쳐다보기만 하면 이렇게 얼굴이 빨개지고 뭔가 조용한 분위기에서 "제가 하고 싶어요." 이런 말을 잘 못했거든요. 선생님들 대할 때나 뭔가 정말 하고 싶은 거에서는 부끄러움이 되게 많았어요. 1학년 때 영진 선생님께서 청소년 정책 제안 대회를 소개해 주셨는데 엄청 고민했

어요. 애들 다 있을 때는 얘기를 못 하고 계속 고민하고 고민하다가 갔는데 엄청 따스하게 받아주시는 거예요. 당연하다고 할 수도 있는데 저는 그런 게 되게 부끄러웠거든요. 이렇게 한 가지를 활동함으로써 진짜 제가 원하는 걸 얻을 수도 있고, 하나씩 활동해가면서 남들이 어떻게 쳐다보는지 점점 신경도 덜 쓰게 됐어요.

혼자 있는 법도 배웠어요. 혼자 있으면 엄청나게 불안해했거든요. 반에 혼자 남아 있으면 불안해하고 그랬는데 혼자 있어도 아무렇지도 않다는 걸 이 학교에서 느끼게 되면서 조금씩 나아진 것 같아요. 그렇게 혼자 있는 법도 배울 수 있게 됐고, 자신 있게 의견을 말할 수 있는 점을 배웠어요.

학생: [박수] (성훈: 다들 박수받을 만한 말을 해서 박수 칠 수밖에 없네요.) (학생: 맞아.)

찬서: 내가 소담고를 통해 얻은 가치라면 교육관(?)인 것 같아요. 나는 교사를 8년 동안 꿈꿔왔어요. 초등학교 때부터 계속 '나는 교사가 아니면 안 된다!'라는 생각으로 살았어요. 근데 자소서 쓸 때 '나는 왜 교사가 되려고 했지?' 하면서 예전 일기장을 뒤져보니까 아무 생각 없이 교사가 되고 싶었던 거예요. 다들 비슷한 경험이 있을 텐데, 초등학교 때 앞뒷문 있는데 학생은 뒷문만, 선생님은 앞문만 써야 했어요. 앞문으로 들어가는 게 너무 하고 싶어서 교사가 되겠다고 일기장에 쓰여 있는 거예요! (학생: [웃음])

중학교 때는 확실하게 기억나는 게, 우리 학교가 되게 엄격했어요. 재하가 쓴 글처럼 나도 화장하면 선생님이 물티슈 가지고 와서 지우라고 그러셨고, 틴트 가지고 오라는데 또 안 가지고 가면 — 다빈이는 알 것 같기도 한데 — 틴트 뚜껑을 떼고 애들 머리에 던져서 뿌려버리는, 그런 선생님들이 많았어요. 잘못하면 회초리로 맞는 게 일상적인 학교였죠. 유독 기억나는 게, 회초리로 맞다가 피가 나는 학생이 있었다는 거. (학생: 헐. 정말?) 저는 그걸 보고서 '아, 쟤가 잘못했지' 이런 생각밖에 안 들었어요. 그런 분위기에서 가끔 체벌 안 하는 선생님을 보면서 막연히 '나도 저런 교사가 되어야지.'라고만 생각했죠.

이제 소담고 선생님들을 보고 지내면서, 자소서 쓸 때 무슨 생각을 했냐면, 단순히 체벌 안 하고 학생이랑 친하게만 지내는 그런 교사가 아니라, 나도 선생님들이 나에게 해주신 것처럼 '살아갈 때 필요한 지식을 주는 것뿐만 아니라 어떤 상황에서 어떻게 행동하고, 생각하고, 스스로 어떤 사람이 되어야 할지를 좀 가르쳐주는, 그런 사람'이 되고 싶었어요. 단순히 '착한 사람'이 아닌 '인생의 지도자'가 되고 싶다고 생각하게 되었어요. 소담고에서 저는 그런 배움을 얻었다고 할 수 있어요.

Q. 학생자치가 활발하다고 혁신이라고 생각하시나요?

재하: '학생자치=혁신'이라고 하기에는 혁신이라는 말이 대단히 포괄적인 것 같아요. 혁신학교는 학생자치뿐만 아니라 대학 입시와 인간적인 학교생활의 양립, 학생 참여형 수업, 낙오자 없는 수업 등을 추구한다고 알고 있어요. 학생자치라는 말로 혁신을 완전히 설명할 순 없겠죠. 그래도 혁신학교가 학생자치와 밀접한 관계가 있는 건 확실하다고 생각해요. 예컨대 학생 주도로 학생회에서 캠페인과 부스 운영도 하고, 기념품 같은 것도 팔고, 법정에서 학생들이 상담도 하고, 직접 판결도 내리고, 그리고 3주체가 골고루 학교 규정 제·개정에 참여하기도 하잖아요? 이런 활동들은 학생들이 더욱 능동적인 사람이

될 수 있도록 돕기도 하지만, 생활기록부에 적혀 대학 입시에 도움을 주기도 해요.

결국 혁신학교는 입시 위주 교육과 전인교육이 양립하는 초기 모습을 보여주고 있다고 생각해요. 존 듀이가 추구하는 진보주의 교육. '행함으로써 배운다', 의사소통, 상호작용, 공감 능력, 민주주의 등, 그의 주장 역시 우리 학교 학생회가 추구하는 방향과 일맥상통한다고 봐요. 입시에만 치중된 비인간적인 학교 교육이 보다 지속할 수 있고 인간적인 교육의 방향으로 나아가는 데 학생자치가 일종의 계단이 될 수 있다고 생각합니다.

찬주: 혁신교육에서 학생자치의 활발함은 필요조건이지 충분조건은 아니라고 생각해요. (학생: 오!) 제가 대외 활동을 하면서 혁신학교를 알리는 포럼 같은 곳에 많이 참여했는데, 스스로도 '혁신학교는 뭘까'라는 생각을 많이 했거든요. 선생님들과도 이야기하고 혼자서도 고민한 결과, 학생자치뿐만 아니라 교육에서도 혁신이 일어나야 한다고 생각했어요. 그래서 저희 같은 경우에는 하브루타 수업, 토론 수업 이런 게 되게 많긴 한데, 이게 어쨌든 평가니까 대학을 보내야 해서 결과적으로 평가는 줄 세우기로 하잖아요. 그래서 저는 수업 방식에서도 혁신이 일어나야 하지만 평가에서의 혁신도 일어나야 한다고 생각해요. 그래서 대학 입시 체제부터 바뀌어야 하고, 다양한 학생을 포용할 수 있는 방식이 우선되어야 한다고 생각해요. 결론적으로 활발한 학생자치도 물론 필요하지만, 교육이나 평가 방식에서의 혁신도 필요하다고 생각합니다.

세라: 실제로 2기 졸업생 친구들도 비슷한 말을 한 것 같아요. 평가 방식이 너무 줄 세우기 같다고.

영서: 학교 안에서는 교사의, 학교 밖에서는 부모의 입김에 따라 행동하지 않고 자신만의 생각을 할 줄 알며 이를 표현하고 행동하도록 이끄는 곳이 혁신학교라고 생각해요. 학생의 소통 창구와 같은 학생자치는 학생들의 의견과 생각이 어떤 행동으로 표현되는 활동이기에, 학생자치가 활발하다면 혁신학교 요건을 충족(?)했다고 생각해요. '활발한 학생자치=혁신'은 아니지만요.

성훈: 저도 마찬가지로 학생자치가 활발하다고 그게 혁신교육이라고 할 수는 없는 것 같아요. 혁신교육의 정의를 찾아본 건 아니지만, 소담고를 다니면서 느낀 혁신교육은 배우는 즐거움을 알게 하고, 학생이 존중받고, 서로 배려하면서 학교라는 공간을 즐거운 시간으로 채우는 느낌이었거든요. 근데 아무래도 우리나라는 교육열이 너무 높잖아요. 좋은 대학이 인생 성공으로 가는 키포인트라고 생각하고, 초·중·고 같은 정규 교육과정을 대학 진학을 위한 다리로 여기는 사람들도 많단 말이에요. 그래서 정말 제대로 된 교육, 앞서 말한 그 혁신교육이 이루어지면 학생자치가 활발한 건 자연스럽게 따라오는 게 아닐까 싶어요. 학생자치가 활발하다고 혁신교육인 게 아니라, 혁신교육이 이뤄지면 활발한 학생자치가 자연스럽게 따라온다고 생각해요.

찬서: 성훈이 말을 듣고 이 생각이 떠올랐어요. 재욱쌤이 하신 말씀인데, 고등학교에서 배워야 하는 걸 중학교에서 가르치고, 대학교에서 배워야 하는 걸 고등학교에서 가르치고, 사회에 나가서 필요한 걸 대학에서 가르친다는 말. 이게 우리나라 현실이니까 중학교에서 배워야 하는 걸 중학교에서 배우고, 고등학교에서 배워야 하는 걸 고등학교에서 배우고, 대학교에서 배워야 하는 걸 대학교에서 배우는 게

혁신학교로 나아가는 방향이 아닐까 싶어요.

Q. 혁신학교를 고민하는 학생들에게 해주고 싶은 말이 있나요?

지연: 아직 인식이 좋지 않으니까 혁신학교 오는 것을 고민할 수 있잖아요. 활동들이 어떻게 진행되는지 외부 사람들은 잘 모르는 것도 있고요. 그래도 진학을 고민했다면 혁신학교의 장점도 들어봤을 거라고 생각하거든요. 그런 장점 중 한 가지라도 매력을 느꼈다면 소담고에 왔으면 좋겠다고 추천하고 싶어요. 중학교 때 받은 주입식 교육과 달라서 처음에는 적응하기 어려울 수도 있지만, 그래도 여러 활동을 통해 훨씬 가치 있는 것들을 얻어가잖아요. 발표하는 법이라든지 스스로 뭔가를 만들어가는 방법, 꿈을 찾아가는 방법 등. 그런 걸 많이 얻어갈 수 있으니까요. 그리고 소담고에 진학했다면 그냥 있지 말고 많은 활동에 참여해보는 것을 추천해요. 그런 활동에 참여하지 않으면 혁신학교의 장점을 제대로 느낄 수 없다고 생각하거든요.

세라: 대학 가서 크게 느낀 게 있는데, 그게 바로 입시와 같이 공부 스킬을 습득하는 것보다 사람과 소통하고 관계 맺는 방법, 비판적으로 생각하는 방법, 자신의 의견을 표출하는 방법 등의 능력이 훨씬 중요하다는 거예요. 저는 학창시절 동안 수능을 준비했기에 이런 역량을 키우지 못했고 대학에 와서야 조금씩 배워나가고 있어요. 근데 소담고에서 학교생활을 활발히 하신 분들과 이야기를 나누다 보니, 대학 그리고 사회에 필요한 역량들을 소담고에서 많이 배웠다고 생각했어요. 그래서 저는 고등학교 3년 동안 입시만을 위해 나아가는 것보다 더욱 가치 있는 활동을 했으면 좋겠습니다.

영서: 고등학교는 대학교를 위한 입시 준비단계라고들 하는데요. 입시를 겪은 우리의 학교생활 이야기를 들어보면 '학생회를 하면 입시에 좋다니까', '면접에서 잘 쓰일 거야'라는 생각에서 시작했더라도 소담고에서 성장한 본인의 모습, 나도 몰랐던 나의 다양한 모습을 이야기하잖아요. 소수의 학생만을 위한 것이 아니니까 다양한 친구들이 소담고에 있는 기회를 잡고 적극적으로 여러 가지 활동에 참여했으면 좋겠어요. 그게 입시에 도움이 되지 않더라도 활동을 하면서 얻은 성취감과 기대, 즐거움은 오랫동안 기억에 남을 거예요.

찬주: 혁신학교에서는 뭔가 하고자 한다면 누구에게나 기회가 열려 있다고 생각해요. 득이 되면 득이 됐지 실이 되지는 않을 거라고 확신해요. 혁신학교에서의 자유를 어느 정도 누리되 책임지는 것 또한 사회로 나아가는 데 필요한 하나의 경험이라고 생각하거든요. 그래서 혁신학교에서 자유에 따른 책임, 자신의 권리 주장, 주체성 등을 배우며 훨씬 많이 성장할 기회를 얻을 수 있을 거예요.

Q. 나에게 혁신학교는 ○○다.

성훈: 도전입니다. 저는 혁신학교에 다니면서 많은 도전을 했어요. 그 도전을 하면서 힘들기도 했지만 정말 즐거웠고, 여러 방면에서 성장할 수 있었어요. 그래서 저에게 혁신학교는 제가 지금까지 한 도전 중 가장 거대한 도전이면서 성공적인 도전인 것 같아요. 그래서 저에게 혁신학교는 도전입니다.

영서: 기대라고 생각합니다. 학교가 저 자신에 대한 기대를 심어줬고 그 기대 덕분에 저는 많은 활동을 하며 사람과 사회에 대한 기대를 가질

수 있었습니다. 그래서 혁신학교는 기대라고 생각합니다.

혜선: 비상한 학교라고 생각합니다. 예사롭지 않고 평범하지 않은, 그래서 뛰어난 학교. 딱 혁신학교를 위한 형용사인 것 같습니다.

세라: 'Import 함수'라고 생각합니다. 'Import 함수'는 파이썬에 나오는 함수로, 컴퓨터에 내장된 파일을 꺼내오는 역할을 해요. 저는 소심하고 늘 조용히 지냈었는데 소담고에 와서부터 졸업한 뒤에도 항상 주체적이고 밝게 지내게 되었어요. 그런 성격이 새로 생긴 게 아니라 원래 제 안에 있었던 (다빈: 내재되어 있던 거?) (혜선: 잠재성을 끌어주는…) 네, 혁신학교가 제가 몰랐던 제 잠재성을 꺼내줬다고 생각해서 저는 혁신학교가 'Import 함수'라고 생각합니다.

학생: [감탄과 박수] (성훈: 다음 주자가 기대되는데요.) (학생: 웃음)

찬서: 당연하게도 혁신학교는 교육이죠. 혁신학교에서 내가 성장할 수 있는 교육을 받았고, 받은 교육을 미래의 학생들에게 더 잘 전달하게 해줄 수 있는 학교라고 생각해요. 그러니 당연히 교육이라고 할 수 있을 것 같습니다. 이제 홍 식었으니까 편하게 하세요.

찬주: 가능성입니다. 혁신학교에 재학하면서 내가 사회에 나아가 나의 권리를 주장하며 더 성장할 수 있다는 가능성을 배웠어요. 또한, 앞으로 혁신학교가 입시 경쟁이 과열된 우리나라에서 또 다른 가능성이자 대안이라고 생각하기 때문에 저에게 혁신학교는 가능성입니다.

다빈: 앞에서도 계속 말했듯이 각성제라고 생각하는데요. 끝없는 각성제

예요. 나에게 혁신학교란 끝없는 각성제다. 각성제라고 하면, 뭔가 효력이 있잖아요. 일정 시간 내에. 근데 저는 이 학교에 다니면서 한 번 각성했던 게 계속 머리나 몸속에 각인되어서 쭉 가는 것 같아요. 사회에서 지치지 않고 계속 써먹을 수 있는 것을 소담고에서 많이 배웠어요.

도연: 행운이라고 생각해요. 할 수 있다고 상상하지 못했던 일들을 소담고를 통해 계속 하나씩 할 수 있게 됐어요. 성장도 할 수 있었고요. 행운이 저한테 찾아왔다고 생각해서 행운이라고 하고 싶어요.

지연: 화분이라고 표현하고 싶어요. 화분 안에 있는 흙이 영양소가 되어주잖아요. 학생들은 씨앗들이고, 그 씨앗들이 모여서 각자 저마다의 모습으로 발아하는 것 같다고 생각했습니다.

재하: GPWS예요. GPWS는 비행기가 제대로 날아다닐 수 있도록 파일럿에게 음성 알림을 주는 장치예요. 일상생활의 잡다한 일부터 진로 계획을 구상하는 중요한 일까지, 소담고에서 배운 가치가 길잡이 역할을 했어요. 주어진 상황에서 내가 맡을 수 있는 능동적인 역할을 찾고 수행할 힘과, 나와 관점이 다른 사람을 대상으로 설득과 양보를 주고받으며 타협안을 만들어 낼 수 있는 힘. 이 외에도 학생회 활동을 통해 체득한 여러 역량이 때로는 격려의 말, 때로는 경고의 말을 해주며 제가 흔들리지 않고 목표를 향할 수 있도록 도와주었습니다. 앞으로도 그럴 거라고 믿어요.

3주체 생활협약으로 만들어가는 민주적 학교 공동체[*]

교사 김영진

I. 들어가며

'3주체 생활협약'(이하 '생활협약')이란, 교육 공동체의 3주체를 학생, 교사, 학부모라 했을 때 학교를 존중과 배려의 공간으로 만들기 위해 3주체가 지켜야 할 약속을 합의하여 정한 것을 말한다. 올해 개교한 학교이자 세종시에서는 첫 혁신고인 소담고등학교는 대안적 생활교육이자 민주적 학교 공동체를 만들기 위한 기획의 하나로 생활협약을 제정했다. 이 글에서는 생활협약의 제정 및 준수 과정에서 구성원들이 부딪쳤던 논점과 관점들, 수많은 의문과 고민거리를 날것으로 보여주고자 한다. 또한 지금도 계속되고 있는 많은 시행착오 속에서 몇 가지 방안을 모색해 보려 한다. 궁극적으로 소담고의 생활협약은 불완전한 실험 과정에 있지만, 인성교육과 민주시민교육에서 중요한 가치를 지

---

[*] 이 글은 2017년 12월 18일, 세종특별자치시교육청 주최 '학교혁신 정책세미나'에서 발제한 원고이다.

니고 있음을 역설하고자 한다.

Ⅱ. 3주체 생활협약을 만나다

생활협약에 대한 관심은 기존 학생생활규정에 대한 문제의식에서 출발했다. 보통 '학생생활규정'은 이름과 같이 학생들에게만 부과되는데, 그 내용이 일방적으로 정해지는 경우가 많다. 때로 그 규정에는 인권 침해적 내용이 있다. 다행인지 불행인지는 모르지만 많은 학교에서 그 규정은 무용지물인 경우가 많다. 교사든 학생이든 규정 내용을 잘 모르고 있고, 알고 있다 하더라도 (선도위원회가 열리는 경우를 제외하고는) 규정대로 평소 생활교육이 이뤄지는 경우는 드물다. 즉, 학년별·교사별로 저마다 다른 기준으로 자의적·비일관적 지도가 이뤄지는 것이다. 몇 년 전 인터넷에서 인기몰이를 했던 〈학교 대사전〉의 일부 내용을 보면 이러한 현실이 전국의 많은 학교에서 공통적인 현상임을 추측할 수 있다.

관습법: 교칙에 명시되어 있지 않은 사항도 단속하고 통제할 수 있다는 암묵적인 0순위 교칙. 교칙을 만들 때 미처 고려하지 못했거나 의도하지 않았던 부작용이 나타나면 이 법을 적용한다.(김수현 in 홍서정 외, 2017: 158-159)

소담고등학교 개교 준비를 하면서 우리는 대안적인 생활교육을 모색했다. 상벌점제도 학생과 교사의 관계를 거래관계로 만들고, 잘못한 행동에 대한 성찰의 기회를 주지 못한다고 판단했다. 그러던 와중 준비팀의 한 선생님이 선사고등학교의 사례를 소개해 주었다. '3주체 생활협약'이 그것이다. 우리는 선사고 선생님의 강연을 듣고 자료를 읽으며 생활협약을 준비했다. 선사고를 모방하여 타율규정과 자율규정의 이원화된 시스템을 도입했으며, 이를 우리 상황에 맞게 조금씩 변용해 갔다.

선사고의 이원화된 생활규정의 강점은 엄격함과 자율성을 두루 갖췄다는 것이다. 누가 생각해도 절대로 해서는 안 되는 것으로 사회적 합의가 이뤄진 행동들에 대해서는 '공동체 저해행위에 관한 규정'(이하 '저해행위 규정')으로 강력하게 규제한다.* 이는 징계까지 가는 기존 '선도 징계규정'이라 생각하면 된다. 반면 공동체를 존중과 배려의 공간으로 만들기 위해 필요한 것이면서 가치관에 따라 판단이 달라질 수 있는 내용들이 생활협약의 영역에 포함된다. 이러한 생활협약의 특징은 두 가지다. 첫째, 3주체가 모두 지킨다. 존중과 배려의 공동체를 만들기 위해서는 학생뿐 아니라 교사와 학부모의 노력도 중요하기 때문이다. 둘째, 자율적인 '약속'이다. 지키지 않았다고 해서 징계가 이뤄지는 것은 아니지만, 구성원들의 자발적인 의지와 양심이 중요하다.

Ⅲ. 생활협약 제정 과정

학생의 약속에는 보통 학생생활규정에 들어가는 학생의 용의복장과 휴대폰 사용 등 3주체 간 의견이 첨예하게 갈리는 내용들도 있었

★ 소담고의 '공동체 저해행위에 관한 규정'에 따르면 다음 10가지에 대해서는 엄격한 징계가 내려진다.
 : ① 흡연(6회-퇴학) ② 음주(6회-퇴학) ③ 절도 ④ 도박 ⑤ 부정행위 ⑥ 수업 중 전자기기 사용(4회-학교 내 봉사 징계) ⑦ 수업 방해 ⑧ 교권 침해 ⑨ 학교폭력, 성폭력 ⑩ 무단결석

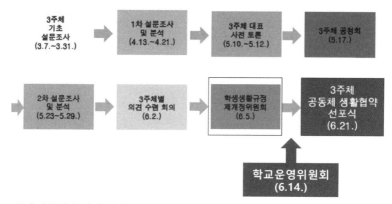

3주체 생활협약 제정 과정

다. 이 약속의 내용을 합의하기 위해 소담고는 3월 중순부터 3개월여 동안 3주체 간의 많은 대화와 토론의 시간을 보냈다.

생활협약은 '기초 설문조사 → 1차 설문조사 → 주체별 다모임 → 주체별 대표(각 3인) 사전 토론 → 공청회 → 2차 설문조사 → 주체별 다모임 → 학교규정제·개정위원회 통과 → 학교운영위원회 통과'의 과정을 거쳐 제정되었다.

생활협약 제정 과정에는 세 가지 고비가 있었다. 첫 번째 고비는 생활협약이 제정되기 전까지의 학생 생활교육 문제였다. 이견은 있었지만 교장·교감 선생님을 비롯한 선생님들과 학부모님들은 결국 '내버려 두자'는 데 합의했다. 그러나 '진짜 내버려 둬도 될까?'에 대한 많은 의구심과 불안, 걱정이 있었던 것은 사실이다. 이러한 불안을 불식시키기 위해 3월 둘째 주부터 바로 '법과 정치' 시간에 여러 차시에 걸쳐 생활규정의 주요 이슈에 대한 토론을 했다. 그냥 내버려 두기만 하는 게 아니라 '성찰하고 있자'는 것이었다. 수업 시간의 토론은 학생들의 화장 규제, 복장 규제, 학교 안에서 이성 간 신체 접촉 등에 대해 이뤄졌다. 수행평가와 1학기 중간고사 시험문제에도 해당 주제들을 연계했다. 한편 학생들에게 "제정되기까지 방종하는 모습을 보이면 제정 과정에서 너희에게 불리해지니, 공동체 생활에서 예의를 잘 지키자."고 설득하기도 했다.

생각보다 '큰일'은 일어나지 않았다. 일단 타율규정이 먼저 제정 과정을 거쳤다는 이유가 있다. 저해행위 규정을 학급회의와 공청회를 거쳐 제정하면서 학생들은 우리 학교가 '절대 해서는 안 되는 일'에 대해서는 엄격하다는 것을 느꼈고, 이 때문인지 학교폭력이나 (적어도 학교 안에서의) 흡연은 발생하지 않았다. 저해행위 규정에 따라 수업 시간 중 전자기기 사용도 자제했다.

화장과 파마, 염색도 제재가 없었지만 어른들이 우려할 만큼 진하게 화장을 하거나 눈에 띄는 파마와 염색을 하는 학생들은 극소수였다. 중요한 것은 선생님들과 학부모님들은 화장을 진하게 한다고, 파마와 염색을 했다고 학생들에게 문제가 생기거나 학교에 혼란이 오는 것은 아니라는 것을 느끼게 되었다는 점이다. "그전에는 학생들이 화장한 것, 파마나 염색한 것만 보였는데, 어느 순간부터 그게 안 보이기 시작했다."고 말씀하시는 선생님이나 학부모님도 계셨다. 선생님들은 학생들의 겉모습보다 화장을 하게 되는 심리적 이유, 학생들의 자존감 문제, 외모 지상주의 사회에서 외모에 대한 트라우마적 경험 등에 귀 기울이게 되었다. 이는 학생-교사 간 관계를 더 친밀하고 신뢰롭게 만들었다.

두 번째 고비는 학생 약속에 대한 3주체의 너무 다른 의견을 어떻게 조율할까 하는 것이었다. 1차 설문조사 결과 나타난 학생 약속에 대한 3주체의 의견 차이는 다음 표와 같다.

문항 유형	문항 내용	학생 (응답자 수 : 64명)			교사 (응답자 수 : 8명)			학부모 (응답자 수 : 65명)		
		합계(명)	순위	비율(%)	합계(명)	순위	비율(%)	합계(명)	순위	비율(%)
두발-가	완전 자유화	31	1	48.4375	3	2	37.5	10	3	15.3846
두발-나	길이는 자유, 파마 금지, 염색 허용	1	5	1.5625	1	3	12.5	2	5	3.07692
두발-다	길이는 자유, 파마 허용, 염색 금지	25	2	39.0625	4	1	50	12	2	18.4615
두발-라	길이는 자유, 파마와 염색 모두 금지	4	3	6.25	0		0	27	1	41.5385
두발-마	길이 제한, 파마와 염색 모두 금지	2	4	3.125	0		0	9	4	13.8462
휴대폰-가	조회 시간에 핸드폰을 교사에게 내고 하교시 찾아간다.	3	4	4.6875	0		0	28	1	43.0769
휴대폰-나	휴대폰을 내지 않아도 되고, 수업 시간에 자율적으로 관리한다.	44	1	68.75	1	3	12.5	6	3	9.23077
휴대폰-다	휴대폰을 내지 않아도 되지만, 수업시간에는 휴대폰 전원을 끈다.	8	2	12.5	3	2	37.5	13	2	20
휴대폰-라	휴대폰을 내지는 않아도 되지만, 수업 시간에는 휴대폰 전원을 끄고 서랍 안에 넣는다.	7	3	10.9375	4	1	50	13	2	20
화장-가	화장 완전히 허용	40	1	62.5	4	1	50	7	3	10.7692
화장-나	연한 화장만 허용(비비크림, 입술 정도만, 색조 화장 금지.)	21	2	32.8125	4	1	50	40	1	61.5385
화장-다	화장 완전 금지	1	3	1.5625	0		0	13	2	20
피어싱-가	피어싱 허용	45	1	70.3125	4	1	50	11	2	16.9231
피어싱-나	피어싱 금지	17	2	26.5625	4	1	50	49	1	75.3846

학생의 용의복장 및 휴대폰에 대한 1차 설문조사 결과

이러한 의견 차이를 좁히고 타협에 이르기 위한 방안으로 3주체의 대표들을 각각 선정하고 공청회를 진행했다. 공청회 사전 토론에서 3주체의 대표들은 다 같이 모여 공청회의 쟁점을 정하고, 그 쟁점을 구체화, 명료화하는 작업을 진행했다. 공청회 때는 3주체가 모두 학교 강당에 모여 몇 가지 주제에 대한 3주체 대표들의 상호토론을 참관하고 청중 토론에 참여했다. 공청회의 주제는 다음과 같았다: 첫째, 학생의 두발, 화장, 피어싱, 어떻게 할 것인가? 둘째, 학생의 수업 시간 외 휴대폰 사용을 어떻게 할 것인가? 셋째, 교복과 사복을 섞어 입는 것을 어떻게 할 것인가?

세 번째 고비는 어떻게 양보와 타협으로 최종안을 만들 것인가 하는 것이었다. 공청회를 해도 의견은 좁혀지지 않았다. 이에 따라 공청회를 거치며 더 명확해진 쟁점, 공청회에서 여전히 합의되지 않았던 쟁점에 대해서만 2차 설문조사를 했다. 하지만 결과는 여전히 의견 차이가 크다는 것이었다. 이에 따라 2차 설문조사 후 주체별 다모임을 열었다. 이 다모임에서는 2차 설문조사 결과를 보여주며 양보와 타협을 할 부분이 없는지 주체별로 찾아보는 식으로 진행되었다.

가장 인상적이었던 것은 학생 다모임에서 학생들이 보여준 모습이다. 여전히 합의되지 않은 쟁점을 놓고 학생들은 먼저 여러 부분에서 양보해주었다. 교사가 "여기서 여러분이 양보했어도 학교규정제·개정심의위원회에서 3주체의 토론을 통해 조금 더 양보해야 할 부분이 있다. 그래도 괜찮겠나?" 하는 질문에 학생들은 다 같이 "네!"라고 했다. 학교생활에서의 규칙과 약속을 정하는 데 3주체가 함께해야 하며, 그렇기 때문에 내 생각도 '1/n'일 수밖에 없고 내 생각이 100% 다 반영되지 않을 수 있다는 것. 학생들은 생각의 차이 속에 공존하는 법을 배우고 있었다. 이 모습을 본 선생님들의 마음도 움직여, 바로 직후 이뤄진 교사 다모임에서도 선생님들의 양보가 이뤄졌다.

이제 학교규정제·개정심의위원회에서의 최종안 결정과 학교운영위원회의 통과만 앞둔 상황. 앞서 주체별 다모임에서 어느 정도 양보와 타협이 이뤄지긴 했으나, 여전히 의견 차이들이 있었다. 우리는 최종안 결정에 앞서 학교 구성원의 누구도 다른 사람에게 '자율적' 약속을 '강요'하는 일이 일어나지 않기를 바랐다. 특히 나이와 지위에서 상대적 약자일 수밖에 없는 학생들이 동등한 의사결정 구조와 문화 속에서 자신들에게 영향을 미치는 문제들에 대한 논의에 참여하기를 바랐다. 공론장에서 평등한 존엄성이 인정될 때 학생들을 포함한 학교 구성원들은 생활협약 내용을 자발적으로 결정한 '자율 약속'으로 받아들일 수 있게 되기 때문이다. 따라서 우리는 이를 위한 원칙들을 만들어냈고, 학교규정제·개정심의위원회 초두에 학생 대표, 교사 대표, 학부모 대표 각 3인은 그 원칙에 합의했다. 그 내용은 다음과 같다. (*3주체 생활협약 제·개정 과정에서의 원칙들)

제3조(민주적 의사결정 원칙) ① 이 협약은 민주적인 절차와 과정을 통해 제·개정되어야 함을 원칙으로 한다.

② 이 협약은 3주체의 합의를 통해 정해져야 하며, 3주체 중 어느 한 주체도 다른 주체에게 자신들의 의견을 강요하거나 의견 관철을 위해 강압적인 방법을 사용할 수 없다.

③ 협약 제·개정 과정에서 3주체 간 의견 차이가 있는 경우, 상호 토론과 대화를 통해 양보와 타협을 이루어낸다.

④ 협약 제·개정을 위한 상호 토론 시 3주체의 발언권은 나이, 지위, 성별 등에 관계없이 동등하게 존중된다.

제4조(당사자 의견 우선 존중 원칙) 각 주체의 약속 내용을 결정할 때, 당사자인 해당 주체의 의견이 우선적으로 존중되어야 함을 원칙으로 한다.

이 원칙들 하에서 회의는 민주적이고 평화롭게 진행되었고, 이 자리에서 3개월여에 걸친 3주체 생활협약의 초안에 대한 대타협이 이뤄졌다. 뒤이은 학교운영위원회에서도 순조롭게 안이 통과되었다. 6월 21일에는 소담고의 3주체와 소담유치원, 소담초등학교, 소담중학교 선생님들까지 모여 선포식을 진행했다. 지난 3개월간의 여정을 통해 소담고 학생들은 생각의 차이를 있는 그대로 경청하고 조정하며 타협함으로써 공동의 약속을 만들어내는 소중한 경험을 했다. 또한 학생들이 다른 구성원과 동등한 조건에서 평등한 존엄을 인정받으며 자신들에게 영향을 미치는 규정 제정을 위한 의사결정에 참여하고 공동체의 법제도를 만들어 내었다는 데 큰 의의가 있다.

Ⅳ. 준수 단계에서 마주친 문제들

1. 준수 방법 모색

생활협약 준수 방법은 주체별 회의를 통해 정해졌다. 기본적으로 3주체 각각의 회의 시작 때 주체별 약속을 함께 읽고 자율 점검을 한다. 연말에는 3주체가 생활협약 준수에 대한 자체 및 상호 평가와 반성을 하는 포럼을 개최한다.

특히 학생 약속 준수 방안에 대해서는 학급회의와 학생 다모임, 학생회 대의원회의 논의가 있었다. 지도교사의 검토를 거쳐 선정된 방안은 크게 네 가지다. 첫째, '알리기'다. 교실과 복도 등 학교 곳곳에 생활협약을 게시한다.(이미 교사의 주도로 진행된 것이지만) 생활협약 내용을 주제로 각종 경시대회를 연다. 공동체 생활협약 UCC대회와 그림그리기 대회가 그 예다. 한국사 수행평가로는 '생활협약의 의미와 자율 준수 방안'에 대한 '대책' 쓰기가 이뤄졌다. 둘째, 학급회의를 활용하는 것이다. 회의 시작 때 자율점검을 한 후, 잘 지켜지지 않는 생활협약의 조항과 그 이유를 포스트잇에 쓰게 한다. 모아진 내용은 학급 전체가 공유한 후 지켜질 수 있게 하는 방안을 모색한다.

셋째, 학생자치법정을 실시한다. 옐로우카드함을 설치하고 한 달에 7회 이상 생활협약을 어겨 옐로우카드를 받은 학생들은 자치법정의 면담 대상자가 된다. 학급별 지필평가를 통해 판사, 검사, 변호사를 선발했으며, 학생회 공동체생활자치부는 재판지원팀이 되도록 했다. 면담 대상자가 된 학생은 변호인을 선임할 권리가 있으며, 면담 자리에는 학생 검사, 면담 대상자, 변호인, 지도교사, 서기가 참석하여 자치법정 개최 여부를 판단한다. 이때 담임소견서도 제출된다. 자치법정의 처분은 학생회 집행위원회에서 결정된 목록 중에서 판사와 배심원이 선정한다.

넷째, 생활협약 상습 위반에 대해서는 저해행위 규정에 따라 징계가 이뤄진다. 예를 들어, '수업 시간에 엎드려 잘 수는 없다'는 생활협약의 조항이 있는데, 2학기 들어 상습 수면 학생들이 몇몇 발생함에 따라 저해행위 규정을 적용할 수 있도록 '상습 위반'의 기준을 구체화했다.

2. 새로이 등장하는 문제들

생활협약을 제정하는 데까지는 좋았으나 준수 과정에서 여러 허점과 문제들이 발생했다. 대체로 약속들은 잘 지켜졌으나 준수되지 않는 모습들도 종종 발견되었다. 약속 불이행 문제를 차치하더라도 중요한 문제들이 몇 가지 발견되었다. 첫째, 3주체에게 모두 불만이 있다는 것이었다. 교사들은 학생들이 2학기 들어 예의가 없고 말을 함부로 하고 인사를 잘 하지 않는 경향이 있다고 했다. 이는 모두 생활협약 미준수에 해당한다. 급식 예절에도 문제가 있었다. 학부모들의 요구가 무리하다고 느끼는 경우도 있었다. 학생들은 생활협약을 학생들에게만 잘 지키라고 한다는 점, 학생 약속의 경우만 상습 위반에 대한 징계가 주어진다는 점에 불만을 나타냈다. 선생님들의 수업이나 평가 방식, 기타 생활협약 미준수에 불만이 있는 학생들도 있었다. 학부모들은 진로·진학 지도 등 여러 부분에 대한 의견이나 건의사항을 학교에 더 강하게 전달하고 토론할 통로가 부족하다고 느끼고 있었다.[*]

---

[*] 학부모와 관련한 생활협약 준수 과정에서의 또 다른 문제점은, 학부모들은 학생이

둘째, 생활협약 이전, 여느 학교에서의 방식대로 돌아가려는 관성이 나타났다. 최근 학생들이 교복을 착용하게 되면서 교복 규정을 구체화할 필요가 제기되었고, 교사들의 엘리베이터 사용에 관한 약속에도 문제점이 발견되었다. 이런 상황에서 교사들과 학부모들은 교사들이 일방적으로 결정하고 학생들에게 지시하는 방식으로 돌아갈 뻔했다. 특히 학생들의 용의복장 부분은 어른들이 통제한다는 기존 관념이 습관처럼 다시 나오게 된 것이다.

셋째, 학생 약속 준수 방안을 시행하는 과정에서 우리가 극복하려 했던 기존 상벌점제와 경계가 불분명한 상황이 나타났다. 생활협약 상습 위반자는 징계할 수 있다는 저해행위 규정에 따라 상습 수면 학생에 대한 체크가 이뤄졌고, 체크가 누적될 경우 징계로 가게 된다. 그런데 이 방법은 상벌점제가 기반으로 하는 행동주의적 접근, 징벌적 방법과 오버랩되었다. 또한 학생자치법정의 옐로우카드 역시 학생들만 줄 수 있다는 점에서 상벌점제와 차이는 있으나, 생활협약 위반에 대해 벌점 카드를 부과함으로써 자율적 준수보다는 징벌적 성격을 강화한다는 우려가 생겼다. 또한 최근 1차 개함 결과, 주관적으로 더 불만이 있는 학생을 학생들이 인민재판하는 느낌도 들었다.

3. 보완 방안

위에서 제기된 문제에 대한 보완 방안은 다음과 같다. 첫째, 3주체의 정기적 공론의 장을 마련한다. 3주체가 약속 준수와 관련하여 서로

나 교사와 달리 학교에 상주하지 않기 때문에 생활협약 내용을 일상적으로 상기하고 다른 주체로부터 견제를 받는 데 한계가 있었다는 점이다.

의 의견을 제시하고 대화하며 갈등을 조정할 기회를 주는 것이다. 즉, 불만을 공식적 논의의 장에 넣어야 하는 것이다. 지금은 포럼이 1년에 한 번만 계획되어 있다. 그러나 이것만으로는 부족하다. 적어도 한 달에 한 번 3주체의 대화의 장을 정례화하면 좋을 것이다. 참석자는 3주체의 대표만일 수도 있고, 다모임이 될 수도 있다. 다음 사례를 참고할 수 있다.

1979년 펜실베이니아 율리시스

매주 금요일 오후면 언제나처럼 한 초등학교의 교사와 학생들은 현재 진행되고 있는 학교의 프로젝트와 문제들을 논의하기 위해 한자리에 모인다. 이번 주에는 학교 건물 벽에 누군가가 낙서한 일을 다룬다. 30여 분의 토론이 끝난 후 세 개의 제안이 도출된다. 이들은 새로운 규칙을 만들기 위해 투표한다. 학교의 기물을 파손하는 사람은 3일 동안 자신이 쉬는 시간에 학교 환경미화원과 함께 일해야 한다. (애플&빈, 2015: 18)

창원 태봉고등학교의 '공동체 회의'

태봉고등학교는 '공동체 회의'라는 독특한 형식의 자치회의를 운영하여 학생들에 대한 민주시민교육을 실시한다. 소통과 공감의 원칙에 따라 모든 교사와 학생이 참여하는 이 공동체 회의는 교사를 포함한 모든 구성원이 상대에 대한 민주적 관용과 존중, 경청, 대화, 토론의 가치와 습관을 익히며 단순한 다수결주의를 넘어 '숙의 민주주의'를 경험하고 실천하는 장을 형성한다.

(…) 이 공동체 회의는 학생들의 학교생활에서 제기되는 문제들을 처리하는 학교의 공식적 최고의결기구로, 매주 수요일 6, 7교시에 정기적으로 2~3시간 정도 열린다. (…) 이 회의에서는 하나의 '공동체'인 학

교에서 학생들의 생활과 관련되어 일어나는 모든 것을 논의하며, 공동체에서 직접민주주의를 실천하는 데 초점을 둔다. 구성원 모두에게 열려 있는 회의 문화를 바탕으로, 교사와 학생 사이에서도 어떤 위계 없이 평등한 관계를 유지한다. 이 점은 독일의 학급평의회와 유사하다. (…) 이 회의에서는 모든 문제와 관련하여, 설사 공동체 전체에 대해 일정한 문제를 일으킨 학생의 사안에서도, 일방적인 인민재판식 마녀사냥의 방식이 아니라 타인에 대한 기본적인 존중과 배려 그리고 합리적인 토론을 통한 문제 해결의 원칙이 예외 없이 관철되는 과정을 보여주었다고 한다.(장은주, 2017: 222)

의사소통의 공식적 통로를 열어주는 것은 학부모들에게도, 학교 전체에도 중요하다. 입시 경쟁이 치열한 한국 사회에서 학부모들의 요구는 간혹 평등이라는 민주주의의 원칙과 어긋날 때도 있다. 하지만 '지속적인 토론과 대화가 가능할 수 있는 구조적 장치'(애플&빈, 2015: 98)를 만듦으로써 모든 학생을 위한 3주체의 협력 가능성이 더 커질 것이다.

둘째, 생활협약의 개정 또는 추가, 삭제가 필요한 새로운 상황이 발생했을 때, 이를 어떻게 다뤄야 할 것인지에 대한 분명한 방법을 3주체가 합의한다. 이를 위해 최근 생활규정 개정 방식에 대한 3주체의 논의가 진행 중이다. 1년에 한 번만 개정할 수 있게 되어 있는 생활협약을 수시 개정 체제로 바꿀 것인지, 아니면 1년에 1~2회만 개정하고 새로운 상황이 나타났거나 미처 생각지 못한 부분을 발견했을 때 3주체가 낮은 수준의 합의를 하는 것으로 할지 논의 중이다.

셋째, 징벌보다 자발적인 준수를 유도할 수 있는 방법, 긍정적 문화형성 방법을 더 적극적으로 찾아본다. 생활협약은 자치법정보다는 회복적 생활교육과 비폭력대화와 더 궁합이 잘 맞을 것이라는 추측이 들지만, 이는 더 많은 연구와 시도가 필요한 사항이다. 자치법정은 일단 시작한 것이니 계속 시행은 해보되, 더욱 신중한 접근이 필요하다. 학생회 공동체생활자치부를 중심으로 한 캠페인도 필요하다. 학생, 교사, 학부모 모두가 긍정적 준수 방안에 대해 더 많이 연구해 보아야 한다.

가장 중요한 것은 학교 자체를 배려와 신뢰의 분위기로 만드는 것이다. 나딩스의 제안대로 '자연스러운 돌봄이 번성하는 분위기를 조성하는 것'(나딩스, 2016: 294)이다. 그는 이를 위해 첫째, 학생들이 서로 관계 맺기를 바라는 것처럼 교사가 학생들과 관계를 맺어야 한다고 말한다. 여기서 그는 책무성, 규칙, 평가, 징벌보다 '책임'을 강조한다. 이때 상대방은 방어적 행동을 하기보다 동료의 요구에 주의를 기울이고 조심스럽게 응답하게 된다는 것이다. 즉 타인의 존재와 요구를 존중하게 된다. 둘째, 배려 관계를 강화하기 위해 개방적이고 경청하는 대화에 참여할 것을 강조한다. 셋째, 배려를 실천할 기회를 제공해야 한다. 넷째, 긍정(confirmation)이다. 그의 행동보다 그가 더 나은 사람이라는 것을 긍정함으로써 상대방이 최선을 가져올 수 있도록 돕는다는 것이다.

V. 고민할 문제

생활협약에 대해 제기되는 불만들과 문제들에 대해 생각할 수 있는 보완 방안을 넘어, 생활협약 제정 및 준수 과정에서 몇 가지 고민할 문제들이 생겼다. 첫째, '민주주의'의 딜레마, 둘째, '교권의 경계?', 셋째, '내지르기를 넘어'이다.

1. '민주주의'의 딜레마

인권에 대한 부분도 민주적으로 결정해야 하는가? 다른 말로 하면, 민주적 과정을 거쳤다면 인권은 제한되어도 되는가? 학생의 두발, 화장, 치마 규정 등을 학생의 인간으로서의 신체의 자유라 간주한다면 3주체가 민주적 절차를 거쳐 토론과 타협의 과정을 거치면 학생의 인권은 제한될 수 있는가? 자신에게 영향을 미치는 문제에 대해 학생들은 분명히 '참여'했지만, 이는 '절차적 민주주의'라는 껍데기만 남은 것은 아닐까?

이런 고민은 민주주의 그 자체가 지닌 딜레마다. '의사결정 과정에서 민주적인 참여를 보장하는 것은 비민주적인 주장들(예를 들어, 불평등을 유지시키자는 주장)이 끊임없이 제기될 수 있는 길을 열어놓은 것이기도 하다(애플&빈, 2015: 30)'. 자칫하면 민주주의(절차)의 이름으로 민주주의(가치)를 훼손하는 일이 벌어질 수 있다.

하지만 이 역시 민주주의로 풀어야 한다. 사실 '무엇이 민주적 공론장에서 논의될 수 있는 주제인가?'에 대해서는 상반된 의견들이 존재한다. 흥미로운 것은 '논의거리가 아니다'라고 생각하는 것은 정반대 입장에서도 마찬가지라는 것이다. 즉, 학생의 용의복장은 인권이자 학생의 자유권에 속한다는 주장뿐 아니라, 이것은 어른들의 교육과 지도의 문제라고 보는 주장 역시 해당 주제를 생활협약의 논의거리로 생각하지 않는다. 이런 상황에서 학생의 인권만을 이야기하며 밀어붙이거나, 무조건 어른의 말을 들으라고 한다면 갈등과 불신, 주어진 방침에 대한 불복종 및 방침의 무용지물화 등의 결과가 나타날 것이다. 각자 자기 주장만 한다면 결국 힘의 논리로 갈 수밖에 없다.

따라서 우리가 찾을 수 있는 방법은 이런 주제들을 논의의 장에 내놓는 것이다. 폭력과 같이 절대적으로 해서는 안 되는 것이라고 모두가 동의하는 것이 아니라면, 토론의 자유 시장에 그것들을 던져 놓자는 것이다. 토론이 시작되면 어떤 쪽으로 결론이 날지는 참여자들의 논리적 정교함과 설득력, 상대를 감화시키려는 노력과 능력 등에 달려 있을 것이다. 이는 인권이 '정치적'인 것이고 투쟁의 결과로 쟁취되는 것임을 보여준다. 용의복장이 학생의 인권이라 생각한다면 이에 동의하는 학생과 교사들이 논리를 갈고 닦고 실천적 노력을 더하여 공론장에서 자신들이 원하는 방침을 관철할 수밖에 없다.

단, 이때 공론장의 참여자들은 민주주의의 소비자를 넘어 생산자가 될 수 있도록 해야 한다(서경식, 2017. 11. 2.). 3주체는 절차와 의견 제시라는 형식만을 소비할 것이 아니라 인권, 평등, 자유, 민주 등의 보편적 가치를 견지해야 한다.

2. 학생들의 의사 표현과 교권

학교에서 학생들에게 의사결정 과정에 참여 권한을 주었을 때 다음과 같은 우려가 종종 나온다. "어른들이 결정하면 될 일을 불필요하게 학생들이 말할 수 있게 했다.", "학생들의 말을 너무 많이 들어준다."* 생활협약에도 똑같이 적용될 수 있다. "교사의 지도범위에 속하는 용의복장, 휴대폰 사용 등에 대한 결정을 어떻게 학생들과 동등한 조건에서 논의할 수 있나?", "교사의 수업, 평가, 급식 등에 대해 학생들과 논의하는 건 교권 침해 아닌가?" 생활협약 제정과 준수 과정에서 학생들의 의견을 너무 많이 들어주니 학생들이 무례해졌다. 즉, 학생들에

---

* 학생자치와 관련하여 예산과 교복, 교육과정 편성 등 학교의 정보를 학생들에게 주었을 때 나오는 반응도 있다. "학생들에게 너무 많은 것을 알려주니 교권이 침해된다."

게 의견을 표현할 기회를 많이 주면 교권이 침해되거나 교권이 침해될 가능성이 높아진다는 것이다.

이는 학생들에게 스스로 생각하고 표현할 기회를 주었을 때 교사를 공격하고 교사의 권위를 위협하면 어떡하나 하는 두려움에서 기인한다. 하지만 교사는 교육적 전문성을 지니고 있지만 그것이 곧 학생에게 영향을 미치는 모든 사안에 대한 결정의 전권을 주는 것은 아니다. 학생들은 자신들과 자신들이 속한 공동체의 문제에 하나의 구성원으로서 의견을 내는 것일 뿐이다. 학생에게 영향을 미치는 문제들에 대해 말할 수 있게 하지 않는다면 학생들은 어떤 부당한 상황에 처하여 내고 싶은 의견이 있어도 아무 말도 하지 못하는 사람이 되고 만다. '착하고 말 잘 듣는', 성실한 인격의 소유자들이 부당한 명령을 내리는 권위에 잘 저항하지 못했다는 로랑 베그의 실험(정은균, 2017: 200)을 상기해봐야 할 이유다.

단, 아래에서 논하겠지만, 학생들에게 의사 표현과 동시에 상대방을 인정하며 존중하는 말하기를 배울 필요는 있다. 또한, 학생들의 의견을 충분히 수렴해야 할 때와 어느 정도 교사가 리더십을 발휘하여 이끌어 가야 할 때를 상황과 맥락에 따라 판단해야 할 필요가 있다는 점도 중요하다.

3. '내지르기'를 넘어

아직도 많은 학교에는 '학생은 말할 수 있는가?'를 고민하는 학생들과 교사들이 있다. 여기서는 학생들이 목소리를 내는 것 자체가 중요했다. 이제 이 단계를 넘어 학생들이 말할 수 있게 하는 학교들도 늘어나고 있다. 소담고 학생들도 자신과 관련되는 문제에 대해 말할 기회를 많이 부여받아 왔다. 그 결과 학생들은 학년 초보다 훨씬 자기 주장을 잘하게 되었다. 남들 앞에서 논리를 갖춰 말하기에 점점 익숙해지고 있고 그 수준도 높아지고 있다.

그러나 다음 단계의 과제가 생겨났다. '어떻게 말하고 어떻게 공론의 장에 참여할 것인가' 하는 것이다. 단순히 자기 주장을 '내지르기'를 넘어 말하기 방식과 태도, 공론장에서 소통 방법을 배워야 한다는 것이다. 이는 학생들을 어떻게 책임 의식을 지닌 성숙한 민주시민으로 성장시킬 것인가 하는 점이다. 학교라는 시민사회와 공론장의 성숙이 필요한 것이다.

이를 위해 세 가지가 필요하다. 첫째, 가장 중요한 것으로, 상호 인정과 존중의 자질을 갖추게 하는 것이다. 민주 시민은 서로를 '적'으로 생각하지 않고 상호 인정을 바탕으로 논의해야 한다.

민주시민교육에서 더 중요한 것은 학생들이 다른 사람에 대한 공감과 배려의 태도나 소통의 능력을 함께 갖추도록 하는 것이다. 학생들은 교육을 통해 상호 존중과 인정, 관용, 연대 등과 같은 가치 지향과 태도를 길러야 한다. 그리하여 민주주의의 참된 의미와 가치를 확인하고 그것을 유지하고 발전시키는 데 필요한, 개개인의 인격에 깊숙이 뿌리내릴 '마음의 습관'(habits of heart)을 형성할 수 있어야 한다.(장은주, 2017: 193)

둘째, 개방적으로 경청하는 자세를 가르친다.

어떻게 논변을 경청해야 하는지를 배우지 않으면 안 된다. 결국 단지 말하는 사람의 소속에 따라 달라지는 것이 아니라, 이성과 논변의 힘을 바탕으로 이루어져야 한다. 비판적 사고를 위한 교육은 당연히 논변의 강점을 바탕으로 숙의하는 개방적 자세를 가진 청자를 길러내는 노력을 포함해야 한다.(나딩스, 2016: 341)

셋째, 민주주의의 절차뿐 아니라 민주주의의 원칙들과 가치를 가르쳐야 한다. 애플&빈(2015: 27)은 다음과 같은 원칙과 가치들을 제시한다.

- 개인 및 소수자들의 권리와 존엄성에 대한 관심
- 타인과 '공공선'에 대한 관심
- 당면한 문제들을 해결할 가능성을 만들어낼 수 있는 개인 및 집단의 가능성에 대한 믿음
- 사람들로 하여금 가능한 한 많은 정보를 얻게 할 수 있는 아이디어들의 공개적인 흐름
- 민주주의는 이상적으로만 존재하는 것이 아니라 현실에 구현될 수 있다는 사실 이해 등

Ⅵ. 그래도 3주체 생활협약이다: 민주시민교육과 인성교육으로서 3주체 생활협약

생활협약을 둘러싼 여러 고민 속에서도 생활협약의 방향이 옳다는 생각에는 변함이 없다. 학생들이 다른 구성원들과 대화하고 협력하며 존중과 배려의 공동체를 만들어가는 것, 이는 곧 인성교육과 민주시민교육이기도 하다.

1. 인성교육

인성교육진흥법이 통과되고 '인성'이란 무엇인가에, 인성교육은 어떤 것이 되어야 하는가에 대한 논쟁이 끊이지 않고 있다. 수많은 논의 가운데, 여기서는 인성교육이 민주시민교육을 통한 것이 되어야 한다는 주장을 소개한다. 진숙경 외(2016: 28~30)는 아리스토텔레스의 주장을 빌려, 인성은 '올바른 행위에 대한 이성적 판단능력'과 '그 판단의 결과들을 행위를 통해 실현하는 실천능력'으로 구성된다고 말한다. 판단능력은 논쟁을 통해 문제를 반성적으로 탐구하고 합리적으로 해결하는 과정을 통해 길러진다. 실천능력은 실제 공통 문제, 일상의 문제를 해결하고 이해관계를 조정하는 과정에서 자신의 욕구와 이성을 조화하는 습관을 자연스레 형성하게 된다.

저자들은 개인의 이성적 판단능력과 실천능력은 반성적 협동의 문화가 정착된 공동체 속에서만 길러진다고 주장한다. 공동체에서 중요하다고 여겨지는 덕목들을 주입하는 것이 아니라, 그런 덕목들이 왜 중요하고 왜 지켜져야 하는지 반성적으로 깨닫고 익히게 해야 덕목의 맥락적 적용이 가능하다는 것이다. 이런 반성 과정은 다양한 의견을 공유하는 과정에서 이뤄져야 한다. 따라서 학교는 협동적 반성이 이뤄지는 민주적 공동체로서 기능해야 한다. 민주적 문화가 학교에 정착하여 자연스럽게 민주주의를 '마음의 습관'으로 체득할 때 인성교육도 가능하다. 결국 인성교육은 항상 민주시민교육을 통한 인성교육이 되어야 한다.

2. 민주시민교육

민주시민교육의 목표는 민주공화국의 구성원으로서 필요한 역량과 자질을 함양하는 것이다(장은주, 2017; 35). 즉, 민주공화국의 주권자가 되어 민주주의를 작동시킬 수 있는 역량, 권리, 의무, 즉 '민주적 시민성(democratic citizenship)'을 가르쳐야 한다(같은 책: 35). 이때 시민은 '공중(the public)'으로서, '민주적 공론장에서 자신의 삶에 영향을 미치는 사회적 행위의 결과를 성찰하며 토론하는 주체(같은 책: 128)다. 학교는 삶의 양식의 훈련과 습성화를 위한 민주시민교육의 장이 되어야 한다(같은 책: 121). 학교는 민주적 생활방식을 교육과정과 학교문화에 녹여냄으로써 민주적인 삶의 방식을 배울 기회를 제공할 도덕적 의무가 있다. 그러한 삶은 체험을 통해 배울 수 있다. 즉, 배우는 과정 그 자체를 통해 체험하는 것이다(애플&빈, 2015: 28).

3. 인성교육과 민주시민교육으로서의 3주체 생활협약

정리하면, 인성교육과 민주시민교육이 제대로 이뤄지려면 학교는 반성적 협동의 문화가 정착된 공동체, 교육과정과 학교문화에 민주적 삶의 양식이 녹아있는 공동체로 기능해야 한다. 이를 위해서는 첫째, 학교에서 민주적인 생활방식이 실현될 수 있게 하는 민주적인 구조와 과정을 만들어내는 일, 둘째, 학생들에게 민주적인 경험을 제공할 수 있는 교육과정을 만들어내는 일이 필요하다(애플&빈, 2015: 31).

3주체 생활협약은 학교를 민주적 공동체로 변화시킴으로써 학생들의 인성 역량과 민주 시민 역량을 키울 수 있는 크나큰 잠재력을 지닌다. 먼저, 생활협약 제정 과정 및 준수 과정에서 학생들은 '인성'의 핵심인 올바른 행동에 대한 판단능력과 실천능력을 키울 수 있다. 논쟁을 통해 공동체에서 학생들(나아가 교사와 학부모)의 생활 양식 및 태도에 대한 약속을 정해 봄으로써 무엇이 올바른 것인지에 대한 판단능력을 갖출 수 있다. 또한 실제 공통 문제이자 일상의 문제인 3주체의 생활 약속과 관련된 문제를 해결하고 이해관계를 조정하는 과정에서 자신의 욕구와 이성을 조화하는 습관을 형성한다.

다음으로, 학생들은 생활협약 제정 과정에 참여하고 준수하는 과정에서 시행착오를 겪으며 민주시민으로서의 역량과 자질을 기를 수 있다. 시민성의 요소인 '시민적 역량'과 '민주적 가치(관) 및 태도'(장은주, 2017: 127)를 배우게 되는 것이다. 첫째, 시민적 역량이 증대된다. ① 공론장과 민주적 의사결정 과정 그 자체의 성격을 이해하게 된다. 민주주의와 민주적 의사결정은 시간이 오래 걸리고 복잡하고 많은 이해관계와 의견이 엇갈리는 곳이며, 그 조정 과정 역시 쉽지 않음을 알게 된다. ② 논리를 갖춰 말하는 역량이 증진된다. 교과 수업으로서 말하기 교육을 받는 것 이상으로 학생들은 실제 자신과 관련된 문제들의 의사결정 과정에 참여함으로써 논리를 갈고 닦고 더욱 더 유창한 언어 구사력을 갖추게 된다.[*]

③ 공동체에서의 삶과 행동에 대해 숙고할 수 있고 현명한 선택을 할 수 있게 한다. 학생에게 선택의 기회를 부여하지 않은 채, 또는 빼앗은 채, 학생이 좋은 선택을 하리라 기대해서는 안 된다. 학생들이 자

---

[*] 학생자치학교에서 소담고 학생들이 보여준 모습은 학년 초와 같은 학생이 맞나 싶을 정도의 놀라움을 주었다. 학생들은 학생자치와 관련된 문제에 대해 자기 의사를 논리정연하고 정확하게 전달했으며, 다른 친구의 의견을 경청한 후 역시 논리적으로 반박하며 논쟁을 해나갔다. 실제적 문제에 대한 학생들의 지속적인 고민과 대화의 시간들이 학생들을 자연스럽게 성장하게 만든 것이다.

신을 둘러싼 문제에 대한 의사결정에 참여할 수 있게 함으로써 학생들은 어떤 행동이 올바른 행동인지를 동료들과 논의한다. 또, 생활협약은 자율약속이기에 실제 상황에서 어떤 행동을 선택해야 하는지 숙고할 수 있는 많은 기회를 맞닥뜨린다. 이 과정에서 학생들은 숙고를 통한 현명한 선택을 하는 사려 깊은 시민이 된다.

둘째, 생활협약을 통해 학생들은 민주적 가치(관) 및 태도를 배운다. ① 학생들은 모든 사람의 평등한 존엄을 깨달을 수 있다. 학생들은 동등한 구성원으로서 생활협약을 만드는 공론장에 참여했다. 학생이라 배제되지 않고 모든 성원이 공론장에 평등한 참여를 하는 경험을 했다. 특히 '민주적 의사결정의 원칙'과 '당사자 우선 존중의 원칙'이라는 두 가지 원칙을 경험했다. 이런 경험을 통해 학생들은 자연스럽게 시민적 평등 의식을 체화하게 된다. 어느 누구도 자신에게 영향을 미치는 문제에 대한 의사결정의 장에서 배제되면 안 된다는 것이다.[*]

② 공론장에서의 합의를 위해서는 양보와 타협이 필요하다는 것을 배웠다. 자신들이 목소리를 낼 수 있다는 것이 곧 자신들이 원하는 대로 다 이루어져야 한다는 것은 아니며, 동등한 다른 주체들과의 협의와 조정, 타협을 통해 결론을 도출해야 한다는 사실을 경험으로 깨달았다. ③ 어른들로부터 존중받은 경험('말할 기회'를 준 것)이 학교와 어른에 대한 신뢰로 이어지고, 이는 타인의 의견도 경청하고 존중하는 방향으로 나아가는 경향을 보인다는 것이다.

이상의 수많은 역량과 가치, 태도들은 미래사회에서 요구되는 핵심 역량이기도 하다. 경제협력개발기구(OECD)의 핵심역량 정의 및 선정

---

[*] 이는 "이런저런 사회적 행위에 영향을 받는 모든 사회 성원이 그 행위를 통제, 조정하는 정치적 의사결정에 참여할 수 있어야 한다."는 아이리스 영의 '포용의 원칙(장은주, 2017: 138)'이 실현되고 있음을 의미한다.

(DeSeCo) 프로젝트에 따르면, 다음 세 범주의 핵심역량을 길러야 제대로 기능하는 미래사회의 성원이 될 수 있다(장은주, 2017: 123).

> 1) 언어, 정보, 기술 등 도구를 상호작용에 효과적으로 사용하는 역량
> 2) 이질적인 집단 속에서 상호작용하는 역량
> 3) 자신의 삶을 넓은 사회적 맥락 속에서 자율적이고 책임감 있게 영위하는 역량

그리고 이 역량들 중 핵심은 성찰성(reflexiveness)이다. 성찰적으로 생각하고 행동하는 것으로, 여기에는 변화에 대처하는 능력, 경험에서 배우는 능력, 비판적으로 생각하고 행동하는 능력이 포함된다. 생활협약은 학생들에게 자신과 관련된 학교 전체의 의사결정 과정에 참여하게 함으로써 자연스럽게 성찰성을 비롯한 위의 핵심역량들을 기를 수 있도록 한다. 생활협약을 비롯한 학생자치, 민주시민교육이 중요한 이유다.

Ⅶ. 나가며

자살 충동에 시달리고, 모의고사 날 아침에 압박감으로 쓰러져 구급차에 실려 간 학생이 있다. 1학년 2학기에 전학 왔는데, 그간 자해와 가출, 흡연 경험이 많았다. 제시간에 등교하는 법이 없고, 아파서 못 있겠다며 조퇴 허락을 받은 후 화장실에 가서 화장도구를 세면대 가득 늘어놓고 화장을 했다. 수업 시간에는 하루 종일 돌처럼 꿈쩍도 않고 자서 많은 선생님을 힘들게 했다. "스무 살 되면 자살할 거예요." 라던 학생. 이 학생이 이 아이가 얼마 전 한국사 과거시험 대회에서 이

런 글을 썼다. 논제는 '혁신고등학교에서의 학교생활'이다.

"공부하는 게 너무 스트레스예요. 고등학교 와서는 쉬지도 못하고 주변 아이들과의 경쟁과 야자를 꼭 의무화하고 수업 진도가 너무 빨라 따라가기 힘들어요." 등 이런 고민과 힘겨움을 가지고 힘겹게 살아가는 고등학생들이 많다. 우리나라의 고등학교는 무자비하게 학생들의 두뇌에 지식을 때려 넣는 주입식 교육이다. 이는 학생들이 매우 힘들어하며 가장 보편화되어 있는 교육 방식이다.

나 같은 경우는 주변에 인문계 고등학교들이 많이 있었음에도 집과 아주 먼 실업계 고등학교인 ○○고에 갔었다. 난 미술을 전공할 예정이었고, 중학교 때 많이 놀고 공부도 별로 하지 않았기에 고등학교 가서는 꼭 전교 1등을 할 만큼 노력, 또 노력해야겠다고 생각했다. 그러나 실업계 아이들은 정말 공부를 하지 않았다. 화장을 수업 시간에 하며 밖에서는 술 먹고 담배 피우는 아이들이 대다수였다. 그런 분위기에 나도 이끌려 공부도 안 하게 되고, 새벽까지 놀고 외박하고 일주일 동안 학교도 안 가고 무단결석도 많이 했다.

내가 그렇게 된 것은 친구를 잘못 만나기도 했지만, 그 학교의 교육 시스템과 선생님들 때문이기도 했다. 선생님들은 아이들이 공부를 못한다고 무시하고, 색 없는 립밤도 뺏어 가고, 무릎 아래인 치마가 짧다고 억지를 부리셨다. 규칙이 너무 엄했고 다른 학생들도 불만이 많았지만 아무 말도 못 했다. 그런 학교에 적응을 못 해 벌점이 88점으로 100점 가까이 되었다. 결국 학교도 안 가고 애들과 며칠 동안 밖에서 놀았다. 내가 세종으로 올지는 꿈에도 모르고 말이다. 아버지는 학교에서 내가 쌤들께 욕을 한 사건 때문에 학교에 불려 가시고, 선생님은 나와 내 친구 부모님께 다른 학교로 가길 권했다. 아버지는 나를 세종으로 전학 보내기로 하셨다. 나는 전학 가기 싫었지만 그 학교에서 나가길 원한다는 교감 선생님의 말에 자존심이 상해 인문계 고등학교이자 혁신학교인 소담고로 오게 되었다.

이 학교에 처음 등교하고 나서, 화장도 일부 되고 핸드폰을 내지 않아도 되며 자유로운 분위기가 너무 좋았다. 하지만 1학년 1학기 중간고사 땐 전교 4등까지 했지만 5월부터 공부를 놓아 버렸기에 수업도 귀에 안 들어오고 공부가 너무 하기 싫어 학교 밖으로 나가고, 적응하지 못했다. 그러나 여러 선생님의 조언과 도움으로 철이 든 나는 그날부터 공부를 열심히 했다. 2학기 중간고사 후 90점대와 80점대들로 이루어진 내 성적표를 보고 흐뭇했다.

솔직히 혁신고라 들었을 때 '혁명을 일으킨 것도 아니고 무슨 혁신고야?'라고 생각했다. 그러나 정말 자유로웠다. 다른 인문계 고등학교들은 야자가 필수인 반면 이 학교는 선택이었다. 수업도 스파르타식 강의만 하지 않았고 모둠활동을 하기도 했다. 신기했다. 제일 놀라웠던 건 학생들과 학교의 의견을 조율해 모두가 만족하는 규칙들도 만들고, 학생들이 학생회에 많이 참여해 자신의 생활기록부도 쌓게 해주고, 많은 대회를 여는 등 기회를 많이 주는 것이다.

이런 혁신고에 온 것이 참 다행이란 생각이 들었다. 난 마음에 안 들거나 엄한 규칙은 안 지키는데 이곳 규칙은 정말 내 스타일이었다. 다만 핸드폰은 내지 않아도 되나 수업 시간이나 중요한 일을 할 때는 핸드폰을 꼭 보이지 않게 넣고 무음으로 해 놔야 한다. 또, 규칙이 느슨하다고 무시하며 규칙을 지키지 않아서도 안 되고, 공부에 많이 간섭하지 않는다고 공부를 하지 않아서도 안 된다. 자신의 미래를 위해서라도 꼭 공부는 해야 한다고 생각한다. 그리고 선생님들과 학생들이 친구같이 친하게 지내는데, 이것까진 좋으나 선을 넘는 장난이나 반말, 욕설을 하거나 함부로 선생님 자리에 앉아선 안 된다고 생각한다.

학생 수가 적은 단점이 있지만, 소담고 친구들은 참 착하고 선생님들도 친절하시다. 재학생들과 내년에 들어올 신입생 모두 이런 학교 규칙을 잘 지키며 더욱 더 활기차고 성장하는 소담고등학교가 되면 좋겠다. 나도 소담고 규칙을 잘 지키며 모범적이고 성실한 학생이 되도록 노력할 것이다. 공부도 3학년 때까지 열심히 해야겠다.

　　혁신학교로서의 소담고등학교가 지난 1년간 어떤 성장을 했는지, 가끔은 스스로 아프게 질문할 때가 있다. '3주체 생활협약' 역시 많은 시행착오와 갈등, 진통 속에 있다. 하지만 혁신학교와 생활협약에서 가장 중요한 것은 학생들에게 '어른들로부터 존중받는 경험'을 하게 했다는 것이라 생각한다. 학생들에게 '말할 기회'를 주고 조용히 경청한 것. 이는 학교와 어른에 대한 신뢰를 낳았고, 자존감도 조금씩 회복하게 만들었다. 그리고 마음이 열리고 뭔가를 해보고자 하는 의욕도 생겨났다. 존중받는다는 것, 자신의 존재를 공동체가 인정해 준다는 것만으로 사람에게는 변화가 일어나는 것이다. 결국 생활협약을 통해 만들고 싶은 공동체는 이런 것이다. 한 학생도 소외되지 않고 존중받는 곳. 상호 존중의 바탕에서 자신과 공동체의 성장을 이뤄가는 것. '3주체 생활협약'은 모든 사람이 존중받는 민주적 공동체를 만들기 위한, 하나의 잠재력 풍부한 패러다임이 될 수 있을 것이다.

참고문헌

넬 나딩스, 『21세기 교육과 민주주의』, 살림터, 2016.
마이클 애플, 제임스 빈, 『마이클 애플&빈의 민주학교』, 살림터, 2015.
서경식, "'민주주의'의 폐허, 그 대량 소비의 끝", 《한겨레신문》, 2017. 11. 2.
장은주, 『시민교육이 희망이다』, 피어나, 2017.
정은균, 『학교 민주주의의 불한당들』, 살림터, 2017.
진숙경 외, 『인성교육과 민주시민교육 연계방안』, 경기도교육연구원, 2016.
홍서정 외, 『광장에는 있고 학교에는 없다』, 교육 공동체 벗, 2017.

글쓴이 소개

소담고등학교 에세이팀

2017년 세종시 최초의 혁신고등학교인 소담고가 개교했습니다. 소담고 구성원들은 지난 5년간 학생자치 활성화, 다양한 역량을 키우는 수업, 민주적 학교문화 조성, 모든 학생을 위한 진로·진학 지도 등을 통해 새로운 고등학교 모델을 만들고자 노력했습니다. 그 과정을 기록으로 남기고자 학생, 교사, 학부모, 3주체가 모여 책을 쓰게 되었습니다.

〈학생〉

— 김성훈

소신껏 살아가고 싶은 졸업생입니다. 존중과 배려로 더불어 성장하는 소담고의 가치를 더 많은 사람이 알아주면 좋겠습니다.

— 김혜선

완벽할 순 없어도 최선을 다해 살아가길 소망하는 스물두 살 대학생입니다.

— 석지연

오늘을 즐기면서 사는 사람. 그렇지만 미래도 조금은 생각하며 살아가고 있습니다. 목표는 집 한 채와 고양이 한 마리. 나 자신에게 부끄러운 짓은 하지 않게 노력하고 있습니다.

— 송영서

'시작은 미미하지만 그 끝은 창대하리라'는 말을 마음에 품고 살고 있습니다. 실은, 생각 없이 얼렁뚱땅 보낸 날을 돌아보며 아주 작은 성찰의 힘으로 근근이 살아가는 인간입니다.

— 오승민

소담고에 와서 잠재되어 있던 배움에 대한 욕구와 흥미를 발견하게 된 스물두 살 대학생입니다.

— 전찬서

존경하는 선생님들을 만난 소담고에서, 학생에게 자기 자신을 찾을 수 있도록 이끄는 교사가 되기를 바라는 사범대 학생입니다.

— 최다빈

"운명을 포기하면 지는 것이었다." 헤르타 뮐러의 『숨그네』에 나오는 말입니다. 누가 나에게 가장 좋아하는 문장이 무엇이냐고 물어보면 저는 주저 없이 이 문장을 말하곤 했습니다. 그땐 문학의 사유를 찾는 것이 나의 운명이라고 생각했고, 지금은 엄마를 지키는 것이 나의 운명이라고 생각합니다. 시간이 지나면 운명은 또 바뀌겠지만, 최선을 다해 운명을 포기하지 않으려 합니다.

— 오세라

저에게 주어지는 모든 한계를 깨기 위해 매 순간 노력하고 도전하는 스물한 살 대학생입니다.

— 박재하

스무 살 졸업생입니다. 순종에 앞선 성찰이 곧 인간다움이라고 생각합니다. 글을 잘 쓰고 싶습니다.

— 오찬주

2022년 갓 고등학교를 졸업한 스무 살입니다. 앞으로 어떤 일이 펼쳐질지 두렵지만 설레기도 합니다. 옳은 방향으로 나아가는 사람이 되고 싶습니다.

— 황도연

고등학교의 마지막 1년을 보낼 고3 학생입니다. '후회 없이 할 수 있는 최선을 다하자'라는 좌우명을 잊지 않고 살아가려 합니다.

＜교사＞

— 김영진
학생들이 성장하는 모습에 가슴 뛰는 일반사회교사입니다. 모든 아동과 청소년이 존엄하게 대우받는 학교와 사회를 꿈꿉니다. 학생들과 함께 세상을 조금 더 살 만한 곳으로 만들고 싶습니다.

— 윤정하
역사교사입니다. 소담고에서 교육과정, 학생자치, 고3, 교무 등의 일을 했습니다. 생각, 질문, 비판, 주체, 함께(연대)라는 말을 좋아하고 실천하기 위해 노력하고 있습니다.

— 이광
겉보기와는 다르게 국어를 가르치고 있습니다. 소담고에서 학생부를 맡았습니다. 그럼에도 아이들과 어울리기를 좋아하는 선생님입니다.

— 신지은
우리말의 아름다움을 잘 가르치기 위해 항상 고민하는 국어교사입니다. 소담고 학생 모두가 스스로의 가치를 깨닫고 한 사회의 일원으로 당당하게 나아가길 응원합니다.

— 김규리
국어교사입니다. 학생들과 함께 축제 무대에 올라 춤추는 걸 즐기는 댄스부 교사, 학생들과 체험 학습 가는 걸 좋아하는 현장형 교사, 출근길이 행복한 교사, 나의 수업을 재미있게 들어주는 학생들이 참으로 신기하고 감사한 교사입니다.

— 고상은
일본어로 아이들과 만납니다. 학생도 교사도 학부모도 머물고 싶은 학교, 따뜻한 공동체의 온기로 삶을 살아가는 힘을 키우는 학교자치를 상상하며 오늘도 소담고와 함께합니다.

〈학부모〉

— 조은경
말한 대로 이루어지리라! 잘하고 있다고, 믿고 있다고, 사랑한다고 말해보세요. 그 말이 씨가 되어 열매를 맺을 거예요.

— 이명화
3주체의 빛이 발하는 소담고의 혁신학교 자리매김을 진심으로 원하고 앞으로도 응원하겠습니다.

— 김은정
공공의료기관에서 24년째 일하고 있는 워킹맘입니다. 아이들의 성장을 지켜보는 것이 제 삶에 가장 감사하고 행복한 일이라 여기며 살고 있습니다.

— 김혜원
올해 스무 살이 되는 딸 하나 둔 엄마. 엄마 20년 차지만 스무 살 딸을 둔 엄마는 처음인지라 엄마 경력 한해 한해가 설레면서도 어렵습니다. 대전에서 어린이집을 운영하며 학부모들께는 아이가 어렸을 때의 엄마 노릇은 해 봤다고 조언하는 여유를 부리기도 합니다. 더불어 행복하기 위해 여러 가지에 관심 갖는, 오지랖 넓은 경상도 아줌마.

— 박미경
'한 명의 아이를 키우기 위해서는 온 마을이 필요하다'라는 말을 믿고 있는 학부모입니다.

참된 삶과 교육에 관한
생각 줍기

참된 삶과 교육에 관한
생각 줍기